经管研究方法系列译丛

Using
Stata for

用Stata

Quantitative

进行量化分析

Analysis

Kyle C. Longest [美] 凯尔·C.朗格斯特 著

王亚芬 译

东北财经大学出版社 | 大连
Dongbei University of Finance & Economics Press

SAGE

辽宁省版权局著作权合同登记号：图字06-2016-183号

Kyle C. Longest：Using Stata for Quantitative Analysis.

图书在版编目（CIP）数据

用Stata进行量化分析 / （美）凯尔·C.朗格斯特（Kyle C. Longest）著；王亚芬译.一大连：东北财经大学出版社，2020.6
（经管研究方法系列译丛）
ISBN 978-7-5654-3838-7

Ⅰ. 用… Ⅱ. ①凯… ②王… Ⅲ. 统计分析-应用软件 Ⅳ. C819

中国版本图书馆CIP数据核字（2020）第056871号

东北财经大学出版社出版发行
　　大连市黑石礁尖山街217号　邮政编码　116025
　　网　　址：http：//www. dufep. cn
　　读者信箱：dufep @ dufe. edu. cn
大连永盛印业有限公司印刷

幅面尺寸：170mm×240mm　字数：226千字　印张：18.75
2020年6月第1版　　　　2020年6月第1次印刷
责任编辑：刘东威　刘　佳　责任校对：孟　鑫
封面设计：冀贵收　　　　版式设计：钟福建
定价：58.00元

教学支持　售后服务　联系电话：(0411) 84710309
版权所有　侵权必究　举报电话：(0411) 84710523
如有印装质量问题，请联系营销部：(0411) 84710711

本书受国家社科基金项目"多维视角下财政扶贫政策效应分析及精准扶贫政策研究"资助，项目号：16BJY147。

前　言

写作动机和目的

和很多人一样，我写这本书的动机，来自一系列的个人经历。首先，当时的我作为一名研究生，曾经夜不能寐，害怕使用电脑程序进行统计分析。我修的第一门统计学课程要求使用Stata完成作业和期末的研究项目，这个要求在当时是一个很大的压力。部分原因是，似乎找不到任何直接、简明的有关Stata的基础资料。在研究生阶段，我对Stata逐渐熟悉了，以至于对学习Stata和教那些同我当年一样心怀恐惧的学生学习Stata都产生了浓厚的兴趣。当我第一次讲授定量分析课程时，我就希望将Stata作为课堂内容和重要组成部分。然而基于学生时代的经历，我很快意识到，关于如何使用Stata进行定量研究，仍然没有一个易于使用的入门级教材，[①]因此，我试图通过提供关于Stata简明实用的介绍来填补这一空白。

这本书对于Stata的初学者或者处于定量分析策略学习早期阶段的读者是最有益处的。本书假定读者掌握了基本的统计方法和术语。这本书的范围和结构是根据大多数社会统计学教科书的内容和顺序安排的，因此，它既可以作为教材，也可以作为自学的参考书。

---

① 毫无疑问，学习Stata有一些非常好的、有效的资料。然而，实际上所有这些资料都是针对有经验的用户，或者非常详细、冗长，对于不以讲授Stata为主要目的的课程来说是没有帮助的。

需要明确的是，本书不能专门用来学习统计学和定量分析。关于统计学和定量分析，本书只是给出了一些基本的假设和解释，并没有给出每一种分析方法全面和详细的说明。这本书的统计学基础知识主要来自 Frankfort-Nachmias 和 Leon-Guerrero 所著的《多元化社会的社会统计学》(*Social Statistics for a Diverse Society*，2010) 一书。具体测度和检验的定义及解释也是基于该书内容给出的。当然，任何不准确或错误都由我来负责。此外，本书并不试图涵盖所介绍的 Stata 命令的各个方面，有经验的用户肯定了解所提供技术的快捷方式或替代方法，这里所介绍的内容适用于 Stata 的新手。这个目标受众要求在开始介绍高级特征之前从基础知识开始解释。本书讨论了一些命令和程序，它们是有效地实现相关目标的最简单的方法。

关于美国年轻人与宗教研究

本书的数据来源于美国年轻人与宗教研究 (**National Study of Youth and Religion**，NSYR)。NSYR 是一个纵向的、对美国有代表性的年轻人的电话调查。其中有三波数据是公开的。本书例子的变量来自对 2 532 名年轻人的第二次跟踪调查，此调查是 2007 年秋季完成的。在调查期间，所有受访者的年龄都是在 18~24 岁之间。每个受访者都完成了计算机辅助的电话访谈，持续时间是 1 小时。这个数据集涵盖的主题非常广泛，从而本书的不同例子都可以使用。例如，它包含了心理学家感兴趣的几个关于自尊的标准测度；一系列对社会学家有用的关于宗教的问题；大量的可能适用于经济学的关于财务（或债务）的问题；物质滥用行为的问题（测量可能与社会工作和健康研究者是相关的）。完整的数据集和文件可以从宗教资料档案协会 (Association of Religion Data Archives) 下载 (http://www.thearda.com/Archive/Files/Descriptions/NSYRW3.asp)。

第一波抽样调查了 3 290 名年龄在 13~17 岁之间、讲英语或西班牙语的美国年轻人。这项抽样调查是在 2002 年 7 月至 2003 年 8 月间进行的，使用随机数字拨号方式，从美国所有非移动电话用户中抽取样本。第一次调查的总体回复率是 57%，低于预期，但与目前使用类似方法进行的其他全美调查相似。比较 NSYR 数据与 2002 年美国家庭普查数据和其他的年轻人代表性调查数据——例如，监测未来（Monitoring the Future）、全美家庭教育调查（the National Household Education Survey）和全美年轻人健康纵向研究（the National Longitudinal Study of Adolescent Health），可以认为 NSYR 提供了具有代表性的美国 13~17 岁的年轻人及其父母的样本，没有可识别的抽样误差或非响应误差（详见 Smith & Denton，2005）。数据集中的后续跟进调查样本来自初始的 3 290 名年轻人样本。如果想获得更详细的关于 NSYR 数据的技术细节和资料，请访问 http：//www.youthandreligion.org。

版本说明

本书中的所有命令和例子都是使用 Stata 13 生成的。主要命令和选项至少对 Stata 9 之后的版本都适用。然而，Stata 11 与 Stata 12 及 Stata 13 之间有一些不同，Stata 13 变化更多一点。大多数变化并不影响实际的功能，而仅仅是处理的方便性和外观方面的变化。事实上，新用户所遇到的大多数差异在第 1 章中都会讨论到。

考虑到不同版本之间差异较小，很多读者可能仍然在使用 Stata 12，甚至 Stata 11，为了适应各个方面的需求，本书包含了三个版本的简要介绍资料（见"认识 Stata 13"一章），所有版本大多数内容都是非常相似的，之所以进行区分是为了防止在微小差异方面产生混淆。

对于 Stata 13 用户，请从第 1 章"认识 Stata 13"开始；对于 Stata 12 用户，请从"附录 A：认识 Stata 12"开始，然后再跳到第 2 章；对于 Stata 11 或者更早版本的用户，请从"附录 B：认识 Stata 11"开始，然后再跳到第 2

章。从第 2 章起，所有的命令和方法在不同的版本中都是相同的（尽管屏幕截图的外观可能略有不同）。

在 Mac 操作系统中，绝大多数命令都是类似的，只是一些图标的外观和名称以及点击菜单的路径可能略有不同。

参考文献

Frankfort-Nachmias，C.，& Leon-Guerrero，A.（2010）. *Social statistics for a diverse society*（6th ed.）. Thousand Oaks，CA： Pine Forge Press.

Smith，C.，& Denton，M. L.（2005）. *Soul searching： The religious and spiritual lives of American teenagers*. New York，NY： Oxford University Press.

致　谢

作者和SAGE出版社感谢以下审稿人的贡献：

Karen Y. Holmes，Norfolk State University，Norfolk

Sean Kelly，University of Notre Dame

David Peterson，Iowa State University，Ames

Raymond Sanchez Mayers，Rutgers University，New Brunswick

Alexander Alexeev，Indiana University

Ryan C. Black，Michigan State University

Justin T. Denney，Rice University

Lisa Dilks，West Virginia University

Baodong Liu，The University of Utah

Daniel D. Partin，University of Kentucky

Parina Patel，Georgetown University

Garry Rolison，California State University，San Marcos

Winston Tripp，University of West Georgia

目　录

第一部分　Stata 基础

第二部分　用 Stata 进行量化分析

第一部分

Stata 基础

第 1 章

认识 Stata 13

对于很多人来说，学习一个新的软件可能会令人焦虑，尤其是当程序中包含统计学的内容时，压力可能会大大增加。如果你在开始成为 Stata 用户的过程中有类似的感觉，不要害怕，你并不孤单，这本书在设计时就考虑到了这一点。本书的主要目标之一是帮助读者减轻，或至少将这种焦虑降到最低，因为我们正朝着使读者成为高效和熟练的 Stata 使用者的目标迈进。正如电子邮件和互联网刚刚出现的时候我们可能也有过类似的感受，但是现在大多数人都能自如运用。当读完这本书后，你对 Stata 也会有类似的感受，并且更加熟悉它。

在深入了解使用 Stata 的所有细节之前，先了解它的各个组成部分是很重要的。本章将介绍 Stata 程序的基本构建模块。涉及的内容在本书的后续章节中都有详细的介绍，本章只是 Stata 程序基本功能的概述。本章的第二部分将解释如何打开、导入和输入数据。

|1.1| 你所看到的[①]

双击Stata图标打开Stata后，你首先看到的窗口如图1-1所示。

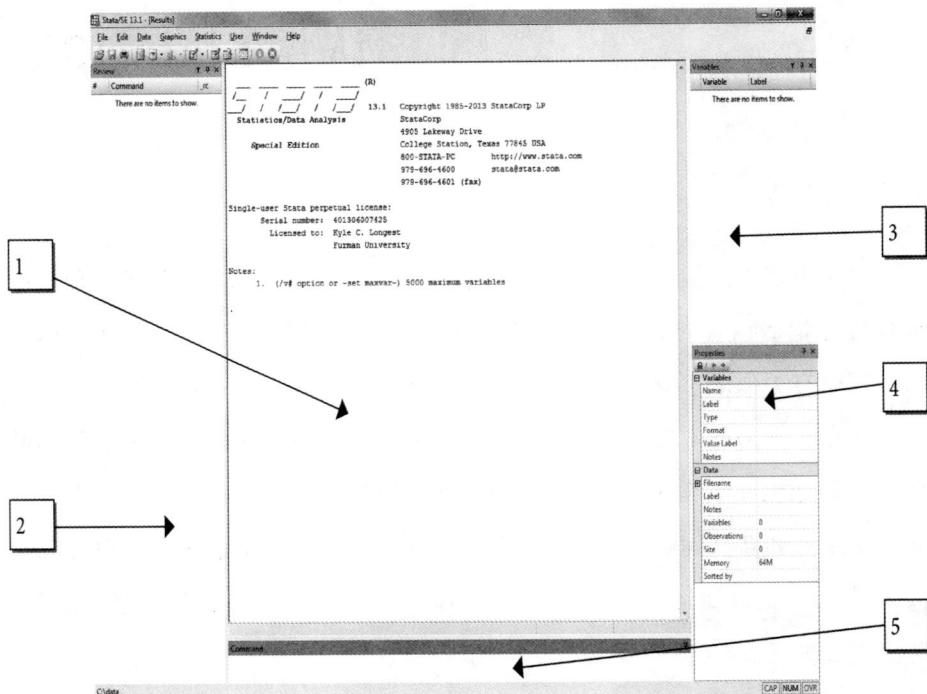

图1-1 基本的Stata视图

[①] 如果你使用的是Stata12，请跳过第1章，阅读附录A：认识Stata 12；如果你使用的是Stata 11（或Stata 10），请阅读附录B：认识Stata 11，而不需要阅读第1章。第1章、附录A、附录B的内容基本相同，但是Stata 13的外观与之前的版本略有不同，如果不将三个版本分开介绍，可能会使你看到的文本和屏幕上的内容不完全匹配。从第2章开始，大部分的操作和命令对于不同版本是相同的，有些和以前版本不同的地方会特别说明。

在屏幕上有五个不同的窗口：①

1.结果窗口（Results Window）：结果窗口将显示Stata所"做"的所有工作。Stata所执行的任何操作都会显示在这个窗口，包括操作的名称及结果。然而，这些结果并不是自动保存的。如何保存这些结果将在第3章"数据管理"一节中的"保存结果"部分介绍。

2.命令回顾窗口（Review Window）：命令回顾窗口包含了Stata当前会话中执行的所有操作运行的历史记录。不管你输入和执行了什么命令，都将出现在结果和命令回顾窗口中。命令回顾窗口最有用的功能是可以作为曾经运行命令的快捷方式。也就是说，如果你点击命令回顾窗口中的命令，该命令将出现在命令窗口中，你可以从命令窗口中查看、更改命令或者再次运行相同的命令。

3.变量窗口（Variables Window）：在Stata中打开数据文件时，数据集中包含的变量将在变量窗口中列出。此窗口可用于滚动查看当前数据文件中包含的所有变量。当你点击变量窗口中列出的变量名时，变量的属性将在属性窗口中显示。如果将光标放在变量上，会出现一个小箭头，单击该箭头，变量名将自动出现在命令窗口中。这个窗口还列出了变量的标签，它提供了关于变量的更详细的信息。关于变量标签更详细的讨论将在第3章"数据管理"一节中"使用标签"部分介绍。

4.属性窗口（Properties Window）：属性窗口提供了当前正在使用的数据集的详细信息，以及从变量窗口中选择的任何变量（通过单击该变量）的详

---

① 这种格局意味着Stata打开就可以用,如果你是在使用共享计算机(或通过网络)工作,这些窗口有可能被其他用户移动、调整大小,甚至删除,从而使你所看到的与所给出的截图略有不同。如果这些窗口中的某一个没有显示,可以单击Windows选项卡,然后单击想要显示的窗口即可。你还可以移动这些窗口,只需用鼠标单击并将它们拖到相应的位置即可。

细信息。对于数据，此窗口显示文件名、数据中包含的变量数量和观测样本（如受访者）的数量。对于给定的变量，属性窗口列出了变量的名称、类型、格式以及变量值标签，这些描述的详细信息将在本章后面讨论。在默认情况下，属性窗口是"锁定"的，这意味着不能直接在属性窗口更改这些特性。但是单击位于属性窗口左上角的挂锁（padlock）图标，就可以解锁属性窗口，并允许通过单击某个属性（例如变量名）来更改变量的属性，这个过程的更多细节将在本章后面介绍。

5. 命令窗口（Command Window）：当使用"语法"接口时，命令窗口就是输入你想要Stata执行某种操作的地方。语法或代码是Stata命令语言的另一个术语，它们将告诉Stata要执行什么程序。在这个窗口中每次输入一个命令，输入命令后，按Enter（回车）键，Stata将执行命令所定义的程序。命令窗口的一个有用特性是，你可以通过按Page Up（上页键）来浏览以前执行的命令。当找到你所感兴趣的以前执行过的命令时，可以修改它，也可以直接按Enter键再次运行该命令。本书的大部分内容是介绍和解释在定量分析中所需的各种命令。

在屏幕的顶部也有几个图标，这些图标的功能和使用将贯穿全书。随着通读全书，你将对这些基本的窗口越来越熟悉。现在你应该已经比较轻松地了解了每个窗口的基本用途。

|1.2| 开始使用数据文件

在使用Stata时，你将使用所谓的数据文件（data file）。如果你熟悉典型的数据库程序，那么就应该已经了解了数据文件的基本内容。这些文件包含一组样本的相关信息（通常是数字的），如调查的受访者、一组学校样本或美国的各个州。通常数据文件的组织方式是，每个样本的信息都包含在文件的行中，而列代表一个变量（与个体相关的信息），如性别、学生数量、各个州的平方英里数等。

与大多数计算机文件相似，数据文件有许多不同的类型。但是，正如PDF文件与Word文档非常相似一样，所有数据文件都是从类似结构中派生出来的。不同的派生文件用不同的文件扩展名来区分，文件扩展名位于文件名之后，用"."分隔开。Stata主要的数据文件是.dta。如何将其他类型的数据文件移到Stata中（例如，Microsoft Excel文件），在本章后面"在Stata中使用不同类型的数据文件"部分中会涉及。

1.打开和保存数据文件

为了打开一个Stata格式的数据文件（扩展名为.dta的文件），选择左上角的File（菜单），然后选择Open（打开）。或者直接点击📁按钮，然后搜索计算机上的磁盘驱动器和文件夹，找到已保存的数据文件。本章使用的数据文件可以在www.sagepub.com/longest找到，文件名为chapter1Data.dta。找到数据文件后，双击打开，Stata屏幕将发生变化，如图1-2所示。这个操作在结果窗口和命令回顾窗口中都会显示，并且只要我们告诉Stata该做什么，不管是点击菜单还是输入命令，都将会在结果窗口和命令回顾窗口中显示。因为打开数据文件没有任何的运行结果，所以在结果窗口中只显示相应的命令。你可以看到这个数据文件包含五个变量，在变量窗口中会被列出来。关于这个窗口中每个变量的全部信息将在后面的部分中讨论，目前最重要的是变量名。在这个数据文件中五个变量的变量名字分别为ids，gender，age-cats，employst，religoth。这些变量名也提示了变量所包含的内容，如变量gender表示受访者是男性还是女性。

经常保存数据文件的副本，并且只用复制的版本进行操作和分析是很好的

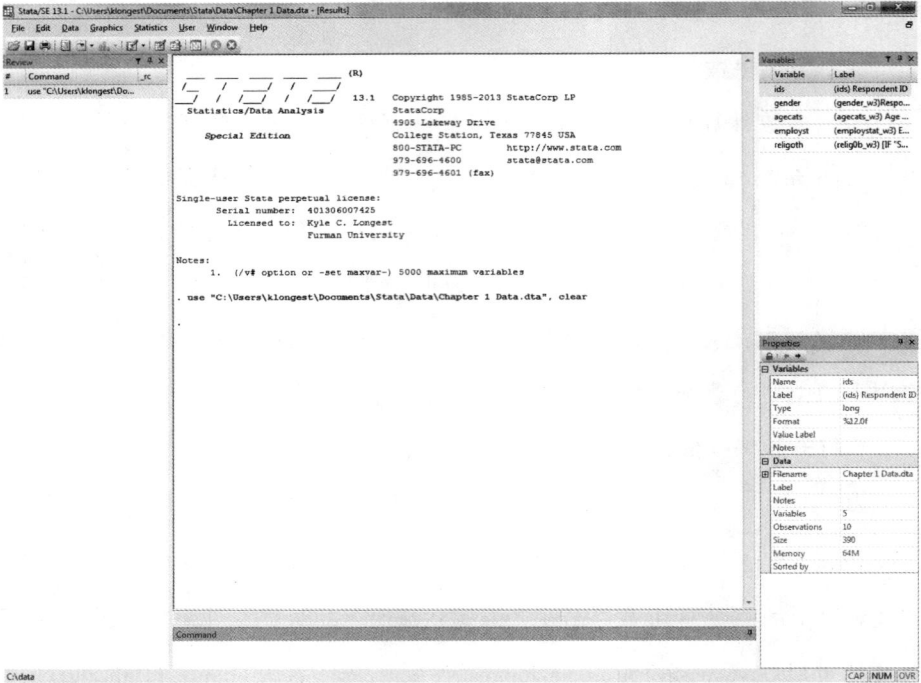

图1-2　打开数据文件后的Stata视图

习惯。因为在处理和分析数据时，常常需要更改数据文件的某些方面。例如，你可能需要创建一个新变量，或者更改现有变量的某些内容。如果备份一个原始的数据版本，就可以防止丢失任何原始的数据信息。但是也不必太担心，大多数的修改都是可以恢复的，使用数据文件的副本只是多了一种保护。

为了保存一个数据文件的副本，只需点击File菜单中的Save As（另存为），输入新的文件名，例如chapter1Data mycopy.dta，然后保存即可，你如果想要保存数据文件的新版本，也可以使用这个程序。

跨版本的Stata数据文件

正如在前言中提到的，总体上来说，Stata绝大多数的功能和命令在不同版本中是类似的（例如Stata 13，12，11，10等），数据文件也是这样的。所有通过旧版本建立和保存的数据文件，新版本都可以使用（具有向前兼容性）。例如，通过Stata12建立的文件使用Stata13完全可以打开。

但是在Stata某些升级版本中，Stata数据文件不再是"向后"兼容的，即保存在较新版本中的文件不能使用旧版本打开。Stata13就是升级之后的版本，使用Stata13建立的文件不能用Stata12或者更老的版本打开（注：Stata11和Stata12这两个版本几乎是完全兼容的，因此在这两个版本之间移动文件没有问题）。

不过不要沮丧，Stata提供了比较简单的方法来解决这些问题，如果想使用旧版本打开Stata13的文件，只需多加一个步骤，进行如下的操作：首先点击File菜单，然后选择Save As，在Save as Type下拉菜单中选择Stata12 Data（*.dta）选项，以这种方式保存的文件与Stata11也是兼容的。注意，不需要更改扩展名，扩展名仍然为.dta。当在结果窗口中看到带有.saveold的输出结果时，意味着文件已经以一种使以前版本能够读取的方式保存了，并且以这种方式保存的文件在Stata13中也可以使用。

2.数据浏览器和编辑器

如果是第一次使用数据，首先浏览一下数据是有好处的。即使已经有了使用数据的经验，检查一下你要分析的数据也是有帮助的。如果想查看Stata中的数据文件，点击屏幕上方中间的数据浏览器按钮，就会弹出一个新的窗口，如图1-3所示：

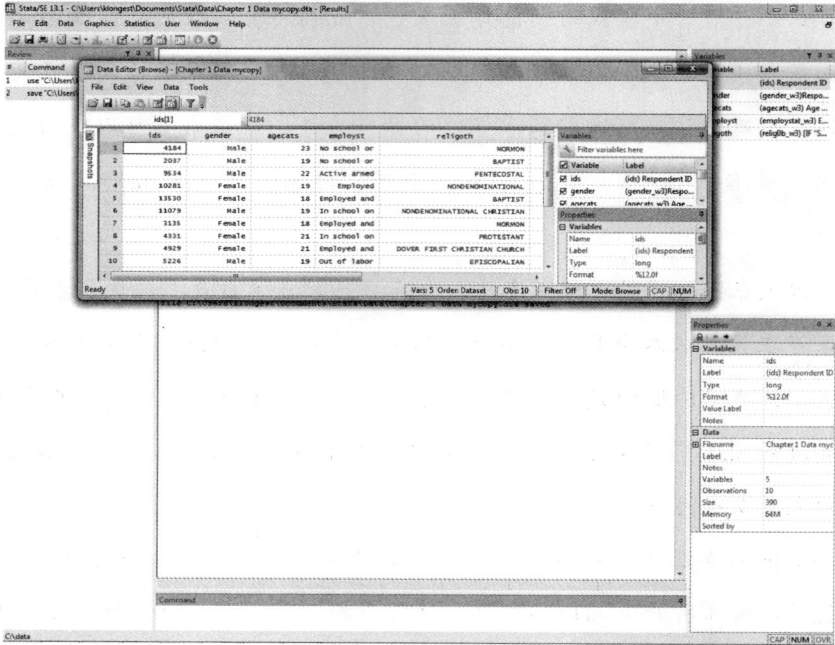

图1-3　数据浏览器窗口

　　这个新窗口就是数据编辑器（浏览器）窗口，正如在它左上角所显示的。浏览意味着只是查看数据而不需要改变它们。

　　在这个窗口你可以看到变量窗口列出的五个变量。正如之前所提到的，行是样本的值（即美国年轻人与宗教研究［NSYR］的受访者），列是不同的变量。每个单元格就是特定个体相应变量的信息。例如，第一行的个体是一位男性受访者，他提到"Mormon"（摩门教）是他的另一个宗教信仰。如果想关掉数据窗口只需点击右上角的红色"×"。

有时你可能想要更改变量的指定值，一种方法是使用数据编辑器窗口（更改多个个体值的更有效方法是用第2章提到的replace（if）命令），点击数据浏览器按钮旁边的"数据编辑器"按钮 开始数据编辑。你会发现数据编辑器窗口和数据浏览器窗口非常相似，主要的区别是在窗口的左上角，在"Data Editor"之后窗口现在显示为Edit（编辑）状态。一定要注意区分两个窗口，明确已打开的是哪一个窗口，因为编辑状态打开时数据是可以被改变的。为了防止任何意外更改，一般建议只使用Data Browser（数据浏览器）窗口，除非确定要更改某些值。

可以使用鼠标或者键盘激活想要改变的单元。例如，你可能发现在数据文件中错误地输入了第一个受访者的年龄，这个受访者应该只有22岁，而不是23岁。要进行此更改，只需将agecats这个变量的第一个值改成22然后按Enter键即可。当你关闭编辑窗口后，这个操作就会被记录和显示在命令回顾窗口和结果窗口中。

深入研究

初次使用命令

在数据编辑器窗口改变了第一个受访者的值后，在结果窗口中会显示如下的文本：

replace agecats = 22 in 1

（1 real change made）

只要使用菜单或者点击的方式执行Stata命令，在结果窗口和命令回顾窗口中都会显示相应的命令，这个命令是为了得到相同的结果而应该在命令窗口中输入的命令。在该数据编辑器的例子中，会显示改变变量值的命令是-replace-。也就是说，如果你在命令窗口输入这个命令并按Enter键，将会产生同样的结果。有时候使用菜单执行第一次操作很有帮助，但是通过第2章的详细讨论可知，学习和使用命令在命令窗口中完成各种操作将是非常有益的。

本书后续的章节将介绍如何使用命令窗口进行操作，但是应注意菜单操作和命令窗口的联系。可以尝试如下的操作：在关闭数据编辑器窗口时，将结果窗口中显示的命令（第一个"."除外）输入（或者复制并粘贴）到命令窗口。例如，把22改为23，应该输入如下命令：

replace agecats = 23 in 1

按Enter键，当你再次打开数据浏览器窗口后会发现变量agecats的第一个值已经变为23了。

3.输入数据

许多数据文件可能本来就是Stata格式或者是一种可以很容易转换为Stata格式的文件（更多的相关内容见下文）。然而，有时也需要手动输入研究数据。例如，如果通过邮件分发调查，调查结束后需要输入每个受访者对各个问题的回答，以便使用Stata进行分析。

打开Stata后输入数据的第一步是打开数据编辑器窗口，然后只需在每个变量上输入每个个体的值，用这种方式输入数据与在Excel文件中输入数据非常相似，只是数据编辑器不具备Excel文件所具有的等式功能。

开始输入数据后，每个变量自动地被命名为var1、var2、var3等。通常情况下，变量名最好对变量内容具有较好的描述性。将这些默认的变量名改为更清楚的标识变量内容的一种方法是：单击位于编辑窗口顶部的需要重命名的变量的当前名称（例如，var1），该变量的信息将显示在属性窗口中（位于数据编辑器窗口内）。然后点击属性窗口中列出的变量名，删除当前变量名并输入新名称。另一种方法是：输入数据完毕后关闭数据编辑器窗口，然后在变量窗口点击变量名，变量的信息将在属性窗口显示，为了在属性窗口改变变量名称，你需要点击 padlock 按钮，然后在变量列表中点击需要重新命名的变量，输入新的名称即可。

完成所有数据的输入后，可以关闭数据编辑器并按照上面描述的步骤保存 Stata 格式的数据文件副本。

4.在 Stata 中使用不同类型的数据文件

一些数据文件的格式可能无法在 Stata 中使用，因此需要几个步骤来处理这些文件。实际上 Stata 不可能处理所有类型的数据文件，也不可能面面俱到地直接使用所有类型的数据文件，本书将介绍如何处理最常见的数据类型。当然还有一些软件程序（例如 Stat/Transfer）专门用来将数据文件转换成各种格式。如果你能访问这样的程序，那么它可能是将文件转换成 Stata 格式的最有效的方法。另外，一些统计软件包也提供了将数据保存为不同类型的选项，其中可能就包含 Stata.dta 格式。

不能被 Stata 直接使用的最常见的数据文件类型之一是 Microsoft Excel 文件。通常这些文件用 .xls 扩展名表示，但是其他由 Microsoft Excel 生成或可读的扩展名（例如. csv）也可以以类似的方式处理。

虽然有几种不同的方法来传输以这种格式保存的数据，最基本的要求是你能够访问并熟悉 Microsoft Excel。首先打开一个 Excel 数据文件，选择包含数据的工作表并复制它，或者使用复制的快捷键（Ctrl+C）复制工作表，接下来在 Stata 中打开数据编辑窗口，激活左上方的数据单元，点击并选择 Paste（粘贴）即可，也可以选择粘贴的快捷键（Ctrl+V）。一旦粘贴了数据，就会出现一个窗口，询问"Treat First Row as Data"（是要将第一行直接填充数据），还是"Treat First Row as Variable Names"（将第一行作为变量名处理）。你的选择取决于 Excel 数据文件第一行是包含了变量名还是只有数据，这两个格式分别在图 1-4 和图 1-5 中给出：

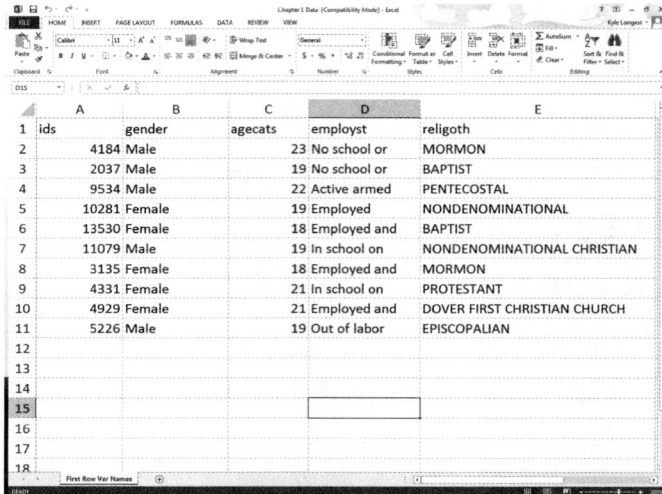

图 1-4　第一行显示为变量名的窗口示例

Figure 1.5 First Row as Data

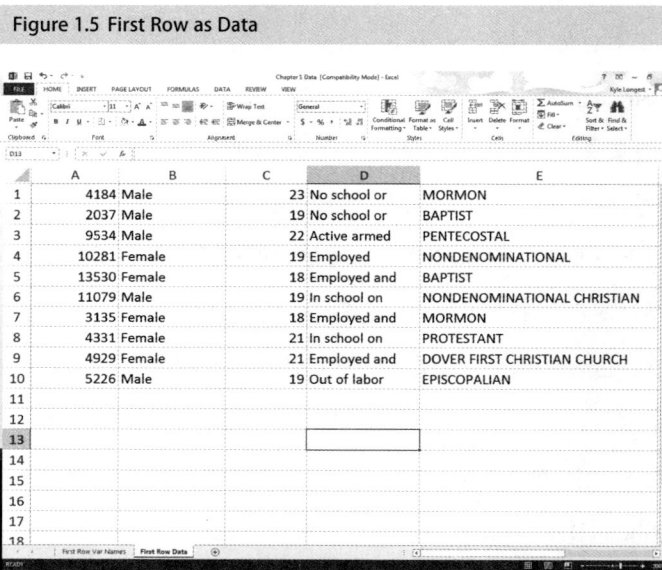

图 1-5　第一行显示为数据的窗口示例

选择合适的选项之后，关闭数据编辑器，并按照前面描述的步骤将数据保存为 Stata 数据文件。一旦将数据保存为 Stata 数据文件，就可以直接打开并使用这些数据了。[①]

Stata 13 和 Stata 12（但是不包括更早的版本）提供了另一种方法可以将 Excel 文件的数据直接引入 Stata，可能会稍微快一些，而且不需要打开 Excel。打开 Stata 后，点击 File 菜单中的 Import（导入），选择 **Excel spreadsheet**（***. xls *.xlsx**）选项，[②]就会出现如图 1-6 所示的窗口。点击浏览器按钮找到想要导入 Stata 的 Excel 文件，选定了要导入的文件后，你就可以选择将某一个工作表甚至是某些单元格的数据导入 Stata 文件。注意，你仍然需要决定并告诉 Stata Excel 文件中的第一行是包含变量名还是实际数据。如果第一行包含变量名，那么单击 Import First Row as Variable Names，将第一行作为变量名导入（执行这个操作后，预览窗口中显示的数据将发生变化），然后单击 OK 键。如上所述，你可以按照前面描述的步骤将 Stata 中的数据保存为 Stata 数据文件，一旦将数据保存为 Stata 数据文件，你就可以打开并使用数据了。Excel 文件输入数据如图 1-6 所示。

5.数据文件中的变量类型

此时，你应该对数据文件的基本结构比较熟悉了。每一行保存一个个体的信息，每一列是不同的变量。有了这些认识，差不多就可以开始分析数据了。然而，数据中包含的变量类型有一个重要的区别需要了解。为了说明这

---

① 这种"复制并粘贴"的方法是将数据从 Microsoft Excel 转换成 Stata 格式的最简单方法,对于新手来说尤其如此。但是这种方法也有一些缺点,更熟练的用户应该将 Excel 工作表转换为 .csv 文件,然后执行−insheet−命令,这个命令的细节超出了本书的介绍范围,但是第 8 章的 Stata 帮助文件一节提供了关于如何通过 Stata 的帮助文件来学习使用这个命令的信息。

② 如果你正在使用 Stata 13 或者 Stata 12,还可以从这个窗口选择几种不同的数据文件格式,对这些格式的处理过程与处理 Excel 文件非常相似,但是某些文件可能包含特有的步骤。

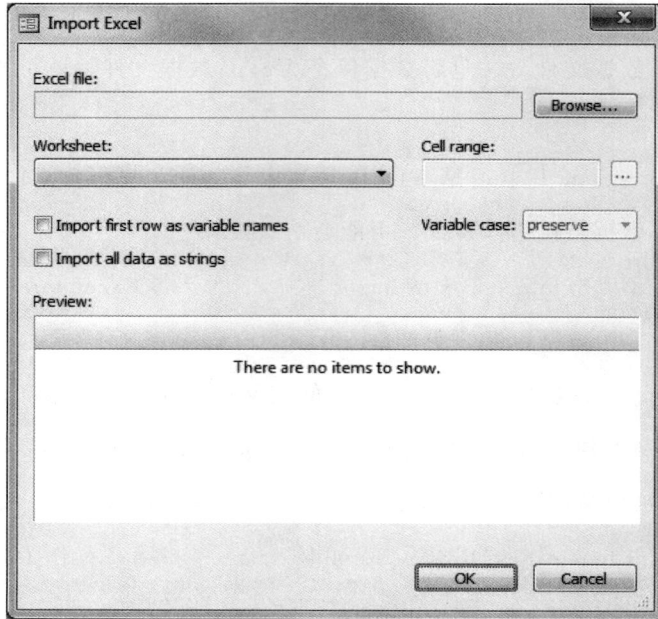

图1-6　从Excel文件直接导入数据的窗口

个区别，以Chapter 1Data.dta文件中的变量gender为例。这个变量基于对下面问题的回答：

你是：

a.男性？　b.女性？

将这个问题的回答输入Stata数据集中有两种方式，第一种方式用"Male"或者"Female"记录下来；第二种方式是可以使用数字来代表男性和女性，如用1代表女性，用0代表男性。如果按照第一种记录方式，则变量为字符型变量。字符型变量有时是很有用的，可以将问题的实际回答用文字记录在Stata中，例如Chapter 1 Data.dta中的变量religoth。

但是将类似于gender的变量存储为字符型变量的缺点是有些统计分析方

法要求变量必须是数值型的。例如，要计算变量的均值（算数平均值），就要求变量必须是数值型的。基于这个原因，一般建议如果可能的话最好使用数值型变量。

不过好在 Stata 中的很多操作对于字符型变量和数值型变量是类似的。主要是一些要计算数值的统计分析命令要求必须是数值型变量，如计算均值和线性回归。因为数值型变量对于大多数数据分析方法都是适用的，因此本书讨论的命令主要是可以应用于数值型变量的（很多操作对字符型变量是相同的）。针对字符型变量的特有操作，包括如何将字符型变量转换成数值型变量将在第 3 章 "数据管理" 一节中 "使用字符型变量" 部分介绍。

如前所述，你可能经常使用不是自己输入的数据，因此，你可能无法选择，甚至无法确定变量的输入方式。有几种方法可以确定一个变量的类型，最直接的方法是打开数据浏览器窗口，在 Stata 10 或者更新的版本中，字符型变量用红色字体显示，而数值型变量用蓝色或者黑色字体显示。例如，可以看到在 Chapter 1 Data.dta 文件中只有变量 religoth 是字符型变量。另一种方法是在变量窗口点击要查看的变量，在 Properties（属性）窗口将会看到变量类型说明，以 "str" 开头的变量就是字符型变量。

打开数据浏览器窗口后可以看到，变量 gender 和 employst 与变量 ids 和变量 agecats 是不同的，这种不同主要是因为变量 gender 和变量 employst 有变量标签，稍后将详细介绍变量标签。变量标签可以应用于用数值代表结果的变量中，前面提到过的变量 gender 用 "1" 表示 "女性"，这个不容易记住（不容易记住 1 代表男性还是女性），为了便于记忆，可以在变量标签中进行说明。而变量 ids 和 agecats 本身就是数值型的结果，不需要用变量标签进行说明。你可以通过点击 Tools（工具栏）的 Value Labels（值标签）和 Hide All Value Labels（隐藏值标签）来查看每个变量的数值，进行这个操作

变量类型

你可能已经注意到，关于变量类型更多的信息显示在属性窗口中。例如，gender为单字节变量（a byte variable），ids是一个长变量（long variable），religoth是一个字符型（str31）变量。这些说明进一步区分了变量的类型，同时也与分配给变量的存储空间相关。

所有字符型变量都有前缀 "str"，后面的数字表示这个变量可以使用的最长字符数，变量religoth中可以输入的最长字符数是31个字符。这个限制是可以改变的，但是建议设置所需要的最少字符数，否则将浪费存储空间。

类似地，数值型变量的各种子类型也给出了每个变量可以容纳的字符数。按从小到大的顺序包括byte，int，long，float和double。

一般来说，创建变量的时候Stata会以最有效的方式保存变量，并且对于大多数Stata用户来说，在进行各种操作时无须担心和处理这些具体的差异。

后，你会发现所有取值为 "Male" 的个体现在显示为 "0"，所有取值为 "Female" 的个体现在显示为 "1"。或者你可以突出显示（使用方向键或鼠标）某个单元格（如 Male），此时变量的实际值将在图标下方的窗格中列出。

练习题

1.打开数据文件 "Chapter 1 Exercise Data.dta"。

2.保存数据文件 "Chapter 1 Exercise Data.dta" 的副本，命名为 "Chapter 1 Ex mycopy.dta"。

3.使用数据浏览器确定在数据集中有多少个变量？多少个样本？

4.哪些变量是字符型变量？

5.利用数据编辑器将变量agefstdt最后一个值从14改为13。

6.利用数据编辑器，按照如下信息增加一个新的样本：ids值为1004，男性，完成了12年级教育，第一次约会在16岁，居住在太平洋普查区（Pacific census region），没有和父母住在一起。

第 2 章

Stata 要点

现在你已经熟悉了 Stata 的基本组成和数据文件，到了可以开始进行统计分析的时候了。刚刚开始学习新的计算机程序紧接着就要进行统计分析实践看起来是一项艰巨的任务，可能会使你感到一定程度的焦虑。本章的目标就是帮助你缓解这种在学习使用 Stata 进行统计分析时常见和自然的情绪反应。本章有三个主要的目标：第一，介绍一种学习 Stata 命令的概念式方法，不仅可以帮助你学习必要的操作，还可以减轻你对"记忆"看似无穷无尽的命令的恐惧；第二，介绍 Stata 命令的基本结构或格式。不管命令执行的实际操作是简单还是复杂，所有 Stata 命令都遵循非常相似的结构，了解这种基本格式将帮助你更轻松地处理每个新操作；最后，这一章讨论了 5 个最基本的 Stata 命令，这 5 个命令构成了绝大多数研究项目的统计分析和数据管理操作的基础。因此，学完这一章，你就基本掌握了使用 Stata 进行研究的要点，会更有信心去学习后续章节中更为复杂的内容。

2.1 | 直观和Stata命令

Stata 比较令人生畏的方面之一是：它主要是使用命令来高效工作的。不同于大多数读者已经了解的窗口和点击式的界面，这个"DOSesque"系统可能是陌生和不寻常的。一想到要记住很多的命令，许多用户就会感到很沮丧，这些担忧促使本书采用一种新的方法来讲授Stata命令。这种新方法的思想是不把Stata当成一个只给出结果的"黑箱"，而是把它当成聪明的伙伴，你可以让它很快地执行一些计算。这一观点使我们认识到，尽管 Stata是一个统计软件，但是软件程序是人设计的，设计者在考虑执行某种程序时，会尽量给出一个直观的名字，这种思想会帮助读者更加灵活地学习Stata，而不是把各种命令的名字仅仅当成需要记忆的对象。例如我们应该这样来考虑："用什么样的命令告诉计算机产生一个列联表呢？或者假想你面对的是一个在一起工作了很长时间的同事，怎样用简短的语言来告诉他/她，我需要一个列联表呢？一般来说可能会用"-tabulation-"或者更简短的"-tab-"。这种依靠直觉的思维方式可以帮助我们有效地学习Stata。有时候这种思维方式也可能会导致不正确的命令。例如，你在考虑"我该怎么告诉我的同事，让他/她从数据集中删除一个变量呢？"你想到的可能是命令"erase"或者"delete"，但实际上这个命令是"-drop-"。但是瑕不掩瑜，以这种思维方式来学习新的命令，将有助于记住正确的命令。因此，在 Stata的学习过程中，应该保持这种依靠直觉的思维方式：记住你只是在和聪明的同事一起工作，也许有时沟通会有一点困难，但是通过一点点的对话和理解后，你就能够进行非常有效的分析了。

命令和菜单式操作

通常 Stata 的新用户可能会因为它是一个命令驱动式的界面，而非点击式的操作界面而感到烦恼。这种想法可能会使很多用户产生放弃学习 Stata 命令的念头，而仅仅依赖于它的菜单和点击式操作，尽管这样看起来很容易，但是以下的两条理由告诉我们尽量不要这样做：

首先，从需要了解的信息量上看，菜单式操作方法的学习过程也并不简单。也就是说，即使在使用一个基于窗口的程序，你仍然需要学习要打开哪个菜单，按钮所对应的特定操作代表什么，并选择正确的选项。这种方法虽然看起来比学习命令容易，但这并不是因为要获得的信息量不同，而是人们对于使用菜单和窗口来进行操作更加熟悉。稍加练习，你就会发现 Stata 的语法和基于命令的界面操作一样简单。

其次，更重要的是学习 Stata 的命令有很多方面的优势。对于大多数操作而言，基于命令式的操作比点击式的操作更加迅速。某个命令，通过点击式操作要进行很多级的操作，但是如果输入命令可能仅仅需要几个简短的词语就可以了。而且，即使使用这两种方法都可以达到同样的目的，命令式的操作在保存和复制数据操作及分析过程方面也更加快捷。不过，你通常需要调整和修改先前运行的程序，然后再次运行它们。正如第 3 章 "什么是 do 文件" 一节中所提到的，使用带有 do 文件的命令会使这个过程变得更加快捷。如果你继续学习和使用 Stata，你会发现基于命令进行操作还有很多的优势。

|2.2| Stata命令的结构

本节概述Stata命令的组成，本章后续将介绍更多的细节和具体的例子，这将有助于更加全面地阐明和理解Stata命令。在Stata中执行的每个命令都具有相同的基本结构，可以写成如下的一般结构：

command varname（s）［if varname==value］　［，options］

1.命令

在Stata中执行的任何一个统计分析或者数据操作都有一个名称，例如想从数据集中删除一个变量，需要执行的命令是-drop-。命令一般是在命令窗口或者do文件中（do文件将在第3章介绍）首先要输入的内容。

大多数命令的名字有两种形式：全称和缩写。缩写包含了指定一个命令所需的最少字符数。如果一个命令有缩写，你可以输入任意数量的字符，只要它包含最短的缩写名即可。例如，执行线性回归的命令全称为-regress-，缩写是-reg-，你可以输入-regress-、-reg-、-regr-、 -regre- 或 -regres-中的任意一个，它们都会执行相同的命令。这本书在引入命令的时候通常使用全称，第一次使用之后，为了简便起见通常使用其缩写。

2.变量

在命令之后，你需要指定命令运行的变量。例如，你想删除变量名为gender的变量，那么需要在命令窗口输入：drop gender。有些命令也可以包含多个变量，甚至必须指定多个变量，后续将进行比较详细的讨论。例如，你想创建一个列联表，则需要在相应的命令后面输入两个变量。

3.-if-语句

有时候你可能只想对某些类型的个体进行操作。例如，只针对数据集中的男性样本创建一个列联表，为了达到这个目的，在输入命令和变量后需要输入-if-语句。通常，这些-if-语句是某个变量或某些变量等于某值的形式。在执行某个命令的时候-if-语句是一个可以选择的选项，不是必须要输入的。这就是为什么前面提到命令语句的一般形式时将-if-语句放到了方括号里，我们只是对数据集中的某个子集进行某种操作时才需要使用-if-语句。

4.选项

大多数的 Stata 命令都包含可以和命令一起使用的选项。顾名思义，选项是可选择的，非必要的。选项对基本命令进行一些扩展或修改。例如，通过选项计算一些统计量或者定义输出格式。当 Stata 命令在默认情况下不能产生你想要的结果时，通常可以使用选项来获得想要的结果。对于本书通篇都涉及的命令，其相关选项也会在后面详细介绍。第8章的"帮助文件"部分介绍了如何学习每个命令的所有选项。

5.使用命令窗口执行命令

一旦确定了需要使用哪个命令、要在哪个变量上执行它、是否要使用-if-语句或选项，就可以执行命令了。

首先，用鼠标点击命令窗口的任意位置来激活命令窗口，接下来输入命令、变量名和所需要的-if-语句及选项，变量也可以直接从变量窗口选择，而非直接输入，单击鼠标选择某个变量后，该变量就会出现在命令窗口中。输入所有的信息后按 Enter 键。

按 Enter 键告诉 Stata 需要执行的操作，并将输出内容显示在结果窗口中。注意，有些命令可能会在命令窗口中换行。这种情况是完全可以接受的，Stata 将按 Enter 键之前输入的所有内容作为一个命令来处理。因此，输入一个命令的所有信息后需按 Enter 键（不能在命令窗口中连续不断地输入几个命令）。一次执行多个命令的方法将在下一章介绍。

|2.3| 5个基本的命令

接下来，我们将介绍5个基本的命令。这5个命令构成了许多研究项目所包含的数据分析和数据管理的基础操作。这一节主要是对5个命令的简要介绍，让读者了解每个命令的相关基础知识。对于许多用户来说，这可能就是所需的全部内容了。每个命令的更多细节和细微差别将在专门介绍相关统计分析的章节中介绍。因此，这一部分主要有三个目标：第一，介绍如何执行一些基本命令；第二，构造了一个框架，在这个框架下，后续我们将讨论更复杂的内容；第三，通过这一节内容的介绍，你将更有信心学习后续更加复杂的内容。掌握了这些核心概念，对于成为一个高效的Stata用户非常有利。

本章使用Chapter 2 Data.dta作为例子，获取地址为：www.sagepub.com/longest。这个例子包含了NSYR数据中的25个样本和7个变量（在前言中，我们介绍了这些数据搜集的细节），这个例子是全部数据集的子集，如果你觉得有帮助，可以再次操作这些分析程序。正如第1章所提到的，保存数据文件的副本是一个好习惯，这样你就可以对原始数据进行备份。

1.tabulate

首先，我们要介绍的两个基本命令是-tabulate-和-summary-，两者都可以产生变量的基本描述性信息，因此它们通常是绝大多数研究要进行的第一个分析操作。本节将提供关于如何使用这些命令的概述，而第4章将更详细地介绍使用这些命令的细节，以及每个命令的扩展。

在统计学课程中，我们首先要学习的一个分析过程是如何构造频数分布表。注意，如果你让一个聪明的同事制作一个频数分布来展示各个可能的取值时，你可能会说"tabulate the data"，-tabulate-命令的缩写是-ta-，但是-

tab-这个缩写可能更容易被记住。

为了说明命令-tabulate-所执行的操作内容，你可以选择命令窗口，输入 tab employst（或者输入-tab-命令后用鼠标选择变量窗口中的变量 employst），employst 这个变量用来记录受访者的就业状况，输入命令后的窗口如图 2-1 所示：

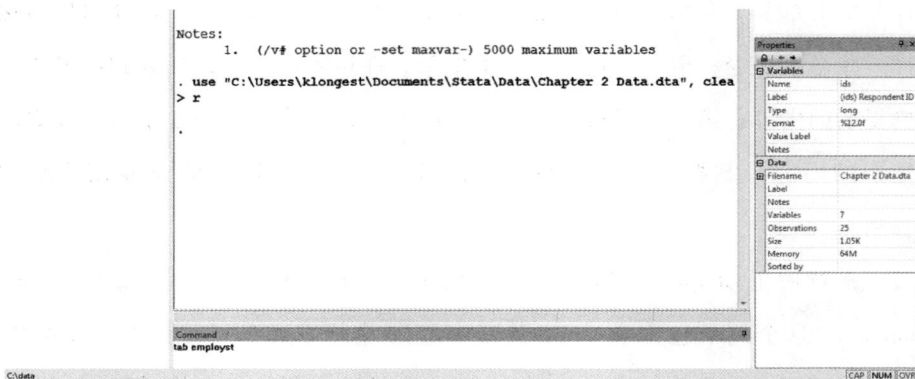

图 2-1　命令窗口中输入的命令

按 Enter 键，结果如图 2-2 所示。

在说明-tab-命令输出结果的独特之处之前，我们先来看一下所有 Stata 命令生成的一般性输出结果。我们首先看到的是在结果窗口中显示出来的命令都做了哪些分析。对于这个例子，结果窗口显示的是变量 employst 各个分类的频数、百分比，以及累计百分比；然后，在输出结果的上面是 Stata 产生这个输出结果所运行的命令；相同的信息也被存储到了命令回顾窗口。在命令窗口输入的每个命令，运行后的输出结果都有这三个组成部分。

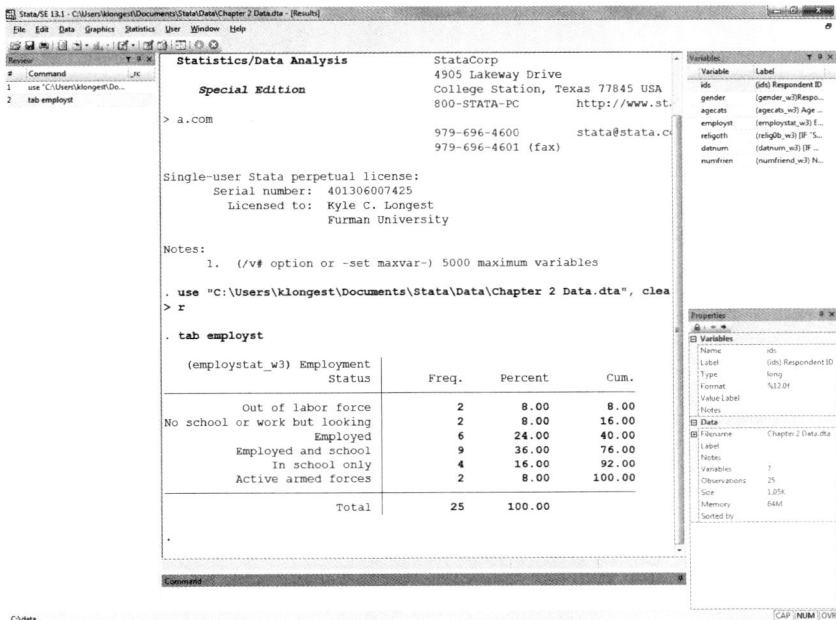

图2-2   -tab-命令的输出结果

现在来分析-tab-命令的输出结果。如前所述，它会产生相应变量的频数、百分比和累计百分比分布表。对于employst这个变量，显示有6个样本描述就业状态，占所有样本的24%，它还显示了样本的总数，即在这个例子中共有25个样本。[①]表格的左上角是变量标签，变量标签是对变量的简短描述，"Employment Status"就是变量标签。关于变量标签的详细介绍参见第3章。

和所有的命令一样，-tab-命令也有几个选项，可以调用这些选项来执行默认过程之外的其他操作。-tab-命令最有用的选项是-sort-。-sort-告诉

---

①   对于这些介绍性示例,每一个变量都没有缺失值,这意味着每个受访者都对所有变量给出了有效的答案。显然,实际情况并非如此,如何处理缺失数据将在后面的章节中详细介绍。

Stata重新对表格进行排序，使其按频数降序列出类别。记住，选项总是在逗号之后输入的，这意味着要在命令窗口输入：tab employst，sort，然后按Enter键，得出如下的结果：

```
(employstat_w3) Employment |
                    Status |      Freq.      Percent        Cum.
---------------------------+-----------------------------------
        Employed and school |          9        36.00        36.00
                  Employed |          6        24.00        60.00
            In school only |          4        16.00        76.00
           Out of labor force |          2         8.00        84.00
No school or work but looking |          2         8.00        92.00
         Active armed forces |          2         8.00       100.00
---------------------------+-----------------------------------
                     Total |         25       100.00
```

正如你所看到的，基本信息与之前的表格完全一样（频数、百分比和累计百分比）。但是现在，这些类别是按照频数下降的顺序排列的，这样比较容易看到哪一类包含的受访者多，哪一类包含的受访者少。对于就业状态，最普遍的类别是"Employed and school"，而"Out of labor force"，"No school or work but looking（for a job）"和"Active armed forces"这三个类别所占的比例最低。

还有几个和-tab-命令一起使用的选项，大部分将在第4章频数分布部分介绍。现在只需了解命令中调用选项的基本形式，其他命令也是类似的。另外应该注意的是，与命令一样，选项也有全称和缩写之分，第一次调用时总是使用全称，后续再次提到的所有实例中都使用了最常用的缩写。

除了产生变量的分布外，-tab-命令还可以产生两个变量的列联表。例如，你可能想知道受访者的就业状况是否因性别而不同。为了进行比较，你需要看到男性就业状况的分布和女性就业状况的分布。显示此信息的一种方法是调用-tab-命令并同时列出两个变量，而不是只列出一个。在命令窗口输入：tab employst gender，按 Enter 键，产生如下的结果：

```
                               | (gender_w3)Respondent
               (employstat_w3) |        gender
             Employment Status |   Male    Female |    Total
-------------------------------+-------------------+----------
            Out of labor force |      0         2 |        2
  No school or work but looking |      0         2 |        2
                      Employed |      2         4 |        6
            Employed and school |      3         6 |        9
                 In school only |      3         1 |        4
             Active armed forces |      1         1 |        2
-------------------------------+-------------------+----------
                         Total |      9        16 |       25
```

从这个结果中可以看到男性的人数（9人）少于女性的人数（16人）。此外，女性在所有类别中分布得更普遍，除了"In school only"和"Active armed forces"两类。这些频数上的差异可能是由于女性的总体数量更多所致。因此，要想知道是否有真正的差异，就必须对每个类别中女性的百分比与每个类别中男性的百分比进行比较。为了得到这样的数据，我们先进行直观的思考：首先需要命令 Stata 根据行或列生成一组百分比，因为你相信性别是原因变量（即解释变量），因此要生成列百分比，也就是说要通过生成列百分比来比较所有女性就业的比例和所有男性就业的比例。基于这样的逻辑，生成列百分比的选项应该是-column-（同理，生成行百分比的选项是-row-）。在命令窗口输入：tab employst gender，col，按 Enter 键，结果如下：

```
+--------------------+
| Key                |
|--------------------|
|     frequency      |
|  column percentage |
+--------------------+
```

| | (gender_w3) Respondent | | | |
| (employstat_w3) | gender | | | |
Employment Status	Male	Female		Total
Out of labor force	0	2		2
	0.00	12.50		8.00
No school or work but looking	0	2		2
	0.00	12.50		8.00
Employed	2	4		6
	22.22	25.00		24.00
Employed and school	3	6		9
	33.33	37.50		36.00
In school only	3	1		4
	33.33	6.25		16.00
Active armed forces	1	1		2
	11.11	6.25		8.00
Total	9	16		25
	100.00	100.00		100.00

在结果的顶部左上角标有"key"的部分用来说明表中每个单元格中的数字代表什么含义，在这个例子中是频数和列百分比。使用百分比可以更加准确地比较性别和就业状态之间的关系。当只考察频数时，似乎女性更有可能被雇用，因为有4名女性被雇用，相比之下只有2名男性被雇用。但是从雇用的百分比来看，在就业方面似乎没有显著的性别差异，因为女性就业的比例为25%，男性就业比例超过22%，相差不到3%。

命令的快捷键

你可能已经注意到之前提到的三个命令很类似，后两个只是加了简单的选项。你可能想知道是否有快捷键可以生成这些命令，在后边添加新的选项即可，而不需要再次输入完整的命令。很幸运，有两种方法可以避免重复操作。为了实践这两种方法，假设你想查看行的百分比。

第一种方法是使用命令回顾窗口。首先，在命令回顾窗口中找到和你现在想进行的操作最接近的命令，此时应该选择第一次产生列百分比的命令（即 tab employst gender，col）并点击这个命令，这个命令就会出现在命令窗口中，然后在命令的结尾嵌入-row-，此时命令变为 tab employst gender，col row，然后按 Enter 键。

第二种方法是激活命令窗口，然后按 Page Up 键，刚刚运行的命令就会在命令窗口中显示。如果继续按 Page Up 键就会循环显示当前会话中调用的所有命令，我们就能找到想要的命令，在后边输入-row-，按 Enter 键即可。

以上介绍的两种方法都是在 Stata 的同一个会话中重复运行某个命令时的有效方法。第 3 章的"什么是 do 文件"部分将介绍在 Stata 的多个会话中重复运行相似命令更为有效的方法。

2.summary

我们通常要分析包含很多类别的变量，例如，收入或者一个国家的人口数量（即定距-定比尺度的变量）。对于这样的变量也可以产生一个频数分布表，但是不一定是有用的，因为每一类中可能仅仅只包含几个值。在当前的例子中，变量-datnum-对应 NSYR 数据集中询问受访者一生中共有几次恋爱。这个问题使用开放式的回答形式，受访者可以回答0到100之间的任何数字。在当前的子样本中只有25个受访者，很可能每个受访者的值都是不同的，构建频数分布表没有意义。

在这种情况下，用几个数字来描述变量的基本特征可能更有帮助，也就是用几个数字去总结变量的特征，而不是去查看每个样本的响应。还是首先直观地思考：你可能想让一个聪明的同事用几个数字"总结（summarize）"这个变量，这些总结性的统计量通常是对数据收敛趋势和离散性的度量。产生这些统计量的命令是-summary-或者-sum-。为了产生这些数字特征，在命令窗口输入：sum datnum，然后按Enter键，就会输出如下的结果：

```
    Variable |      Obs       Mean    Std. Dev.      Min        Max
    ---------+-----------------------------------------------------
      datnum |       25       7.56     6.083311        1         20
```

默认的-sum-命令（即不包含任何选项的-sum-命令）会产生几个描述性统计量。从左到右依次为：观测值的个数（Obs）、算数平均值（Mean）、标准差（Std. Dev.）、最小值（Minimum or Min）、最大值（Maximum or Max），这些数字特征都是基于当前例子中的数据计算得到的，例如，在NSYR数据集中可能会有受访者恋爱100次，但是在当前的子样本中没有人约会超过20次。

-sum-命令的一个特征就是在一条命令中允许同时输入多个变量。例如，在命令窗口可以输入sum datnum agecats，然后按Enter键，就会输出如下的结果：

```
Variable |      Obs        Mean    Std. Dev.        Min        Max
---------+-------------------------------------------------------
  datnum |       25        7.56    6.083311          1         20
  agecats |      25       20.04    1.619671         18         23
```

  显示的信息和单变量的情形一样，但是现在给出的是两个变量的描述性统计量。输入-sum-命令后，可以输入任意多个你想要分析的变量。

  除了默认的-sum-命令给出的描述性统计量外，我们有时还想了解更多的描述性统计量，如百分位数、峰度等。我们可以调用-sum-命令的-detail-选项来产生这些统计量，在命令窗口输入：sum datnum，detail，然后按Enter键，输出结果如下：

```
            (datnum_w3) [IF HAS BEEN IN A ROMANTIC
            RELATIONSHIP OR HAS BEEN MARRIED J:4. How
---------------------------------------------------------------
      Percentiles      Smallest
 1%         1               1
 5%         2               2
10%         2               2      Obs                25
25%         3               2      Sum of Wgt.        25

50%         5                      Mean             7.56
                 Largest           Std. Dev.    6.083311
75%        10              15
90%        20              20      Variance     37.00667
95%        20              20      Skewness     .9859665
99%        20              20      Kurtosis     2.722225
```

  除了观测值的个数、算数平均值、标准差、最小值和最大值，-sum-命令还产生了多个百分位数（Percentiles）、方差（Variance）、偏度（Skewness）和峰度（Kurtosis）。很多用户可能对某个变量的中位数感兴趣，尽管Stata没有用"median"一词标明中位数，但是50%的百分位数与中位数是等价的。和默认的-sum-命令一样，对于带有选项的-sum-命令也可以在一条命令后同时输入多个变量，每个变量详细的描述性统计量将被列出。

3.generate

通常在对数据进行分析时，你可能需要一些在原始数据集中不存在的变量。例如，你可能意识到使用受访者约会过的人数是有问题的，因为受访者处于不同的年龄段，年龄较大的人可能约会过更多的人，为了修正这一影响，你可能想构造一个新的变量表示受访者平均每年约会的人数。为了产生这个变量，需要用受访者报告的总约会人数除以他/她 16 岁以后开始约会的年数，但是在当前的数据集中还没有这个变量，首先你需要产生一个新的变量表示受访者超过 16 岁之后开始约会的年数，然后用约会人数除以这个新的变量。

那么从直观上考虑产生一个新的变量应该用什么命令呢？你可能会觉得"create"比较合理，另一个相似的选择是"generate"。如果你一开始想到的是"create"，尽管它不是正确的 Stata 命令，但是这种思维方式将帮助你记住正确的命令"-generate-"。与之前提到的命令-tab-和-sum-不同，-generate-（缩写为-gen-）不是一个数据分析命令，也就是说它不会产生统计量和数值结果。-generate-是一个数据管理命令，用来产生新的变量，然后对新的变量再进行各种分析。但是所有 Stata 命令都有相似的结构，在命令窗口输入-gen-，然后输入新的变量名，在给新变量命名时尽管可以根据个人的喜好来命名，但是也有一些一般的技巧。前面引言中提到过，Stata 是要区分大小写的，因为这个特点，所以使用只包含小写字母的变量名是一个有效的策略。你可以将变量命名为 gender、Gender，甚至 GENDER，但是可能需要数次输入这个变量名，比较快捷又不容易犯错误的命名方式就是只包含小写字母的名字，并且尽量简洁。你还要记住，在给变量命名时需要在简洁和清晰之间做出平衡，程序本身可能会提示用户使用 newvar1 作为新的变量名，当时你可能还记得这个变量代表的含义，但是构造多个新的变量后就会变得混乱，因此需要给新变量一个合适的名字以便帮助你记忆它所代表的含义。

在上边提到的例子中，需要构造的新变量代表受访者超过16岁之后的年龄数，因此可以将此变量命名为agep16，变量的名字就提示此变量表示受访者超过16岁之后的年龄数。总之，命名新的变量时应该使用尽可能少的字符，并且能帮助记忆变量的含义。

新变量名字确定之后，在命令窗口输入即可，上例中输入：gen agep16。接下来，你需要告诉Stata这个新的变量等于什么，这样在新的变量名后需要输入等于号，即输入命令gen agep16=，你不用担心等号的前后是否有空格，因为Stata不关注命令行中是否有空格。接下来，我们需要确定新的变量所包含的内容，命令的这个部分类似于公式或等式并且可以包含任何你能想到的运算。最常见的-generate-命令等号后包含以下元素中的一个或多个组合：数字、数学函数或者已有的变量。重要的是要记住，等号后面输入的内容会被应用于数据集中的每个样本（除非调用了-if-语句，-if-语句接下来会介绍）。也就是说，Stata会对每个样本一个接一个地执行等号后面给出的公式。例如，在命令窗口输入：gen examp=200，按Enter键，在变量窗口中就会出现一个名为examp的新变量，现在要产生这个新变量的分布（即在命令窗口中输入：tab examp，按Enter键），就会有下面的结果：

```
    examp |      Freq.     Percent        Cum.
----------+-----------------------------------
      200 |         25      100.00      100.00
----------+-----------------------------------
    Total |         25      100.00
```

这个结果表明对于 25 个样本，新变量都被赋值为 200。在上述的例子中，需要用一个变量来代表受访者超过 16 岁之后的年龄数，为了构造这个变量，你需要用每个人当前的年龄数减去 16，如果仅仅使用数字来表达的话，可以输入 gen examp2=21-16，产生一个变量表示所有 21 岁的人 16 岁之后的年龄数，执行这个命令后再产生频数分布表（即在命令窗口输入：tab examp2，按 Enter 键），就会给出如下的结果：

```
    examp2 |      Freq.     Percent        Cum.
-----------+------------------------------------
         5 |         25      100.00      100.00
-----------+------------------------------------
     Total |         25      100.00
```

这个变量包含了我们嵌入的正确信息。一个 21 岁的人 16 岁之后的年龄数是 5 年，但是你会发现对于每个样本都被赋值为 5，如果查看一下之前产生的变量 agecats 分布表就会发现，样本中并不是每个人都是 21 岁（查看分布表只需使用结果窗口的滚动条或者激活结果窗口后使用 Page Up 键即可）。至少有一个受访者是 18 岁，一个是 23 岁，相应地他们 16 岁之后的年龄数分别是 2 年和 7 年。

为了产生一个对于每个受访者都包含正确信息的变量，你需要告诉 Stata 产生一个新的变量等于每个受访者的实际年龄减去 16，而不是简单地使用 21。在 Stata 已有的变量中哪个变量包含了这个信息呢？变量 agecats 包含了这个信息，因此正确的命令是 gen agep16=agecats-16。我们仅仅使用包含每个样本实际年龄的变量代替了数字 21，Stata 就知道遍历每个样本，一个接一个地，使用变量 agecats 的值减去 16，然后存储到新的变量中。在命令窗口中输入这个命令，按 Enter 键，然后显示新变量的频数分布表（即 tab agep16），结果如下：

agep16	Freq.	Percent	Cum.
2	7	28.00	28.00
3	2	8.00	36.00
4	6	24.00	60.00
5	4	16.00	76.00
6	5	20.00	96.00
7	1	4.00	100.00
Total	25	100.00	

现在我们可以看到，新变量的每个样本根据其实际年龄被赋予了不同的值。如果你想仔细检查以确保新变量包含了正确的信息，可以构建一个原始年龄变量和新变量的列联表，在命令窗口中输入：tab agecats agep16，然后按 Enter 键，就会得到下面的结果：

(agecats_w 3) Age variable collapsed into one year categories	agep16						Total
	2	3	4	5	6	7	
18	7	0	0	0	0	0	7
19	0	2	0	0	0	0	2
20	0	0	6	0	0	0	6
21	0	0	0	4	0	0	4
22	0	0	0	0	5	0	5
23	0	0	0	0	0	1	1
Total	7	2	6	4	5	1	25

从以上结果可以看出，我们已经正确地生成了新的变量。所有 7 个年龄为 18 岁的样本在新变量 agep16 中被赋值为 2，两个年龄为 19 岁的样本被赋值为 3 等。我们的最终任务是产生一个变量代表受访者 16 岁之后每年约会的人数，这就需要用每个样本 16 岁之后约会的人数除以其 16 岁之后的年龄。为了得到这个变量，与上述步骤一致，首先输入命令 -gen-，接下来给出新变量的名字，gen datpry16，然后是等号和相应的公式。后一部分是稍微棘手的部分，想想你需要的信息，我们需要每个人 16 岁之后约会的人数（即变量 datnum）和其超过 16 岁之后的年龄数（之前产生的新变量 agep16），我们所需要的数学表达式就是前者除以后者，因此需要嵌入的整个命令就是 gen datpry16=datnum/agep16。符号"/"就是告诉 Stata，对于每个样本用变量 datnum 的值除以变量 agep16 的值。参见"深入研究：数学运算和符号"，其中给出了大部分的数学运算和 Stata 所对应的符号。和之前一样，你需要仔细检查一下新变量所包含的信息。在这里，因为新变量是两个变量运算的结果，简单地通过列联表不能给出详细的信息。尽管有几种方法可以执行这个操作，但根据已学习的工具最简单的方法就是打开数据浏览窗口，检查变量 datnum、agep16 和 datpry16 的一些样本值以保证新变量的计算结果正确。现在我们已经学会如何使用命令窗口了，实际上可以在命令窗口中输入 browse 命令然后按 Enter 键打开数据浏览窗口，或者可以在命令窗口中输入：browse datnum agep16 datpry16，这几个变量就会在数据浏览窗口显示。一旦打开数据浏览窗口，我们就可以看到新的变量 datpry16 代表了各个受访者 16 岁以后每年约会的人数。

数学运算和符号

在 Stata 中构建新的变量时，经常需要使用数学运算或函数。这些运算每一个都对应一个 Stata 可识别的符号。有些是显而易见的，如"+"表示加法，但是有些就不那么明显了。下面给出了最常用的一些运算或者函数及其对应的符号：

加法	+
减法	−
乘法	*
除法	/
幂	^
大于/小于	>, <
大于等于/小于等于	>=, <=
绝对值	abs（数或变量名）
自然对数	ln（数或变量名）
平方根	sqrt（数或变量名）

另外，Stata 遵循传统的运算顺序。例如，你想计算 16 岁后平均每年约会的人数这一变量的自然对数，可以输入如下的命令：gen lndatpry16=ln（datnum/agep16），Stata 首先运行括号中的内容（即除法），然后再给出自然对数的结果。

4.replace（if）

有时候不需要构建新的变量，而是要改变现有变量。需要这种操作基于几个方面的原因，首先，可能由于数据输入过程出现错误，所以需要对数值进行替换。例如，所有 18 岁的样本可能实际上是 19 岁。其次，比较常见的情况是由于某种原因要合并类别。例如，你可能觉得不需要区分不工作和失业但是正在找工作这两种情况了，因此要将失业但是正在找工作这一类别的值替换为失业的代码，使得两类情况有相同的值。在这些情形中，都需要将有些变量的当前值用新的值替换，简而言之，就是用新值-replace-旧值。

命令-replace-与命令-gen-有很多方面是类似的。-replace-不是创建新变量，而仅仅是改变当前变量的值。为了实现这个操作，假定我们发现了上面提到的年龄问题（即所有 18 岁的人实际上是 19 岁），在开始替换操作之前，为了与替换之后的变量值进行比较，产生一个当前变量的频数分布是必要的。在命令窗口输入：tab agecats，然后按 Enter 键，就会得出如下的结果：

```
(agecats_w3 |
       ) Age |
   variable |
  collapsed |
   into one |
       year |
 categories |       Freq.       Percent          Cum.
------------+-------------------------------------------
         18 |           7         28.00         28.00
         19 |           2          8.00         36.00
         20 |           6         24.00         60.00
         21 |           4         16.00         76.00
         22 |           5         20.00         96.00
         23 |           1          4.00        100.00
------------+-------------------------------------------
      Total |          25        100.00
```

我们可以看到，有 7 个样本的值为 18 需要替换为 19，因此一旦替换完成将有 9 个样本值等于 19，这个操作就是要将变量 agecats 当前所有值为 18

的项改为 19。和以前的命令一样，在命令窗口中输入 replace，接下来输入需要进行数值置换的变量名：replace agecats。然后就像-gen-命令一样，你必须告诉 Stata 新的值等于多少。在这个例子中，你应该告诉 Stata 新的值为 19，类似于-gen-命令等号后面通常会输入数字、数学运算符或者变量名。因此到目前这个命令可能应写为：replace agecats=19。但是这样输入你还没有准确地完成这个过程，因为-replace-命令和-gen-命令一样，它会将所有样本的值都替换为等号后的值，除非你告诉它什么时候不那样做。所以，如果输入当前的命令后按 Enter 键，Stata 将遍历每个样本，将变量 agecats 中每一个受访者对应的值改为 19，因为它没有进一步的信息。而这个结果并不是我们想要的，所以你需要告诉 Stata 只改变变量 agecats 中当前值为 18 的样本。

为了完成这个过程，需要调用-if-语句。使用-if-语句就是要告诉 Stata，当且仅当-if-语句所陈述的内容为真时，再执行这个过程。在通常情况下，命令行中跟在-if-语句后面的是一个变量等于、大于或者小于某个值的条件。在当前的例子中，我们要完成的操作是将变量 agecats 的值为 18 的个体值置换为 19，这个命令听起来有点复杂，但是仍然可以从直观上思考如何让某人来完成这个过程（即 "please, replace (the values of the) agecats (variable) (to) equal 19 if (the value of the) agecats (variable) equals 18"）。根据这种形式可以得到如下正确的命令结构：replace agecats=19 if agecats==18。

你可能已经注意到了命令行中的-if-语句中出现了两个等号，这不是错误，如果想在-if-语句中使用等式，必须输入两个等号。现在，有一个非常直接的经验法则来帮助你记住这种差异。当你告诉 Stata 某个量等于某个值的时候（即要改变某个值使其等于另外的值时），只需要使用一个等号。在这个命令的第一部分，你要告诉 Stata 将变量 agecats 的值变为 19，此时只需要输入一个等号。当你告诉Stata需要评估或者判断一个变量是否等于某个值时，就需要输入两个等号。在上述命令的第二部分，你告诉Stata要首先检查变量agecats中的样本值是否等于18后，才能进行替换操作，这意味着你需要输入两个等号。

在命令窗口输入 -replace- 命令（replace agecats=19if agecats= =18），按Enter键，然后产生变量agecats的频数分布（即 tab agecats），你将看到如下的输出结果：

```
(agecats_w3 |
       ) Age |
    variable |
   collapsed |
    into one |
        year |
  categories |        Freq.      Percent         Cum.
-------------+-----------------------------------------
          19 |            9        36.00        36.00
          20 |            6        24.00        60.00
          21 |            4        16.00        76.00
          22 |            5        20.00        96.00
          23 |            1         4.00       100.00
-------------+-----------------------------------------
       Total |           25       100.00
```

这个结果告诉我们已经做了正确的替换，所有7个原来等于18的样本值现在全部变为19，而其他样本值没有变化，-if-语句成功完成操作。

深入研究

可怕的错误信息

到现在为止，我们的操作都是正确的，但是即使有经验的Stata用户也可能犯错误。当输入不正确的命令后，Stata会显示错误信息来指明哪些地方出错了。错误信息会和一个链接同时给出，链接会显示相应错误的详细信息。在很多时候，错误是由于输入失误导致的（如错误地输入变量的名字）。但是也有的时候是由于错误地输入了命令或者选项导致的。首先你可能会遇到的例子是-if-语句后面双等号的使用。例如，在命令窗口嵌入你刚刚导入的命令，但是将-if-语句之后的等号删掉一个，不正确的命令为：replace agecats=19 if agecats=18，按 Enter 键，你将看到下面的结果：

replace agecats=19 if agecats=18

invalid syntax

r（198）；

这条错误信息是"无效的语法（invalid syntax）"，"r（198）"是可点击的部分，它会告诉你为什么会收到这样的错误信息，也就是说点开链接后 Stata 会告诉你关于错误更加详尽的信息，在结尾有这样一句提示："Errors in specifying expressions often result in this message"。实际上，表达式包含了 if 语句，这意味着 Stata 告诉你要仔细检查确保使用了正确的运算符，在本例中，没有使用正确的运算符，因为只输入了一个等号。

你现在可能意识到，使用-replace-命令是有风险的，因为一旦进行了替换就无法恢复。现在你已经将7个样本的值由18改为19，无法将它们与之前就等于19的两个样本区分开来。因此即使你发现不应该改变这些样本的年龄，也是不可能恢复的。正因为如此，强烈建议你使用原始数据集的副本进行操作，并将原始数据集进行备份，这是改变变量值后恢复其原始版本的一种方法。这种情形也说明了 do 文件的用途，do 文件是保存命令的一种方法，我们将在第3章介绍，以防你在犯了这样的错误之后需要复制一部分分析过程。

另外，还有一个避免发生上述错误，比较安全地使用-replace-命令的方法。在本例中，假设你已经发现有一个样本目前记录的是23岁，实际上是22岁。而且你还关心如何识别出被错误赋值的样本（也许是为了分析为什么会出现这种错误的记录），所以你要做的就是创建变量agecats的一个副本，然后将副本的相应样本值由23改为22。在给出如何创建这个副本的方法之前，你能想到如何使用已经学过的命令实现吗？

为了产生变量的副本，调用-gen-命令，你需要告诉Stata产生一个新的变量等于当前的变量agecats。回想一下-gen-命令的结构：命令-新变量名=新的值，因此在命令窗口输入：gen agecatsrp=agecats，然后按Enter键，并构建一个新变量和原始变量的列联表（tab agecats agecatsrp），结果如下：

```
(agecats_w |
     3) Age |
    variable |
   collapsed |
    into one |
       year |                    agecatsrp
  categories |       19      20      21      22      23 |     Total
-----------+-------------------------------------------+-----------
         19 |        9       0       0       0       0 |         9
         20 |        0       6       0       0       0 |         6
         21 |        0       0       4       0       0 |         4
         22 |        0       0       0       5       0 |         5
         23 |        0       0       0       0       1 |         1
-----------+-------------------------------------------+-----------
      Total |        9       6       4       5       1 |        25
```

这两个变量是等同的。现在可以使用-replace-命令将新版变量agecatsrp中的值23改为22，记住只是让Stata将当前值为23的样本值改为22，这意味着需要在-replace-命令中使用-if-语句，在命令窗口中输入：replace agecatsrp=22 if agecats= =23，按 Enter 键，然后再次产生两个变量的列联表（tab agecats agecatsrp），结果如下：

```
(agecats_w |
      3) Age |
   variable |
  collapsed |
   into one |
       year |                         agecatsrp
 categories |      19        20        21        22 |     Total
-----------+--------------------------------------------+-----------
        19 |       9         0         0         0 |         9
        20 |       0         6         0         0 |         6
        21 |       0         0         4         0 |         4
        22 |       0         0         0         5 |         5
        23 |       0         0         0         1 |         1
-----------+--------------------------------------------+-----------
     Total |       9         6         4         6 |        25
```

　　原始变量 agecats 的值在行中列出，新版变量 agecatsrp 的值在列中给出。这个结果告诉我们两个变量是类似的，除了一个样本原变量是 23 而新变量中被替换为 22 以外。使用这种方法使得我们能够通过比较原变量和替换后的新变量来识别被替换样本，这在有些分析中是需要的，并且在你需要原变量时总能找到它。

　　尽管这个例子看起来有点多余，但是有些时候，你确实需要替换变量的某些值。更常见的是，你会发现这种伴随着一次或者多次值替换的创建新变量的方法（新的变量可能是对已有变量的复制，也可能是基于某种计算产生的）是非常有用的。

　　一个典型的、更复杂的替换例子是根据多个条件创建一个二元或名义变量。例如，你想构建一个二元变量（也称为哑变量）来表示受访者是否是"孤独"的。为此，将约会过 2 人以下和有少于 2 个朋友的情形定义为"孤独"的，基于这个定义，我们计算符合条件的人数，但是这个条件相对比较复杂。幸运的是，将-gen-和-replace-联合起来使用就可以构建这个变量。

首先，利用-gen-命令产生一个新变量，告诉Stata这个新变量等于多少。然后，你想得到一个二元变量，即变量只取两个可能的值，通常一种情形用0来表示，另一种情形用1来表示。在这个例子中，如果受访者是"不孤独"的则变量取值为零，否则如果符合"孤独"的条件则变量取值为1。

在创建这种类型的变量时，一个有用的做法是开始时将每一个样本都赋值为0，这样设置实质上等同于没有给出任何类别指示，然后告诉Stata满足某些确定性的标准时需要将取值替换为1。为此，只需在命令窗口输入gen isol=0，然后按Enter键即可。

此时，我们得到了一个新的变量，这个变量的每个值都等于0，接下来，我们需要将满足"孤独"条件的值替换为1。根据标准有两个条件必须满足，你需要使用一个具体的-if-语句来阐述。-replace-命令前半部分与上面的讨论非常类似：replace isol=1 if。现在需要考虑的是告诉Stata什么内容使得它将所有满足"孤独"条件的样本值替换为1。

第一个条件是这个受访者最多和2个人约会过，因此在-if-语句中首先应该明确这个条件：replace isol=1 if datnum<=2。注意这里不是像之前一样使用两个等号，而是使用小于等于号，因为我们要告诉Stata包含约会人数小于等于2的所有受访者。现在还没有完成条件设置，如果此时按Enter键，所有约会人数小于等于2的值将都被替换成1。但是，实际上我们想将约会人数小于等于2并且至多有2个朋友的样本（即满足"孤独"条件的受访者）值替换为1，因此可以在-if-语句中增加另外的条件。再次强调，假想如果想让一个聪明的同事将一个人加入到"孤独"的群体，你应该告诉他什么？你可能告诉他："将约会人数不超过2并且有2个或者更少朋友的人加入

到"孤独"群体中"（"move everyone who has dated 2 or fewer people and who has 2 or fewer friends."）。将上述表达中的"有"（"has"）用"小于等于"运算符替换就会得到正确的 Stata 命令：replace isol=1 if datnum<=2 & numfrien<=2。现在可以按 Enter 键，并得到如下结果：

replace isol=1 if datnum<=2 & numfrien<=2

（2 real changes made）

这个结果告诉我们在变量 isol 中有两个值发生改变。和以前一样，最好仔细核查是否做了准确的替换，你可以通过数据浏览窗口进行操作，或者产生一个变量 datnum 和变量 numfrien 的列联表来检验替换是否正确。

深入研究

逻辑运算和对应的符号

当使用比较复杂的-if-语句时，需要使用逻辑运算符。这些运算每个都对应一个 Stata 可以识别的符号，下面是最常用的逻辑运算和在 Stata 中对应的符号：

And　&

Or　|

Not equel to ！ =

与数学运算符一样，可以使用括号来保证想要的运算顺序。例如，你想将年龄不超过 20 岁，约会人数小于等于 2 或者有不超过 2 个朋友的样本设定为"孤独"的人，可以输入下面的语句：

replace isol=1 if agecats<20 & datnum<=2 | numfrien<=2

给出这个命令后，Stata 会将那些年龄不超过 20 岁并且约会人数不超过 2 人的受访者取值为 1，也会将那些有 2 个或者更少朋友的样本取值为 1。但是这种替换不是你想要的，因为 Stata 将前两个分句作为一组，而不是后两个分句。要解决这个问题可以使用括号确定正确的分组：

replace isol=1 if agecats<20 &（datnum<=2 | numfrien<=2）

现在 Stata 就知道什么情况取为 1 了。首先是要满足年龄小于等于 20，然后是约会人数不超过 2 人或者朋友的个数不超过 2。

你可能想构建一个标准的列联表，但是现在只需显示新变量中被替换等于 1 的样本，这样我们就可以检查它是否与变量 datnum 和 numfrien 的值有正确的对应。换句话说，你只是希望将 -tab- 命令应用到变量 isol 取值为 1 的样本，为了将列联表限制在这些样本中，我们调用 -if- 语句，在命令窗口输入：tab datnum numfrien if isol==1，然后按 Enter 键。记住，因为你想让 Stata 确认变量 isol 的值是否为 1（即将它的取值与 1 作比较），因此需要使用两个等号。

```
                        | (numfriend
                        |  _w3) N:1.
                        |  Now for
                        |  the next
        (datnum_w3) [IF |  set of
       HAS BEEN IN A |  questions,
          ROMANTIC |  I'll be
    RELATIONSHIP OR |  asking
          HAS BEEN |  some
       MARRIED J:4. |  things
             How |        2 |     Total
    ----------------+------------+-----------
               1 |        1 |         1
               2 |        1 |         1
    ----------------+------------+-----------
           Total |        2 |         2
```

这个结果只展示了变量 datnum 和 numfrien 对应于 isol 值等于 1 的两个值。正如你所看到的，它们都满足约会人数小于等于 2 或有不超过 2 个朋友的条件。后续章节中将会陆续介绍-if-语句与其他命令一起使用，现在你应该能够使用它来确定这些类型的替换是否已成功完成。

5.recode

-replace-命令的局限性在于它一次只能替换一个值。也就是说，在上面变量 agecats 的例子中，我们需要输入两个命令将变量的值由 18 变到 19、由 22 变到 23。你不可能输入一条-replace-命令使得 agecats 基于不同的条件等于两个值 19 和 23。在某些方面，这个限制可以被看做-replace-命令的一个优点，因为它使得我们对所改变的数据比较谨慎和清楚。但是当需要改变已有变量的多个数值时，这又显得有些不方便。幸运的是，命令-recode-允许使用一条命令实现多个值的替换。从直观上看，你可能不会想到改变变量的值用 "recode" 这个词，但是命令名称也提供了很多的直观信息，帮助我们记住它。-replace-命令和-recode-命令最大的区别是-replace-命令从字面上看是把一个变量（或者样本）的值用另一个值覆盖了。虽然我们使用-if-语句将这种覆盖限制在一些特定的情况中，但是-replace-命令默认的操作是改变每个样本的值。而-recode-会让 Stata 选取一个当前的值并改变它（即进行重新赋值），这个不同的操作意味着你要告诉 Stata 想要改变的旧值和新值。

在本例中，假设我们想基于现在的定距-定比尺度变量 datnum 创建一个顺序尺度变量，用这个变量来区分约会较少者、约会适中者和约会频繁者。因此，我们需要将目前的 13 个值重新编码为 3 个值。为了区分这 3 种情况，你最好先看一下这个变量的分布。在命令窗口输入：tab datnum，然后按 Enter 键，就会得到如下的结果：

```
(datnum_w3) [IF  |
  HAS BEEN IN A  |
      ROMANTIC  |
 RELATIONSHIP OR |
      HAS BEEN   |
    MARRIED J:4. |
         How     |       Freq.           Percent              Cum.
-----------------+-----------------------------------------------------
              1  |          1              4.00              4.00
              2  |          4             16.00             20.00
              3  |          4             16.00             36.00
              4  |          1              4.00             40.00
              5  |          3             12.00             52.00
              6  |          2              8.00             60.00
              7  |          1              4.00             64.00
              9  |          1              4.00             68.00
             10  |          2              8.00             76.00
             11  |          1              4.00             80.00
             15  |          2              8.00             88.00
             20  |          3             12.00            100.00
-----------------+-----------------------------------------------------
          Total  |         25            100.00
```

基于这个结果，可以将约会人数不超过3人的分到约会较少的组，约会人数为4~7的人的归类为约会适中组，约会人数超过7人的归类为约会频繁组。我们可以采用上述介绍的步骤构建一个新的变量，然后使用合适的-if-语句将其值替换。尽管这种方法可以得到想要的结果，但是需要4个独立的命令来完成（包括构建变量命令和分类命令）。

为了简化这个过程，可以使用-recode-命令。-recode-命令的结构和本章介绍的其他命令类似。首先输入命令名称和想要改变的初始变量名：recode datnum。接下来你需要告诉Stata哪些值需要重新赋值以及它们应该取什么新值。你可以任意选择三个数来代表三个类，但是一般使用1，2，3来表示这个顺序尺度变量所包含的三种类型。我们要求Stata将约会人数为1~3人的受访者赋值为1（约会较少者），将约会人数为4~7人的受访者赋值为

2（约会适中者），将约会人数为7~20人的受访者赋值为3（约会频繁者）。因此，-recode-命令语句需要三个独立的条件来区分。

为了完成三种情况的选择，你需要在命令窗口中输入：recode datnum（1/3=1）（4/7=2）（8/20=3）。在按 Enter 键之前先检查一下命令语句。首先，我们注意到的第一个新符号是斜线"/"，这是一个表示范围的符号，告诉 Stata 需要改变值的范围是从斜线前的数到斜线后的数。这个符号容易与数学运算中的除法符号混淆，幸运的是-recode-命令是唯一使用这个符号表示范围的情形，在其他情形中"/"一般表示除法运算。

接下来，只需要使用一个等号告诉 Stata 改变变量的值。根据前面给出的变量 datnum 分布表可知，没有人约会8人，-recode-命令的最后一个条件告诉 Stata 将变量中取值为8到20之间的受访者重新赋值为3。在当前的数据中没有样本值等于8也没关系，当然也没有样本值为13或者18，因为 Stata 只是在给出的范围内进行搜寻，任何落在这个范围内的样本将被重新赋值。

现在你可能准备按 Enter 键了，但是还要稍等片刻。Stata 会将 datnum 这个变量的所有值改变为1，2，或3，而在我们后续的分析中可能还需要知道每个受访者约会的确切人数，如果按照上述的-recode-命令语句进行操作，将无法返回到这个变量的原始值。

前面已经讨论过一种可以避免这种风险的方法，正如在-replace-命令中一样，我们可以构建一个新的变量，将 datnum 变量中的值复制到新变量中，然后将复制版本的新变量重新赋值。这个方法毫无疑问是有效的，但是需要额外增加一个步骤。幸运的是，-recode-命令有一个有用的选项可以实现并且不需要额外的命令。你可以调用-generate（newvar）-选项自动创建一个新变量，新变量与原变量的取值相同，可以对它重新赋值。这个选项与之前使用过的其他选项略有不同，之前不仅要输入选项而且还需要相关参数，这个选项中的"newvar"表示只需输入新变量名即可，新变量将与原变量有相同的取值。

综上所述，在命令窗口中，只需在我们已经输入的命令中增加一个generate选项，即recode datnum（1/3=1）（4/7=2）（8/20=3），gen（datlevs），然后按Enter键。现在你已经告诉了Stata对变量datnum重新赋值，并且创建一个新变量存储这些值，新变量的名字是datlevs。和以往一样，你要仔细检查一下，确保命令能按照我们的要求对变量进行重新赋值。在命令窗口输入tab datnum datlevs，然后按Enter键，得到下面的列联表：

```
(datnum_w3) [IF |
   HAS BEEN IN A |
       ROMANTIC |
 RELATIONSHIP OR |   RECODE of datnum ((datnum_w3)
        HAS BEEN |     [IF HAS BEEN IN A ROMANTIC
     MARRIED J:4. |    RELATIONSHIP OR HAS BEEN MARRIED]
            How |      1          2          3 |       Total
----------------+----------------------------------------+--------------
              1 |      1          0          0 |           1
              2 |      4          0          0 |           4
              3 |      4          0          0 |           4
              4 |      0          1          0 |           1
              5 |      0          3          0 |           3
              6 |      0          2          0 |           2
              7 |      0          1          0 |           1
              9 |      0          0          1 |           1
             10 |      0          0          2 |           2
             11 |      0          0          1 |           1
             15 |      0          0          2 |           2
             20 |      0          0          3 |           3
----------------+----------------------------------------+--------------
          Total |      9          7          9 |          25
```

从上表可知，原变量datnum的值与新变量datlevs的值有了正确的对应。例如，有1个约会人数为1的样本，4个约会人数为2的样本和4个约会人数为3的样本，现在这些样本在新变量datlevs中的取值均为1。另外在表头部分 Stata 自动增加了一些关于新变量 datlevs 的信息，帮助你记住它是变量 dat-num 经过重新赋值得到的。

使用定量数据时，无论是二手数据还是自己搜集的数据，可能经常遇到这种重新分类的问题，因为调查往往比我们需要的还要细致。能够将多类别归纳为更广泛的分组是分析师最重要的技能之一。–recode–命令是完成这种改变最有效的命令。

深入研究

殊途同归的命令

你可能已经注意到，–replace– 和 –recode–命令看起来很相似，使用其中的任意一个命令都可以达到相同的目标。在本书中你还会看到几个其他的例子，使用几种不同的命令会导致相同的结果。这种模棱两可的说法一开始可能会让人感到困惑，甚至会让人觉得必须记住何时使用哪个命令，从而导致某种挫败感。

但是从另一个角度来看，这项功能是 Stata 最大的优势，体现了它的灵活性和适应性。你不必担心命令的组合是否是"正确"的选择，只要采用的这种组合产生了想要的结果就可以。有些使用者，因为种种原因可能更喜欢–gen–和–replace–的组合，而不是带有–gen（newvar）–选项的–recode–命令，还有一些人可能会先使用–gen–命令组合，然后用–re-code–。以上三种模式都会创建一个类似的变量，因此可以使用任意一个你认为运用最直接、最自如、最容易记住的组合，没有唯一一个完成任务的正确方式。Stata 允许用户构建自己的模式。所以，你不用努力记住每一种可能的方法，只需要实践你最有信心的方法，凡是可以产生想要的结果的方式就是正确的。

|2.4| 非基本的、常用命令

到目前为止，我们已经介绍了5个命令，它们在实用程序和学习Stata基础的适用性方面都是最基本的命令。还有一些其他的命令，这些命令虽然对完成研究项目可能不是明确必要的，但是也很常用。

关于这些命令的介绍和其他内容放到一起不太合适，因此本书把它们放到一个看似杂七杂八的部分中。大部分命令都比较简单，因此介绍的比较简洁。不过，细节的介绍说明了如何以及何时有效地使用它们。

1.Rename

当你使用二手数据集时，变量的名字可能没有包含有用的信息，有些数据集变量甚至基于调查问题的顺序命名变量（例如q112），让人很难记住这个变量中包含了哪些信息。

第1章介绍了两种通过点击方式改变变量名的方法，实际上用命令来实现也很简单，这样就有三种可供选择的方法了。重命名变量的命令是-rename-，后面给出现有的变量名和新的变量名。例如，在当前的数据集中将性别变量命名为female可能更有帮助，使这个变量看起来更清楚地代表女性指示变量（即女性时取1）。在命令窗口输入：rename gender female，然后按Enter键，在变量窗口中就会出现female，而不再是gender了。

2.drop/keep（if）

尽管这个命令一般来说是不必要的，但是当你想要从数据集中删除一个样本或者变量时也许会用到。删除变量或者样本的命令是-drop-，但是完成这两个任务的命令结构略有区别。从数据集中删除一个或者若干个变量的操作方法是直接输入命令名，然后加上要删除的变量名即可。在当前的数据集中变量examp和变量examp2只是作为例子生成的，在分析的过程中不需要这两个变量，现在你想将其删除，操作方法是在命令窗口输入：drop examp examp2，然后按 Enter 键，这两个变量就会被删除，并且将不再出现在变量窗口中。

有时候你可能需要删除某个样本。例如，你发现数据集中年龄为 23 岁的样本是错误的，想完全删除，也就是你想告诉聪明的同事"如果年龄是 23 岁的话就删除这个样本（"drop cases if they are 23 years old."）"，这个口头上的表达与 Stata 删除样本的-drop-命令表达很一致，需要在-drop-命令后调用-if-语句。在命令窗口输入：drop if agecats==23，然后按 Enter 键，得到如下的结果：

```
(agecats_w3 |
        ) Age |
   variable |
  collapsed |
   into one |
       year |
 categories |      Freq.      Percent        Cum.
------------+--------------------------------------
         19 |          9        37.50       37.50
         20 |          6        25.00       62.50
         21 |          4        16.67       79.17
         22 |          5        20.83      100.00
------------+--------------------------------------
      Total |         24       100.00
```

变量的年龄范围变为 19 岁至 22 岁，样本个数变为 24 而不是 25。

-keep-命令的实现与-drop-命令完全相同，但是它产生了相反的结果，即只保留-keep-命令行中的变量或者样本。例如，你可能只想保留那些年龄小于 21 岁的受访者。现在不是指定哪些样本要删除，使用-if-语句你需要告诉 Stata 哪些样本需要保留。如果只想保留年龄小于 21 岁的样本，在命令窗口输入：keep if agecats<21，然后按 Enter 键。执行这个操作后在命令窗口输入：tab agecats，然后按 Enter 键，就会得到：

```
(agecats_w3 |
    ) Age |
   variable |
  collapsed |
   into one |
      year |
 categories |       Freq.        Percent          Cum.
------------+-----------------------------------------------
        19 |           9          60.00          60.00
        20 |           6          40.00         100.00
------------+-----------------------------------------------
     Total |          15         100.00
```

此时变量的取值为 19 至 20，样本个数变为 15，而不是 24。

有一点需要注意：完全删除与某个分析不相关的样本似乎是合适的。例如，你可能只对年轻成年女性朋友的数量感兴趣，考虑将所有成年男性的样本删除，当然你可以保留一个包含全样本的备份文件。这样做技术上没有问题，但是不一定是最有效率的做法。因为一旦研究兴趣发生变化，在分析中决定包含男性样本，那么之前在限制性样本上执行的操作都必须重做。一般来说，比较好的方法是使用-if-语句来界定想要的分析，而不是删除样本。在上述的例子中，如果你只想显示年龄小于 23 岁的样本的列联表，只需输入：tab employst gender if agecats<23。这个命令和先删除 23 岁的样本然后产生列联表会得到同样的结果，但是却不会改变数据。

3.describe

命令-describe-（缩写为-desc-）可以用来展示整个数据集或者某个变量的信息。我们可以输入这个命令，此时会展示数据文件和数据文件中每个变量的详细信息。从 Stata12 开始因为有了属性窗口，使得这个命令就没必要了，但是对于 stata11 或者更老的版本来说，这个命令仍然是有用的。在命令窗口中输入 desc，然后按 Enter 键就会看到全部的结果。如果包含 - short - 选项就会只给出关于数据集的信息。在命令窗口中输入 desc，short，然后按 Enter 键，就会显示下面的结果：

```
Contains data from C:\Documents and Settings\klongest\My
Documents\Stata\Data\Chapter 2\Chapter 2 Data.dta
  obs:          15
  vars:         12
  size:        915
Sorted by:
Note: dataset has changed since last saved
```

这个结果显示了观测值的个数（obs），变量的个数（vars）和数据文件的大小（size）。如果只想显示变量的信息，在 -desc- 命令后输入变量的名字即可。在命令窗口中输入：desc female datlevs，然后按 Enter 键，就会显示下面的信息：

```
variable name  type  format   label   variable label
---------------------------------------------------------------
female        byte  %12.0f  gender  (gender_w3)Respondent gender
datlevs       int   %9.0g           RECODE of datnum ((datnum_w3)
                                     [IF HAS BEEN IN A ROMANTIC RELATIONSHIP
                                     OR HAS BEEN MARRIED]
```

结果中显示的信息包括变量的类型（type）和格式（format）（第 1 章讨

论过）。另外，在显示的列表中还有变量的值标签（label）和变量标签（variable lable）。关于这两个标签将在第3章"数据管理"一节的"使用标签"部分中介绍。目前只需了解-desc-用来获得这些信息的汇总是一个很有用的命令。

4.display

命令窗口有一个很有趣的功能就是可以充当计算器。当执行-display-命令（缩写为disp或者di）时，Stata将在结果窗口中给出计算结果。例如，你想仔细检查一下变量employst和变量gender列联表中男性就业人员的百分比，在命令窗口中输入di（2/9）*100，然后按Enter键，在结果窗口中就会显示22.22的结果。-di-命令遵循标准的数学运算顺序并使用相同的符号，当输入四位或以上的数字时，不要键入逗号。例如，如果想求50345的平方根，在命令窗口中输入di sqrt（50345），而不是（50，345）。尽管-di-不是最重要的命令，但是非常有用。

5.set more off

当你运行一个命令产生比较长的结果时（如产生一个具有很多种分类的变量的频数分布表），结果窗口就会卷起。但是Stata默认的是阻止滚动过去结果的页面视图。出现这种情况时，Stata会暂停显示结果，在屏幕的底部显示"more"。实际上，Stata是在询问操作者是否想看更多的结果。如果想看到更多的内容，你可以点击"more"，也可以点击键盘上的任何按钮。起初这个默认的操作看起来有点让人无奈，但实际上是节省了向前滚动看之前结果的时间。

如果你想让Stata显示所有的结果而不停顿，可以在命令窗口输入-set more off-然后按Enter键。进一步地，如果你想更改默认设置，使Stata在显示结果时不会暂停，可以和-set more off-命令一起调用-permanently-选项。如果你想恢复到最初的默认值，即在显示冗长的结果时暂停，可以调用-set more on–命令。

本章命令概览

*5 Essential Commands

*tab

tab employst

tab employst，sort

tab employst gender

*sum

sum datnum

sum datnum agecats

sum datnum，detail

*generate

gen examp=200

tab examp

gen examp2=21−16

tab examp2

gen agep16=agecats−16

tab agep16

tab agecats agep16

gen datpry16=datnum/agep16

```
*replace if
tab agecats
replace agecats=19 if agecats==18
tab agecats
gen agecatsrp=agecats
tab agecats agecatsrp
replace agecatsrp=22 if agecats==23
tab agecats agecatsrp
gen isol=0
replace isol=1 if datnum<=2 & numfrien<=2
tab datnum numfrien if isol==1


*recode
tab datnum
recode datnum （1/3=1）（4/7=2）（8/20=3），gen（datlevs）


*Nonessential，Everyday Commands
*rename
rename gender female


*drop
drop examp examp2
drop if agecats==23
tab agecats
```

```
keep if agecats<21

tab agecats


*desc

desc

desc，short

desc female datlevs


*display

di （2/9）*100

di sqrt（50345）


*set more off

set more off

set more off，permenantly

set more on


*A Closer Look：The Dreaded Error Message

replace agecats=19 if agecats=18
```

练习题

1.生成变量 numfrien 的分布表。

2.生成按照频数排序的变量 numfrien 的分布表。

3.生成变量 numfrien 和 agecats 的列联表。

4.生成一个显示每个年龄类别百分比的变量 numfrien 和 agecats 的列联表。

5.生成一个新变量，该变量是朋友数量（numfrien）和每个受访者约会人数（datnum）的总和。

6.生成一个新变量，将所有受访者中约会人数（datnum）为20的替换为15。

7.生成一个新变量，该变量表示年龄（agecats）为20岁，并且约会人数（datnum）在5到10次之间。

8.重新赋值或者产生一个新变量后赋值。将变量 agecats 分成两类，分别为21岁以下和21岁以上（包括21岁）。

9.将变量 numfrien 重命名为 frndnum。

10.使用命令窗口计算976和543的乘积。

第 3 章

do 文件和数据管理

目前你可能对一些基本和常用的命令比较有信心了，准备开始进行统计分析。在开始介绍数据分析策略之前，说明一些数据处理的基本原则是很重要的。尽管数据处理不像估计回归系数和均值那样令人激动，但是要想精通 Stata 和成为一个高效的数据分析师，这些数据管理技术依然很重要。也许有人想跳过这一章直接去学习一些能够帮助我们完成任务的实际命令，如果这是你唯一的目标和需要，那么就可以直接学习下一章。但是如果你想使用 Stata 完成一个研究项目，那么本章给出的内容将节约你的时间并减少失败。与其完成某项任务之后去改正无效率的习惯，不如开始就养成高效管理数据的习惯。

本章首先介绍 Stata 最有用的组成部分之一——"do 文件"。一个 do 文件能够将你在某个项目中使用的命令保存下来以备后续使用、更改和复制。由于你刚刚开始习惯使用命令窗口来执行操作，再学习一种执行命令的新方法似乎有些令人紧张。但是 do 文件与命令窗口非常相似，只要稍加练习，就能熟练地使用这两种方法。你将发现有效地使用 do 文件可以成倍地提高效率。最后，本章讨论了一些数据管理的"最佳实践"，包括使用标签、缺失数据、字符型变量和保存结果。

　　本章所有的例子使用的是数据文件 Chapter3 Data.dta，可以在 www.sage-pub.com/longest 获得。这个文件包含了来自 NSYR 数据集的与第 2 章相同的 7 个变量，但是本章包含了第 3 波调查全部的 2 532 个受访的年轻人。正如第 1 章所提到的，请保存你正在使用的数据文件的副本，以保证始终备份原始数据。

|3.1| 什么是 do 文件

　　在通读前一章后，你可能想知道命令运行后发生了什么，如果想要生成相同的变量或再次进行相似的重新赋值应该怎么办。你了解了如何在单个 Stata 会话中检索命令，但是一旦 Stata 关闭，命令回顾窗口和命令的历史记录就会被删除了。如果需要在两个不同的会话中完成前一章所进行的操作，那么在第二个会话中是找不到第一个会话中所执行的所有数据更改和分析命令的，这种无法保存命令的情况可能会使你需要不断地保存数据。即使这样也不能有效地解决问题。因为保存数据副本并不会同时保存任何的数据分析过程（例如，产生统计汇总和列联表的过程不会被同时保存）。如果你需要重新进行某个分析，并且要通过命令窗口来实现，那么就必须重新键入所有必需的命令。这种复制命令的需求在统计分析中很常见，显然重新键入命令的方法很低效。

　　幸运的是，Stata 有一个内置的机制来解决这个问题，那就是"do 文件"。"do 文件"之所以这样命名是因为它"执行"了保存在其中的一组命令，并且它的文件扩展名是 .do。虽然 do 文件看起来像是 Stata 的一个全新的内容，但实际上 do 文件与可以保存的长的命令窗口非常相似，操作过程类似于文字处理文件，因此它的界面让人感觉并不陌生，易于操作。

do 文件的功能是用来保存以前所做的所有工作，记录进行某个研究项目时使用的所有命令。例如，可以使用 do 文件保存在第 2 章中学习和使用的所有命令，保存命令后可以更新数据并对新的数据进行统计分析。因此，do 文件对于完成需要多个 Stata 会话的分析项目是必不可少的。

如果你是第一次涉足数据分析领域，这个实用程序似乎没那么重要。我们通过一个简单的例子来看一下 do 文件的必要性。设想一下你在第 2 章所做的分析是为了一个实际的研究项目，这个项目是调查属于不同就业/学校组合的年轻人类型。在第 2 章，我们生成了一个就业状况和性别的列联表，其中还包含列百分比。但是如果还需要生成行百分比和卡方统计量，那么必须返回重新键入完整的命令行并添加新的选项，而如果将命令保存在 do 文件中，则只需键入两个新选项即可。

也许这个节省时间的方法仍然不能说服你去学习如何使用 do 文件。再举个例子，如果你想研究一下那些被归类为"孤独"的年轻人是否比那些有朋友或谈恋爱的年轻人更有可能不想工作呢？这个例子可能会使你更有动力去学习它。在第 2 章我们设定了一个变量表示"孤独"，并将它定义为约会不超过 2 人或者朋友数量不超过 2 个的人，现在，你可能已经保存了包含这个新创建的变量的数据文件，并且可以相对容易地打开该数据文件来执行必要的列联表分析。然而，如果你觉得对"孤独"的定义太过宽泛，想将其重新定义，将只和 1 个或更少的人约会过，并且有不超过 1 个朋友的年轻人归类为"孤独"群体，那该怎么办呢？你可能将不得不再次输入两个完整的命令行来创建这个新版本的 isol 变量。接下来你将了解到，如果在 do 文件中创建了原始的 isol 变量，那么就可以简单地将相应命令行中的"2"更改为"1"，isol 这个变量就可以被重新定义了。

如你所料，这些带有改变的复制在定量研究项目中是很常见的，重新输入这些命令可能看起来只是一个小麻烦，但是当面对的是一个完整的研究项目时，命令数量可能相当大，这些小麻烦可能会累积起来，成为一个大麻烦。学习使用do文件可以避免这些麻烦。

1.打开和保存do文件

有三种打开do文件窗口的方法。第一种方法是选择Window菜单，然后选择Do-File Editor和New Do-File Editor；第二种方法是同时按Ctrl键和数字9；第三种方法是直接点击Data Editor按钮旁边的图标 。选择其中的一种方法，打开新的do文件，do文件窗口如图3-1所示：

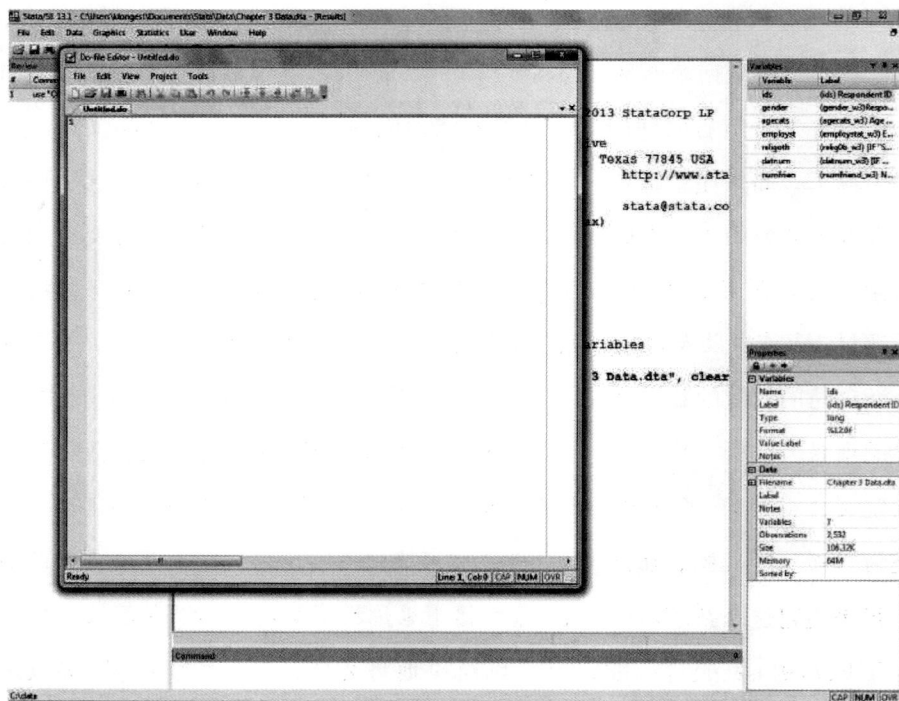

图3-1　do文件窗口

你可以像处理任何窗口一样调整、移动或最小化 do 文件窗口。当打开一个新的 do 文件时，Stata 会给它一个默认的名称 Untitled.do。

开始在 do 文件中输入命令之前，最好先保存 do 文件。保存 do 文件与保存数据集非常类似，只需在 do 文件窗口中打开 File 菜单并单击 Save As，输入一个新的文件名，例如，Chapter 3 Commands.do，然后单击 Save。要在以后的 Stata 会话中重新打开已保存的 do 文件，请按照上面的步骤打开 do 文件窗口。然后单击 File 后选择 Open，或者使用 do 文件窗口中的 图标查找和打开一个已有的 do 文件。

2. 从命令窗口转化命令

假设现在已经打开了一个已保存的 do 文件，可以开始向它输入命令了。然而，从头开始输入命令可能有点麻烦。一个高效的方法是将命令窗口中运行的命令复制到 do 文件中。例如，在上面给出的研究例子中，你对年轻人的就业/学校模式感兴趣，要开始这项调查，可能需要调查年轻人就业/学校组合中的性别差异。在第 2 章中，我们学习了如何进行基本的列联表分析来了解是否存在差异。首先选择命令窗口，此时 do 文件窗口会自动隐藏在其他 Stata 窗口后面。接下来在命令窗口中输入：tab employst gender,col，按 Enter 键。记住，选项-col-要求 Stata 在列中生成百分比。这样做之后就会出现下面的结果：

这可能是你想保存下来的一种分析，以便以后重新运行或者稍加改变后重新进行分析。要将该命令移动到 do 文件中，可以从结果窗口复制并粘贴该命令，就在列联表的左上方。为了复制这个命令，只需选中命令然后使用 Ctrl+C 或者点击鼠标右键的 Copy 按钮。接下来，你需要从屏

```
tab employst gender, col
+-------------------+
| Key               |
|-------------------|
|     frequency     |
| column percentage |
+-------------------+
```

| (employstat_w3) | (gender_w3) Respondent gender | | |
Employment Status	Male	Female	Total
Out of labor force	27	58	85
	2.19	4.46	3.36
No school or work but	65	62	127
	5.28	4.77	5.02
Employed	375	325	700
	30.44	25.00	27.65
Employed and school	404	547	951
	32.79	42.08	37.56
In school only	306	292	598
	24.84	22.46	23.62
Active armed forces	53	14	67
	4.30	1.08	2.65
Legitimate skip	2	2	4
	0.16	0.15	0.16
Total	1,232	1,300	2,532
	100.00	100.00	100.00

幕底部的任务栏中选择 do 文件窗口，或者单击图标 旁边的小箭头并选择 do 文件。选中 do 文件窗口后，通过按 Ctrl+V 或单击鼠标右键并选择 Paste，将命令粘贴到 do 文件中，然后就会出现如图 3-2 所示的结果：

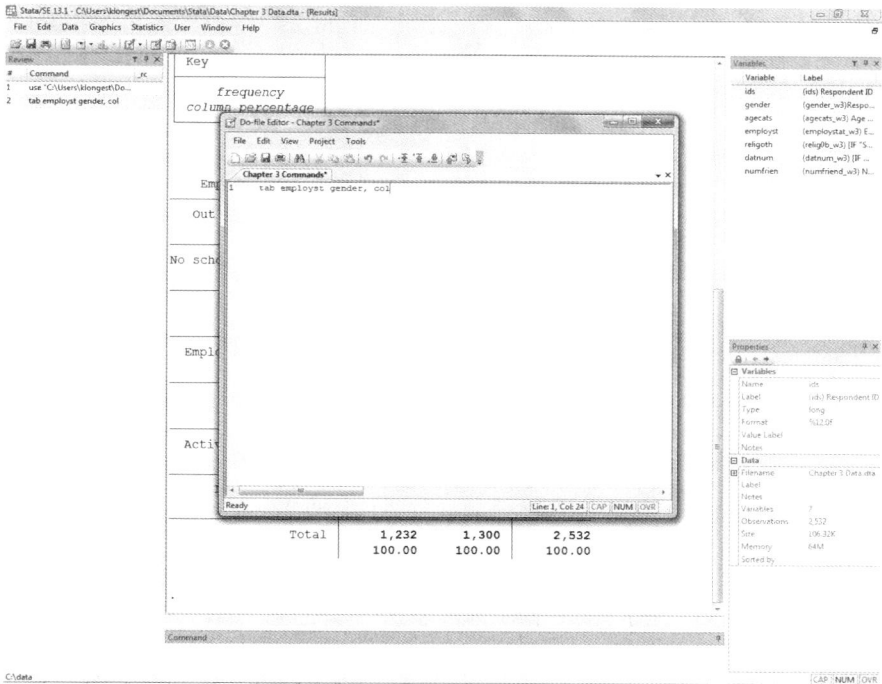

图 3-2　带有命令的 do 文件窗口

　　现在，产生列联表的命令已经保存在 do 文件中。在使用上述方法时要注意一点：从结果窗口复制和粘贴命令时，你可能已经复制了一个位于命令行开头的"."。"."不应该包含在 do 文件中，在结果窗口中"."是用于区分已经运行的命令的一种方法，以后在 do 文件中运行该命令时不需要这个".",如果已经复制了，删掉它即可。另一个方法是在命令窗口中复制这个命令，这样就不会有上述的小问题。选择命令窗口，使用 Page Up 键显示以前运行的命令，然后复制粘贴此命令即可。最后一种方法是从命令回顾窗口中复制该命令，这种方法是非常有效的，因为它允许你同时复制多个命令，在命令回顾窗口中复制命令只需按住 Ctrl 键，同时选中所需的命令，然后使用 Ctrl+C

或单击鼠标右键并选择 Copy 来复制它们。选择 do 文件窗口，使用 Ctrl+V 或单击鼠标右键并选择 Paste 将命令粘贴到 do 文件中，所有命令将按照出现在命令回顾窗口中的顺序出现在 do 文件中。

如果使用 Stata 11 或更新版本，do 文件名后面现在有一个 "*"，不管是在 do 文件窗口顶部还是相应的 do 文件选项卡上都有一个 "*"，"*" 表示自上次保存 do 文件以来，do 文件已被更新。你应该像保存其他文档一样保存 do 文件。虽然可能不需要在每次修改之后都保存它，但是经常保存 do 文件是一个很好的习惯，一个简单的方法就是点击保存图标。

do 文件中现在有一个命令，可以不用在命令窗口中输入该命令来直接执行它。例如，假如已经结束了之前的性别–就业状况列联表分析，突然发现没有将这个列联表移到研究报告中（注：保存结果的方法将在本章末尾的 "保存结果" 一节详细讨论）。因为使用的是 do 文件，所以不需要重新键入命令生成列联表，只需简单地按下 do 文件窗口顶部中间的图标运行该命令即可。然后你就会看到列联表结果已经在结果窗口中重新显示。注意，这个列联表与使用命令窗口执行命令时生成的表相同，只是在结果中现在包含了如下的信息：

do "C:\Users\klongest\AppData\Local\Temp\STD00000000.tmp"，

这个信息表明该命令是使用 do 文件执行的。

使用复制粘贴的方法存储已经运行的命令会使得 do 文件使用起来更加方便。例如，在分析成年人就业状况时，你可能意识到年龄是一个重要的因素，于是决定看一下 employst 和 agecats 这两个变量的列联表。当然你可以在命令窗口中输入相应的命令，按 Enter 键，然后将该命令复制粘贴到 do 文件中。但是，如果你对 do 文件的基本操作已经比较熟悉，那么就可以直接在 do 文件中键入命令并执行命令，这样更加高效。do 文件和命令窗口的主要区别在于 do 文件不能识别 Enter 键作为执行命令的标志。要从 do 文件运行列联表的命令，必须按下运行图标将图标拷贝到后面，而不同于在命令窗口中输入命令后按 Enter 键。实际上，do 文件认为每一行（即每次使用 Enter 键）都是一个新的命令，这就是为什么不需要包含任何符号来表示命令行结束了（按 Enter 键来告诉 Stata 命令行完成了）。因此，要生成新的列联表，首先需要在 do 文件中按 Enter 键移动到新的一行，然后输入命令：tab employst agecats, col.，就像在命令窗口中输入的命令一样。点击运行按钮拷贝图标，就会出现下面的结果：

```
tab employst agecats, col

+-------------------+
| Key               |
|-------------------|
|     frequency     |
| column percentage |
+-------------------+

 (employstat_w3) | (agecats_w3) Age variable collapsed into one year categories
Employment Status |    17      18      19      20      21      22      23      24 |   Total
------------------+----------------------------------------------------------------+--------
Out of labor force|     0       9      14      20      15      24       3       0 |      85
                  |  0.00    1.87    2.79    3.69    2.90    5.77    4.76    0.00 |    3.36
------------------+----------------------------------------------------------------+--------
No school or work but|  0      22      31      23      28      18       5       0 |     127
                  |  0.00    4.57    6.19    4.24    5.42    4.33    7.94    0.00 |    5.02
------------------+----------------------------------------------------------------+--------
        Employed  |     1      82     113     158     163     152      31       0 |     700
                  |  9.09   17.05   22.55   29.15   31.53   36.54    9.21    0.00 |   27.65
------------------+----------------------------------------------------------------+--------
Employed and school|   2     177     199     212     211     132      17       1 |     951
                  | 18.18   36.80   39.72   39.11   40.81   31.73   26.98  100.00 |   37.56
------------------+----------------------------------------------------------------+--------
   In school only |     8     179     133     116      83      72       7       0 |     598
                  | 72.73   37.21   26.55   21.40   16.05   17.31   11.11    0.00 |   23.62
------------------+----------------------------------------------------------------+--------
Active armed forces|   0      12      10      12      16      17       0       0 |      67
                  |  0.00    2.49    2.00    2.21    3.09    4.09    0.00    0.00 |    2.65
------------------+----------------------------------------------------------------+--------
  Legitimate skip |     0       0       1       1       1       1       0       0 |       4
                  |  0.00    0.00    0.20    0.18    0.19    0.24    0.00    0.00 |    0.16
------------------+----------------------------------------------------------------+--------
          Total   |    11     481     501     542     517     416      63       1 |   2,532
                  |100.00  100.00  100.00  100.00  100.00  100.00  100.00  100.00 |  100.00
```

你可能已经注意到变量 employst 和 gender 的列联表也显示出来了，按了运行按钮之后 do 文件中的所有命令都会被运行。如果你希望在 do 文件中只执行一个或一组选定的命令，可以使用鼠标首先选定这些命令，然后按运行图标。为了说明这个过程，我们选择生成 employst 和 agecats 这两个变量列联表的命令并按下运行图标。注意，这次结果窗口中只显示了一个列联表。

do 文件和运行命令

你可能已经注意到在 ⬛ 旁边有一个和它非常相似的按钮 ⬛。这个按钮就是所谓的"运行"（"Run"）按钮，两个按钮都可以执行 do 文件中的全部或部分被选定的命令。然而，按下 ⬛ 按钮，只是"悄悄地"执行所有命令，也就是在结果窗口中不会显示任何内容。使用按钮 ⬛ 的优点是可以更快地完成命令，并且在结果窗口中不会充满你不需要看到的结果。如果在 do 文件中你能够准确完成某个命令而且不需要显示相关信息时，可以使用此按钮（例如，创建或者重新给变量赋值时）。当结果很重要时最好不要使用此按钮，例如在进行统计分析时。

注意，在 Stata13 的工具栏中默认地不再包含这个按钮，所以没有看见它不要惊讶。Stata 更早的版本默认地是包含这个按钮的，如果是在共享计算机上使用 Stata，可能会有其他用户添加这个按钮，在工具栏中显示为：Execute Quietly (run)。你可以通过选择工具栏末端的向下箭头来添加(或删除)这个按钮，点击 Add or Remove Buttons Customize Commands，然后查找"Execute Quietly (run)"即可。也可以用类似的方式添加其他的按钮。

让我们再看一个例子，以便进一步说明"do 文件"的应用和它的使用方法。在第 2 章中，你已经创建了一个新的变量"isol"表示"孤独"，并将约会过 2 个或更少人以及有 2 个或更少朋友的样本归类为"孤独"的。假设现在要改变这个定义，只把那些没有约会过、没有朋友的年轻人归类为"孤独"。首先在 do 文件中输入命令 gen isol=0 和 replace isol=1 if datnum<=2 & numfrien<=2 来创建变量。注意，在 do 文件中输入这些命令时，请确保在输入每个命令行之后按 Enter 键，使得每个命令都在单独的一行上。选择这两行的命令并按下运行按钮，新的变量 isol 就会在变量窗口中列出。

接下来，要更改变量 isol，你可能想将命令行中的 2 改为 1，如果这样做的话 Stata 就会给出报错信息，因为变量 isol 在数据集中已经存在，所以不能再以同样的名字命名新的变量。看到这个错误消息，你可以尝试删除现在的 isol 变量，或者在命令行中更改变量名，然后重新运行命令。尽管这些快速修改选项的技术会起作用，但它们并不是最有效的技术。

do 文件的一个主要优点是它允许你保存所有分析的历史记录。如果想要重写生成 isol 变量的原始命令，你可能没有记录这个变量的原始定义，尽管你认为你不可能忘记这一定义，但研究项目也许需要花费数月甚至数年的时间，这个细节虽然在今天很突出，但是时间长了很容易被忘记。如果忘记了已经执行的项目的某个方面，并且没有它们的记录时，你可能需要做不必要的重复设定命令和分析的工作。

因此，创建新 isol 变量的更有效方法是将它们复制粘贴到 do 文件的两个新行中。此时，do 文件图 3-3 所示。注意，可以添加空行来使得命令行看起来更清晰(稍后将对此进行详细介绍)。

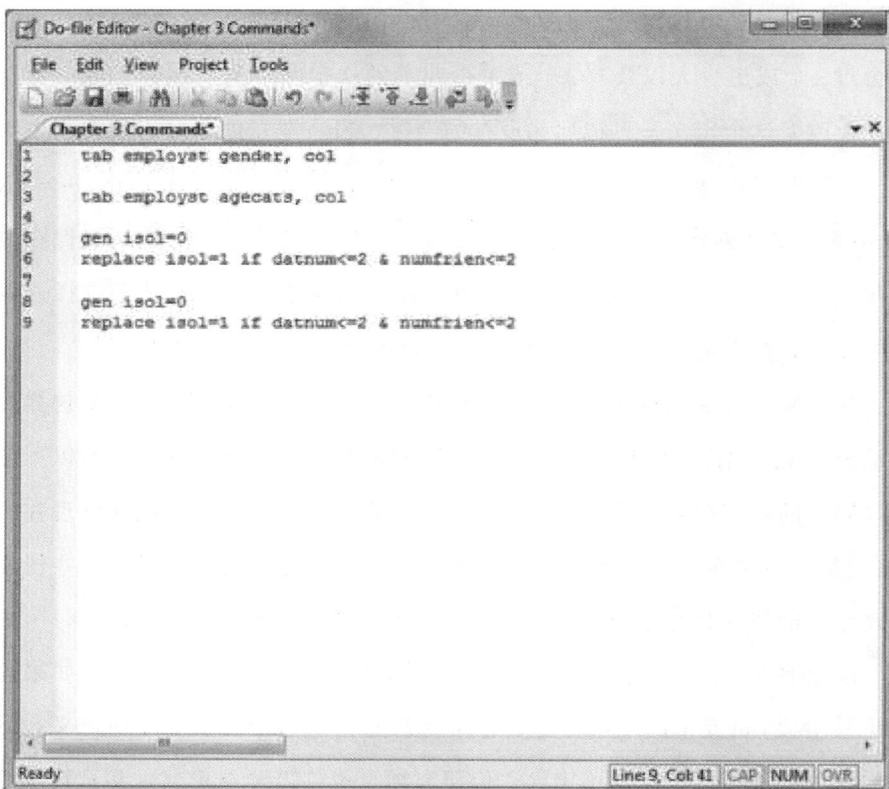

图 3-3　带有重复命令的 do 文件

　　在第二个 -gen-replace- 命令中，首先需要修改变量 isol 的名称。因为你决定这个变量只包括与 1 个或更少的人约会或有 1 个或更少朋友的人，所以可以将这个新变量称为 isol1。修改之后，do 文件中的新命令行变为：gen isol1=0 and replace isol1=1 if datnum<=2 & numfrien<=2。但是现在你只修改了新的变量名，而没有修改它包含的内容，如果运行这个命令，新变量仍然是对于约会不超过 2 人或者有不超过 2 个朋友的样本取 1，为了使得 isol1 这

个变量对于约会不超过 1 人或者有不超过 1 个朋友的样本取 1，你需要将
-replace- 命令中的两个 2 都替换为 1。现在命令行告诉Stata，如果 datnum 和
numfrien 两个变量都等于或小于 1，那么将 isol1 变量将取为 1。当做了相应
的改变后，do 文件如图 3-4 所示。

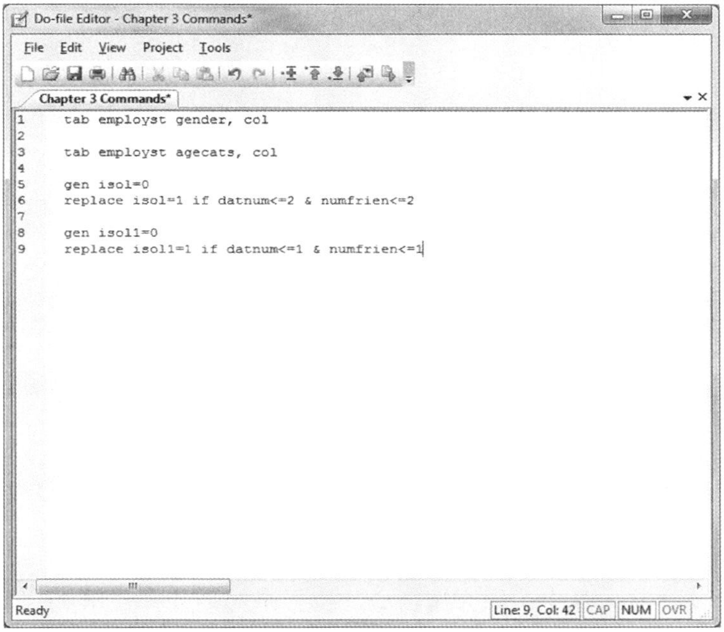

图 3-4 修改重复命令之后的 do 文件

你可能只需要运行最后两行，因为不需要再次生成前两个列联表，并且
已经创建了 isol 变量。因此，选择最后两行并按运行按钮。要查看这两个变
量之间的差异，可以在命令窗口中输入：tab isol isol1，然后按 Enter 键或到
do 文件中选择并运行相应的命令，结果如下所示：

```
tab isol isol1

             |        isol1
    isol |        0        1 |     Total
-------------+----------------------+-------------
         0 |     2,505        0 |     2,505
         1 |        26        1 |        27
-------------+----------------------+-------------
    Total |     2,531        1 |     2,532
```

列联表显示新的变量 isol1 与原来的变量 isol 相比，在 27 个符合 isol 变量定义的样本中只有一个符合新变量 isol1 的定义。通过这样的比较，你可能认为新的定义限制性太强，仍然采用"孤独"这个变量原始的定义。这个例子说明了使用 do 文件是很有用的(重新键入这两个命令来创建新变量会花费更多的时间，并且可能更容易出错)。如果你删除了原来的 isol 变量并更改了 do 文件中的-if-语句，重新创建新版本，那么你必须重复这个过程才能回到原来的版本，原来的版本其实是更合适的指示符。

3. 充分利用 do 文件

希望到目前为止，你确信在使用 Stata 进行分析时 do 文件是一个有用的工具，对使用它的基本功能充满信心。接下来的部分将介绍 do 文件的其他方面，使得 Stata 用户可以更加高效和有条理地使用 do 文件。

你可能已经注意到，在 do 文件中即使输入较少的命令，看起来也会有点乱。解决这个问题的一种方法是在 do 文件中插入注释，注释可用于创建命令标题并提供一些与此命令相关的信息。如上所述，Stata 识别每个新行作为一个单独的命令，为了告诉 Stata 某一行是注释而不是命令，需要在该行的开头插入一个"*"。例如，某个 do 文件一开始可能就是一条注释，注释说明 do 文件的用途。首先，可以按 Enter 键创建一个新行，然后输入

"*Project Examining Employment/School Patterns"。同样，你也可以设立一个标题用来说明某条命令是产生列联表而不是创建新变量，或者创建一个标题用来说明将要创建的变量的内容细节。例如，你可以在第一个-gen-命令前的一行中键入"Generating new variable to indicate being isolated with 2 or fewer dated and 2 or fewer friends"。插入注释对跟踪所进行的分析和操作很有帮助。

有时确实需要使用长的命令行，尽管目前我们还没有遇到类似的例子。例如，想要生成多变量的统计分析汇总表，在命令窗口中输入这些命令通常会延伸到几行，命令窗口允许输入多行命令，因为它将 Enter 键之前输入的所有内容都视为同一个命令行。但是在 do 文件中，如果命令的长度超过了窗口的长度读起来就有点困难。遇到这种情况时，可以尝试将命令行放在 do 文件中两个单独的行上，方法是在命令的中间某位置按 Enter 键。但是请注意，Stata 在命令行的结尾看到 Enter 键就认为该命令结束了。如果在命令中间按 Enter 键将-sum-命令拆分为两行，Stata 将只生成第一行变量的相关统计量。

要解决这个问题，你需要告诉 Stata，第二行中包含的信息应该作为前一行命令的一部分，表示这个转折的符号是"///"。在需要中断命令的位置插入"///"，然后按 Enter 键。加入"///"后，如果选定这两行并按运行按钮，Stata 将把这两行当作一个长命令。

另外，有时候可能想要保存你曾经使用过但不再需要的命令。例如，在上述的例子中，你可能觉得不再需要变量 isol1 了，因为它的限制太强，但是在 do 文件中保留用于创建此变量的命令是很有帮助的。你可能忘记了已经尝试过这种分类，从而导致某些不必要的重复操作。与此同时，你又不希望继续创建这个你没有使用的变量：一方面是为了更加清晰（毕竟在一个数据集中，用一个变量表示"孤独"更加清晰）；另一方面还要考虑到文件的大小。

为了平衡这两个方面，可以在 do 文件中保留这组命令，但是告诉 Stata 不要执行它，即使被选中或者在整个文件运行时也不要执行这个命令。为了达到这个目的，需要在想要忽略的命令的开头和结尾都输入斜杠加星号（/*），当 Stata 看到第一个这样的符号时，它会停止处理和运行命令，直到看到第二个符号为止。最好将要忽略的命令放到独立的行中，将需要运行的命令和不需要运行的命令区分开，这样会使它们更加突出，并有助于识别正在运行的 do 文件部分。因此，要隐藏创建 isol1 变量的命令，可以在 -gen- 命令行的前一行键入/*，在 -replace- 命令行的后一行键入*/。

图 3-5 是本章到目前为止运行的命令的理想 do 文件示例，以及一个长的统计汇总命令。这个示例演示了如何处理注释、冗长的命令行和需要忽略的命令，以生成一个清晰、信息丰富且组织良好的 do 文件。

在图 3-5 给出的例子中，标题和副标题行均插入了注释。在注释中还包含了有关创建某个变量的原因和方式的进一步信息，这些都很有帮助（例如解释变量 isol 区分标准的注释）。我们还可以看到在相应的命令前后使用了符号/*，表示取消构建变量 isol1，并且还包含了一条注释用来解释为什么这个变量没有使用。最后，使用 "///" 将相对较长的 -sum- 命令分成两行，使其更具可读性。[1]

本章其余的部分将解释通过命令窗口执行命令。提供的每个命令都将以完全相同的方式输入 do 文件，然后可以通过如上所示的 do 文件执行它们。

---

[1]　在 Stata11,12,13 中,do 文件没有运行的部分(即注释和需要忽略的命令)会显示为绿色。

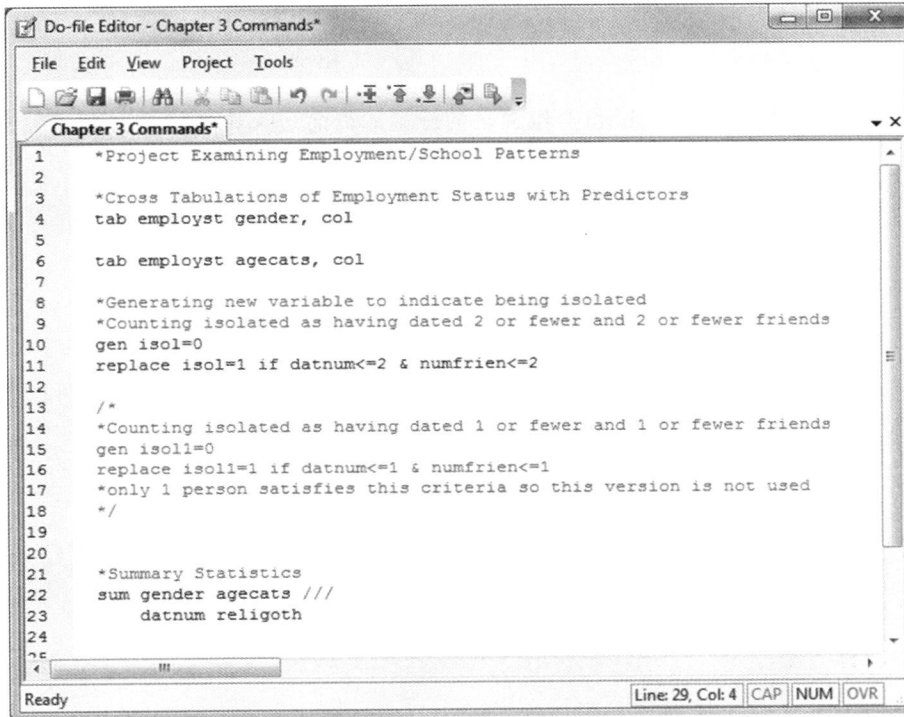

図3-5 带注释的do文件示例

|3.2| 数据管理

定量研究最重要的方面之一是数据管理。"数据管理"一词是指为了使得数据可以用于统计分析过程而对数据进行的各种操作。对于没有进行过数据分析的人，一种普遍的误解是：数据是现成的，可以直接用来做统计分析。事实上，在进行具体的研究项目时，数据集一般都需要进行一些修改或调整。在第2章中已经介绍并执行了一些重要的数据管理技术，包括变量的创建和更改，本节将讨论几个重要和常用的数据管理操作方法。有些方法（例如，为值分配标签）是为了方便，而有些方法（主要是处理缺失数据）

可能会对分析的有效性产生重大影响。

1.使用标签

第1章提到了与变量和值相关联的标签的概念，无论是输入自己的数据还是使用二手数据集，了解如何使用标签都是很有帮助的。标签可以提供关于变量和其取值的更多信息，当使用包含许多变量的大型数据集时，你会发现标签中包含的信息是非常重要的。

在Stata中有两种主要的标签类型：变量标签和值标签。变量标签附加到变量上，通常用于提供关于变量本身的更多细节；值标签是和变量的某个值相对应的。正如第1章所讨论的，大多数变量都是以数字的形式存储的，这些数字可能对应的是不同的类别。例如,变量-gender-取值为0代表受访者为男性（Male），在这种情况下"Male"是与0值相对应的值标签。在Stata中，值标签是指与变量（例如，Male和Female）每个值相关联的完整的标签集。

为了说明如何创建和附加标签，仍然以本章之前创建的变量isol为例。现在假设你已经为这个研究项目工作了几个星期或几个月，记住这个变量是怎样创建的可能会有些困难，你可能已经忘了使用哪个分类标准来定义"孤独"这个变量了。如上所示，在do文件中使用注释是解决这个问题的一种方法，另外一种方法就是给变量附上标签。现在考虑如何给变量加上标签，在第2章我们经常根据直觉来推断命令的名字，因此创建并将标签附加到变量的命令应该为：-label variable-,缩写为-lab var-。将命令输入到命令窗口后，在标签命令之后需要告诉Stata要标记哪个变量。例如，在命令窗口输入：lab var isol Isolated，然后按Enter键。接下来产生变量的分布（即使用tab isol），结果显示如下：

```
tab isol

    Isolated |        Freq.        Percent          Cum.
-------------+-----------------------------------------------
           0 |        2,505          98.93          98.93
           1 |           27           1.07         100.00
-------------+-----------------------------------------------
       Total |        2,532         100.00
```

　　可以看到变量标签"Isolated"显示在列联表的左上角。变量标签可以帮助提示"isol"这个缩写词的含义。

　　变量标签"Isolated"在这里非常有帮助，但是这个变量有点复杂，在变量标签中包含更多的内容也许会更有帮助。Stata允许输入非常长的变量标签(最多80个字符)。但是如果变量标签包含空格，则在输入命令时必须将其括在引号中。例如，你可能想在变量标签中给出变量的分类标准，于是在命令窗口中输入：lab var isol "Isolated with 2 few dates and friends"，然后按Enter键。如果使用-tab-命令再次构建变量isol的分布，你会发现这个标签显示在分布表的左上角。

　　这个例子也说明了使用-lab var-命令的另一个重要方面：你可以在不删除旧变量标签的情况下附加新的变量标签，这时只需要调用-lab var-自动覆盖已存在的标签即可。

　　变量标签清楚地提供了关于变量含义的更多信息。但是，由于目前的标签附在变量isol上，它不能用来说明变量取值的含义，值标签可以用来说明变量的取值。与值标签相关的命令与之前使用的命令类似，不同之处是，附加值标签需要两个单独的命令——一个创建值标签，另一个告诉Stata要将该值标签附加到哪个变量上。

注意，"值标签"指的是给定的一组值的标签集合。如0代表男性，1代表女性的组合将形成变量性别的值标签。附加值标签的第一步是定义值标签。定义值标签意味着要告诉Stata该标签应该附加在所有可能取值集合的哪个数字上。定义标签的命令是：-label define-(-lab def-)。输入该命令名之后，必须为值标签集命名。对于目前的例子，我们可以命名值标签集为isollab，用它来表示谁是"孤独的"值标签，因此命令应该写作：lab def isollab。

现在还需要指出哪些值应该与哪些标签相关联。在当前示例中，代码0表示不孤独的，而代码1表示孤独的。在形式上值标签的命令与变量标签命令类似，只是给每个值一个标签，在命令窗口输入：lab def isollab 0 "Not Isolated" 1 "Isolated"，然后按Enter键。注意值是先输入的，标签在其后，与变量标签一样，如果标签中有空格，则一定要括在引号中，即使与1对应的标签（即"Isolated"）没有空格，也最好将标签括在引号中，这样当标签中有空格时就不会忘记这样做了。

现在我们已经定义了值标签，但是还没有把值标签附加到任何变量上。如果现在生成变量isol的分布表，取值仍然显示为0和1，而不是标签。附加值标签的命令与前两个命令相似：-label value- (-lab val-)。这个命令告诉Stata要附加值标签，在输入命令之后，需要告诉Stata哪个变量将接收值标签，后面是要使用的值标签。换句话说，你要告诉Stata "label (the) values (of) variable name (with the value label) value label name"。在命令窗口中输入：lab val isol isollab，然后Enter键。如果再次生成变量isol的分布表（tab isol），你就会发现标签已经被添加，27个样本是按照标签进行分类的，输出结果如下：

```
tab isol

       Isolated |
     with 2 few |
      dates and |
        friends |        Freq.        Percent          Cum.
   -------------+-----------------------------------------------
   Not Isolated |        2,505          98.93         98.93
       Isolated |           27           1.07        100.00
   -------------+-----------------------------------------------
          Total |        2,532         100.00
```

上述包含两部分的添加值标签的命令看起来是低效的，你可能想知道
为什么不可能在一步中定义并附加值标签呢？事实上，这个例子恰恰说
明，有时候看起来很啰唆的操作在一个完整的研究项目中实际上是非常有
效的。在这个例子中，我们给变量定义了一个值标签，将其分为两类，分
别表示"孤独"和"不孤独"。如果这是一个实际的研究项目，值标签 isol-lab
可以用来表示任何分成两组的情况，只要这两组被标记为 1 和 0。例如，
我们可以使用同样的值标签标记之前定义的变量 isol1，在命令窗口输入：
lab val isol1 isollab，然后按 Enter 键，接下来输入：tab isol1，就会得到下
面的结果：

```
tab isol1
          isol1 |        Freq.        Percent          Cum.
   -------------+-----------------------------------------------
   Not Isolated |        2,531          99.96         99.96
       Isolated |            1           0.04        100.00
   -------------+-----------------------------------------------
          Total |        2,532         100.00
```

尽管不同的变量取值不同，但是附加在值上的标签可以以同样的方式使用。如果定义和附加值标签包含在一个命令中，那么每次使用它时都必须键入整个值标签。某些值标签，如是–否或同意–不同意，可能适用于数据集中的几个变量。一旦为这些数据集定义了一个通用的值标签，我们就可以将它附加到很多同样类型的变量上。

附加到特定值上的标签只属于该值标签。也就是说，在值标签 isollab 中，你已经定义了 0 是与标签""Not Isolated"相关联的。不管将标签 isollab 附加到哪个变量上，都将使用"Not Isolated"标签表示取值为 0 的情况。但是你也可以创建一个新的值标签，其中 0 的值具有不同的标签。例如，你可以创建一个值标签 yesno，定义为 0 表示"no"，1 表示"yes"，然后可以在任何 0 表示"no"，1 表示"yes"的变量中使用。

另外，值标签仅仅就是一个标签，在进行分析时，Stata 使用的是变量的真实取值。可以对于同一个变量使用几个不同的值标签（每个新的标签会自动覆盖原来的标签），但是变量的值不会改变。也就是说，这个特征的好处就是你可以频繁地改变值标签却不会改变变量的取值。例如，你可能认为"Isolated"这个词太过于强势，而更喜欢"Estranged"这个标签，你就可以创建一个新的变量标签（lab def estrange 0 "Not Estranged" 1 "Estranged"），然后把它附加到 isol 变量上（lab val isol estrange）。如果你生成这个变量的分布，就会发现仍然是 27 个样本属于同一组，取值为 1，但是现在它们的标签是"Estranged"而不是"Isolated"。

很多时候我们需要知道变量的取值而不是标签，例如，想生成一个"非孤独的"年轻人就业状况分布表，正如在第 2 章所讲述的，需要调用 –if– 语句生成这个分布，输入如下的命令：tab employst if isol== #.，由于 isol 变量有值标签，因此可能不知道应该用什么数字来替换"#"。识别正确数值的最简单方法是生成isol变量的两个分布：一个显示值标签；另一个显示与每个标签相关联的数值。首先在命令窗口输入：tab isol，然后按Enter键，tab命令会产生一个显示值标签的分布，如前面讨论过的。为了产生一个显示数值的分布，我们需要调用-nolabel- (-nol-)选项，在命令窗口输入：tab isol，nol按Enter键，就会显示下面的结果：

```
tab isol, nol

    Isolated |
   with 2 few |
   dates and |
     friends |       Freq.        Percent          Cum.
------------+-----------------------------------------------
           0 |       2,505          98.93          98.93
           1 |          27           1.07         100.00
------------+-----------------------------------------------
       Total |       2,532         100.00
```

可以看到分布是完全相同的，只是用数值替换了标签。现在可以清楚地看到，"非孤独的"表示为0。因此要生成一个"非孤独的"受访者就业状态的分布表，可以在命令窗口输入：tab employst if isol==0，然后按Enter键。

2.缺失数据

进行问卷调查时，几乎不可避免地会出现有些受访者对某些问题不做出回应的情况。通常数据缺失可能是由于人们不知道问题的答案，也可能是不想回答某一个问题造成的。在有些时候，调查会考虑到数据缺失，例如，如果受访者回答他/她没有朋友，接下来的调查就不会问这个受访者关于朋友宗教信仰的问题。不管数据缺失的原因是什么，必须认真对待数据缺失问题，否则统计分析就会产生不尽如人意的结果。

假设你想预测承认有朋友的年轻人的朋友数量，你可能假设随着年轻人年龄的增长，其朋友数量会增加，在开始考察这些变量之间的关系之前，看一下受访者朋友数量的分布是一个很好的想法，在命令窗口输入：tab numfrien，然后按 Enter 键，产生如下的结果：

```
tab numfrien

(numfriend_w3) |
   N:1. Now for |
the next set of |
questions, I'll |
 be asking some |
        things |      Freq.      Percent        Cum.
----------------+-----------------------------------------
             0 |          6        0.24         0.24
             1 |         52        2.05         2.29
             2 |        165        6.52         8.81
             3 |        517       20.42        29.23
             4 |        515       20.34        49.57
             5 |      1,265       49.96        99.53
       Refused |          3        0.12        99.64
Legitimate skip |          9        0.36       100.00
----------------+-----------------------------------------
         Total |      2,532      100.00
```

可以看到，结果给出了两类缺失数据：Refused 和 Legitimate Skip。Refused 组主要包含那些不想报告朋友数量的受访者，而 Legitimate Skip 组是指根据调查设计那些没有被问到这个问题的受访者。共有 12 个受访者没有回答这个问题，所以我们不可能知道他们有多少个朋友。有一些高级的统计技术可以处理这类缺失数据，例如，使用 Stata 可以实现的多重填充法（multiple imputation）。对这些技术感兴趣的读者可以参阅第 8 章的 "Stata 帮助文件" 部分，学习如何在 Stata 中更多地了解这些方法。

处理缺失数据的第一步通常是简单地将其从分析中删除。Stata包含一组"缺失代码"，当某些样本被设定为"缺失代码"时，在统计分析中Stata会自动删除这些样本。因此，我们需要将numfrien变量中的12个样本用缺失代码来替换。

正如在第2章提到的，有几种不同的方法可以完成这个操作，但是对于识别缺失值，-recode-是最有效的。你可能还想到了-replace-命令，但是有多个值需要改变，所以需要多个-replace-命令，而只需使用一个-recode-即可，并且这个例子不需要调用-gen(newvar)-选项。正如即将会显示的，每个缺失代码都代表了一个由于某种原因缺失的值，允许用户在需要时识别甚至恢复原始值。

使用-recode-命令要求你必须知道缺失数据的当前值。此时使用带有-nol-选项的-tab-命令是非常有用的，在命令窗口输入：tab numfrien, nol，然后按Enter键，结果如下：

```
tab numfrien, nol

(numfriend_ |
    w3) N:1. |
 Now for the |
 next set of |
  questions, |
    I'll be |
 asking some |
     things |      Freq.     Percent        Cum.
-------------+-----------------------------------
          0 |          6        0.24        0.24
          1 |         52        2.05        2.29
          2 |        165        6.52        8.81
          3 |        517       20.42       29.23
          4 |        515       20.34       49.57
          5 |      1,265       49.96       99.53
        888 |          3        0.12       99.64
        999 |          9        0.36      100.00
-------------+-----------------------------------
      Total |      2,532      100.00
```

从输出结果可以看到那些拒绝回答问题的缺失值编码为888，合理跳过问题的缺失值编码为999。如果运行统计分析的命令，比如求均值，对于变量numfrien，Stata会将3个样本视为有888个朋友，9个样本视为有999个朋友，这显然会产生错误的结果。

Stata有27个不同的缺失值代码，可以用来定义因特定原因而缺失的值，最基本的代码是"."，有时候称其为系统缺失值。系统缺失值意味着样本只是缺失，没有已知或确定的原因。其他26个缺失值代码很相似，都是"."后边加一个字符，如.d, .s, .r等，这些字母通常是缺失原因的缩写。使用缺失值代码的好处是用户可以识别数据缺失的原因。

深入研究

当缺失值可能不会被丢失时

最简单的做法是将所有缺失值的样本设定为系统默认值，即使用代码"."，而不使用特定代码去区分它们。在某些时候，使用通用的系统缺失代码是好用的，但是一般来说，如果数据缺失的原因是知道的，最好使用包含更多信息的特定代码。

例如，在变量numfrien的例子中，知道某个数据的缺失是因为该受访者拒绝回答还是直接跳过这个问题似乎并不重要。但是对于有些分析，建议创建一个新的变量，所有合理跳过的样本都设为有0个朋友，这种做法是站得住脚的，因为他们回答说从来没有就之前的问题和任何人交谈过。同理，如果有些受访者回答"不知道有多少朋友"，我们也有理由将其朋友个数设为0（即认为不知道有多少朋友和没有朋友是类似的）。

如果所有缺失值都有类似的缺失代码，那么就不容易做出区分。更重要的是，如果想更改或撤销当前的处理方法，那么使用特定缺失代码可以根据需要识别和记录每种类型的缺失值。

对于变量 numfrien，可以设置拒绝回答这个问题的样本为 ".r"，而合理跳过这个问题的样本记为 ".s"，想要重新设置代码，需要在命令窗口输入：recode numfrien（888=.s）（999=.r），然后按 Enter 键。设置完成之后，如果在命令窗口输入：tab numfrien，按 Enter 键，会出现下面的结果：

```
tab numfrien

(numfriend_w3) |
  N:1. Now for |
the next set of |
questions, I'll |
be asking some |
        things |     Freq.       Percent          Cum.
---------------+---------------------------------------------
            0 |         6          0.24          0.24
            1 |        52          2.06          2.30
            2 |       165          6.55          8.85
            3 |       517         20.52         29.37
            4 |       515         20.44         49.80
            5 |     1,265         50.20        100.00
---------------+---------------------------------------------
        Total |     2,520        100.00
```

默认地，在分析中 Stata 不包含已设定为缺失值的样本，所以在变量 numfrien 的分布中没有包含已经编码的 12 个缺失值。

重要的是要看到，分布的百分比发生了变化，由于排除了 12 个缺失值样本，用于计算这些百分比的样本总数从 2 532 个变为 2 520 个。有时你可能希望使用整个样本来计算百分比，而不仅仅使用对变量有反应的受访者样本。为了使 Stata 在变量的分布中包含缺失值样本（分布的百分比做相应的调整），可以调用 -missing- (-mis-)选项，在命令窗口输入：tab numfrien, mis，然后按 Enter 键，会出现以下结果：

```
(numfriend_w3) |
    N:1. Now for |
the next set of |
questions, I'll |
be asking some  |
        things  |      Freq.      Percent         Cum.
----------------+-------------------------------------------
            0   |          6         0.24          0.24
            1   |         52         2.05          2.29
            2   |        165         6.52          8.81
            3   |        517        20.42         29.23
            4   |        515        20.34         49.57
            5   |      1,265        49.96         99.53
           .r   |          9         0.36         99.88
           .s   |          3         0.12        100.00
----------------+-------------------------------------------
        Total   |      2,532       100.00
```

这个分布和第一次产生的分布相同，只是缺失值的编码改变了。我们可以看到，如果你对有 5 个朋友的年轻人的百分比感兴趣，是否包含缺失值在两种情况下计算的数值略有差异（从 50.20% 变为 49.96%）。

尽管 Stata 在分析中没有使用被编码为缺失值的样本，但是并不是在所有的命令中都把这些样本排除了。最重要的是，如果使用 -if-语句，缺失值样本仍然会被评估。此时，Stata 将所有缺失值的取值视为比该变量的最大值还大。因此在包含大于号(>)的表达式中引用具有缺失值的变量时，记住这一点非常重要。

我们举一个例子来更清楚地说明这一点。假如你想构造一个取两个值的变量，分别表示有很多朋友的年轻人和有较少朋友的年轻人，为了进行分类，将有4个或更多朋友的人视为有很多朋友，使用带有 -gen(newvar)- 选项的 -recode- 命令来构造这个变量。但是基于这个例子的目的，-gen- 和 -replace- 两个命令联合起来使用可能更能说明问题。

首先，在命令窗口输入 gen hifrien=，然后按 Enter 键。在新变量中每个样本首先被设置为空值，这是一种创建新变量的有效方法，可以防止在新生成的变量中包含不需要的情况（例如缺失值）。接下来在命令窗口输入 replace hifrien= 0 if numfrien<=3 并按 Enter 键，将有3个或更少朋友的样本取值为0，而有4个或更多朋友的样本应该取值为1。你可能感觉应该使用和刚刚相同的命令，在命令中将小于等于号改为大于号，也就是输入 replace hifrien = 1 if numfrien>=4。如果使用这个命令，新变量的分布如下：

```
tab hifrien
    hifrien |      Freq.      Percent        Cum.
------------+-----------------------------------
          0 |        740        29.23       29.23
          1 |      1,792        70.77      100.00
------------+-----------------------------------
      Total |      2,532       100.00
```

这个新变量的分布是不对的，因为变量 numfrien 的分布显示有12个样本是缺失的，样本的总数应该只有2 520个。缺失值没有被正确识别的原因是：Stata 认为语句"if numfrien>=4"的含义是取值为4、5以及缺失值的样本，缺失值也被包含进去了。因为 Stata 将缺失值处理为比最大值还大的值（在这里最大值是5）。为了修正这个错误，命令应该修改为：replace hi-

frien = 1 if numfrien>=4 &numfrien<=5，运行这个命令后，新变量的分布
如下：

```
tab hifrien
    hifrien |      Freq.       Percent        Cum.
------------+-----------------------------------------
          0 |       740         29.37        29.37
          1 |     1,780         70.63       100.00
------------+-----------------------------------------
      Total |     2,520        100.00
```

　　在这个分布中，缺失值被准确地显示出来了。在这个例子中，大于等于
号和小于等于号并不是唯一的选择，-if-语句中也可以表达为"等于4或者
等于5"。一般来说，在使用-if-语句或者类似语句的时候，建议使用大于等
于号的同时，最好再包含一个小于等于（最大值）的部分，以免将缺失值包
含进来。

　　处理缺失数据的分析方法对于本书的目的来说过于复杂，重要的是了解
Stata在默认情况下如何处理缺失数据。如果应该设定为缺失值的样本没有
使用缺失值代码进行编码，那么它们将被包含在所有的分析中，如果使用缺
失值编码，那么在分析中将被自动排除。如果是手工输入数据，在输入数据
时就要把缺失值标记出来，而不是在以后的分析中进行标注。有些数据集已
经将缺失的样本设置为缺失代码。然而，在构建数据集的时候由于处理缺失
数据方法的多样性，所以经常查看变量分布表是一个非常好的数据管理实
践。正在处理涉及多个变量且存在数据缺失情况的读者，应该参考第8章
"高级便捷命令"一节的"mark和markout"部分，以便掌握更多的方法。

3.使用字符型变量

在第1章我们介绍了字符型变量和数值型变量，如前所述，在大多数情况下，Stata 对它们的处理非常相似。但是使用字符型变量时，有几个关键命令略有不同。

如在第2章所示，命令-gen-在默认的情况下会产生数值型变量。如果要产生字符型变量需要特别指明。例如，你想产生一个变量命名为 christoth，表示受访者是将一般的基督教作为另一种宗教。命令的第一部分是相同的，即使用 gen，接下来必须说明这个变量是字符型的，在命令中如何表达"产生一个字符型变量 christoth（generate（the）String（Variable）Christoth）"呢？与直观表达非常接近，正确的命令是：gen str christoth，只是增加了-str-表示变量是字符型的。

另一个差别是等号后面。不管什么时候在字符型变量中引用一个值时，都必须用引号括起来，例如，想将新的字符型变量赋值为"Christian"，必须按如下格式输入：gen str christoth= "Christian"。如果现在按 Enter 键，对于每个样本变量的取值都为"Christian"，因此需要使用带有变量 religoth 的-if-语句。

因为 religoth 是字符型的，当引用字符型变量的值时，它必须用引号。完整的命令是：gen str christoth= "Christian" if religoth== "CHRISTIAN" |religoth== "JUST CHRISTIAN" |religoth== "NONDENOMINATIONAL CHRISTIAN"。这条命令产生了一个新的字符型变量 christoth，当变量 religoth 的取值属于所列举的任意一种时，变量 christoth 的值等于"Christian"。

字符型变量取值的拼写和大小写必须准确。例如，如果不小心将"JUST"写成了"JST"，变量 religoth 中 19 个属于"Just Christian"的样本就不会被认为符合命令-gen-中的-if-语句的条件了。字符型变量的大小写无关紧要（即 Stata 不区分大小写），但是在设置字符型变量值时，不管使用大写还是小写，必须前后一致。

显示字符型变量分布的命令与数值型变量一样。输入：tab christoth，按Enter键就会产生和数值型变量类似的分布表：

```
tab christoth

  christoth |      Freq.      Percent        Cum.
------------+-----------------------------------
  Christian |         44       100.00      100.00
------------+-----------------------------------
      Total |         44       100.00
```

总共有 44 个样本报告了宗教种类，在新生成的字符型变量中记为"Christian"，其他的样本设置为缺失值。

对于字符型变量，应该使用其特有的方式处理缺失数据。如上所述，有 27 个缺失的代码可用于识别数值型变量数据缺失的情况。这些代码只允许数值型变量使用，因为字符型变量的取值实际上是文本。因此，对于字符型变量 Stata 将把这些代码（.d 或 .s 等）解读为正常的有效取值，唯一有效的缺失值代码是空格，即" "。

作为使用字符型变量的最后一个例子，需要完成变量 christoth 的赋值。为了完成这个目标，需要将当前所有的缺失值替换为相应的教派。在这种情况下，-replace-是最有效的命令，因为命令-recode-对于字符型变量是无效的。就像使用-gen-命令一样，-replace-对于数值型变量和字符型变量是类似的，其主要差别就是对字符型变量赋值的时候必须使用引号。为了改变缺失值，在命令窗口输入：replace christoth="Specific Other Denomination" if christoth==" " & religoth!=" "，按 Enter 键。我们注意到引号包围了字符型变量的值而不是变量本身。这个命令告诉Stata将变量chris-toth当前的缺失值替换为"Specific Other Denomination.",而不是替换reli-goth中的缺失值。注意如果不包含-if-语句中的第二部分,与变量religoth中的缺失值相对应的样本也将被赋值为"Specific Other Denomination.",这是不合适的,因为这些样本没有报告他们有其他的宗教,他们对应的值是缺失的。

这里的-replace-命令还提示了另外两个值得注意的要点:第一,当引用字符型变量的缺失值时,空格很重要,默认地,字符型变量的缺失值实际上是空白或者说什么都没有。Stata会将引号内的空格(即"")视为一个实际的字符,将不会取代这些值;第二,你可以在-if-语句中引用需要替换值的变量本身。你可以列出变量religoth每一个可能的宗教,但是简单地设定需要替换的新变量christoth的值(即那些没有被设定为"Christian"的值)要快得多。对于所有的命令和变量,都可以适当地使用这种带有自引用的-if-语句。

生成变量的分布(tab christoth),从分布表可以看出替换是正确的:

```
tab christoth

               christoth |      Freq.      Percent         Cum.
-------------------------+-----------------------------------------
               Christian |         44        16.67        16.67
Specific Other Denomination |      220        83.33       100.00
-------------------------+-----------------------------------------
                   Total |        264       100.00
```

先前的缺失值已经被设定为恰当的字符型取值。系统默认,-tab-命令按照字母顺序展示字符型变量的取值,但是可以调用-sort-选项使得按照频数顺序显示取值。

另外，在 Stata 13 中字符型变量的取值可以包含无穷多个字符，尽管 -tab-命令对于很长的字符没有完整的显示。在 Stata 12 中，字符型变量取值的最大字符数是 244。

使用数值型还是字符型变量应该取决于变量的值。字符型变量的优点在于可以输入受访者对问题的实际应答，因此如果变量是基于一个开放式的问题，那么字符型变量是一个好的选择。

不过一个好的经验法则是，只有在绝对必要的情况下才使用字符型变量，即使变量的值是文本形式的（例如男性），这些值通常可以用数值来代替。在前面的例子中，将 christoth 定义为数值型变量来区分不同的类别可能更为有效。因为尽管很多命令对于数值型变量和字符型变量的操作类似，但是大多数统计分析都要求变量是数值型的。

如果使用的是二手数据，选择使用字符型变量还是数值型变量可能不取决于你本人。在某些数据集中字符型变量也很常见，即使对于它们来说数值型变量更好。幸运的是，Stata 中有一个命令可以自动地将字符型变量转换为数值型变量。

命令 -encode-能够将字符型变量的分类转换为数值型，字符型变量取值作为对应数值的值标签。使用命令 -encode-必须调用 -gen(newvar)-选项告诉 Stata 新的数值型变量的名字。例如，如果你想将字符型变量 christoth 转换为数值型变量，应该在命令窗口输入 encode christoth，gen(nchristoth)，按 Enter 键。在 -gen(newvar)-项中输入的新变量名不能与原来的变量同名。在这个例子中，新的数值型变量名多了一个 n，表示新变量是原来字符型变量所对应的数值型变量。该数值型变量的分布与对应的字符型变量相同。在命令 -tab-中调用 -nol-选项来说明之前的字符型变量在数值型变量中变成了值标签，在命令窗口输入 tab nchristoth, nol，按 Enter 键，结果如下：

```
tab nchristoth, nol

nchristoth |       Freq.      Percent        Cum.
-----------+-----------------------------------
         1 |          44        16.67       16.67
         2 |         220        83.33      100.00
-----------+-----------------------------------
     Total |         264       100.00
```

这个分布与字符型版本的分布是一样的，注意命令-encode-根据字符型变量取值的字母顺序分配数值(从1开始)。

4.保存结果

除了要保存整个数据分析中使用的命令，显然结果的保存也很重要。正如你可能已经注意到的，每次关闭Stata时，结果窗口都会被清空，生成的表格和统计分析结果也随之消失，在Stata中保存结果有两种主要的方法。

第一种简单的方法是直接将结果拷贝粘贴到其他的文件或者程序中。任何结果，包括表格和统计分析结果，都可以从结果窗口拷贝到Word文档或者其他程序中。只需选中要拷贝的结果，使用Ctr+C复制然后使用Ctr+V直接将结果粘贴到相应的文件中，当然也可以点击鼠标的右键选择复制和粘贴选项。复制表格也是类似的，点击鼠标右键选择"Copy as Table"，然后进行粘贴即可。在形式上，拷贝之后的结果可能并不完美，需要在文字处理或数据软件中进行一些编辑，尽管如此，这种方式仍然是保存Stata结果最快捷和简单的方式。

第二种方法需要使用所谓的"log文件"。log文件文件保存了它启动后，结果窗口中出现所有内容的运行日志。默认地，Stata不运行log文件。相反地，你必须自行启动log文件，然后自行关闭。开始记录工作最简单的方式是点击图标█，log文件可以保存为Log(.smcl)的形式，也可以保存为Log(.log)的形式。如果你熟悉.smcl格式，它可能是有优势的，如果不熟悉，Log(.log)可能更高效，因为它很容易被大多数文字处理程序打开和阅读。为了用Log(.log)格式存储运行日志，在"Save as Type."下拉菜单中选择"Log(.log)"，如果已经命名了log文件，直接点击Save，在结果窗口中就会出现一个记事本，表明log文件已经开始工作。在此之后和关闭日志之前出现在结果窗口中的所有内容都由log文件保存。但是在开始log文件运行之前的所有结果不会保存在log文件中，即使这些结果当前仍然在结果窗口中。记住这个方面很重要，因为log文件并不等同于保存结果窗口。log文件更像是一台磁带录音机，只能记录下"REC"和"STOP"之间发生的事情。

点击█关闭log文件，点击按钮后会出现有三个选项的对话框，如图3-6所示：

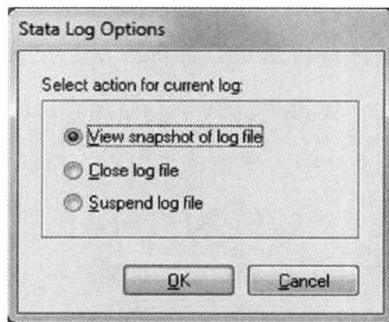

图3-6　日志结束选项窗口

第一个选项"View snapshot of log file"是查看 log 文件保存的内容；最后一个选项"Suspend log file"表示暂停目前的记录，可以在后续的分析中重新开始记录；中间的选项"Close log file"表示关闭记录，选择这一项后，以后所做的任何工作都不会被记录到当前的日志中。选中所需要的选项点击 OK 按钮即可。

log 文件的一个很好的特性是它们可以被重新打开和追加，这样多个 Stata 会话可以保持连续的记录。要再次打开一个 log 文件，点击 ，找到已有的 log 文件的路径即可。有时可能需要在"Save as Type"下拉菜单中更改文件类型以便准确找到想要的文件。一旦找到了文件的位置，选择文件双击或者点击 Save 按钮，就会出现如图 3-7 所示的对话框：

图 3-7　打开现有 log 文件选项窗口

第一个选项"View existing file (read-only)"会显示当前 log 文件中包含的所有内容，最后一个选项"Overwrite existing file"会删除和替换当前 log 文件中的所有内容；中间的选项"Append to existing file" 重新打开现有的 log

文件，并添加新生成的所有结果，文件中已经存在的结果不会被改变。进一步地，出现在结果窗口中包含 log 文件打开和关闭信息的记录也会包含在 log 文件中，以便可以跟踪新的结果在何时何地被添加。

　　log 文件是保存 Stata 会话期间生成结果的一种很好的方法。事实上，在第一次使用 Stata 时，养成一个在每次会话开始时打开 log 文件的习惯可能会有帮助，因为这样可以记录下你完成的所有工作。当然 log 文件也有缺点，log 文件记录了出现在结果窗口中的所有内容，包含了一些可能的错误和不想要的结果。几个会话之后，log 文件就会变得比较长，不容易找到想要的结果。因此，除了 log 文件之外，使用 do 文件是很有帮助的。do 文件保存了使用过的命令，插入注释很容易找到需要的内容。一旦确定了所需的分析，就可以打开 log 文件，并使用 do 文件有选择地运行这些命令。在 Stata 中 do 文件和 log 文件的联合使用是保存工作最有效的方法。

本章命令概览

```
*Working With Labels

lab var isol Isolated

tab isol

lab var isol  "Isolated with 2 few dates and friends"

lab def isollab 0  "Not Isolated"  1  "Isolated"

lab val isol isollab

tab isol

lab val isol1 isollab

tab isol1

tab isol, nol
```

*Missing Data

tab numfrien

tab numfrien, nol

recode numfrien (888=.s) (999=.r)

tab numfrien

tab numfrien, mis

gen hifrien=.

replace hifrien = 0 if numfrien<=3

replace hifrien=1 if numfrien>=4 & numfrien<=5

*String Variables

gen str christoth= "Christian" if religoth== "CHRISTIAN"

| religoth== "JUST CHRISTIAN" | religoth==

"NONDENOMINATIONAL CHRISTIAN"

tab christoth

replace christoth= "Specific Other Denomination"

if christoth== "" & religoth!= ""

tab christoth

encode christoth, g(nchristoth)

tab nchristoth, nol

练习题

使用 Chapter 3 Data.dta 回答下面的问题：

1. 打开一个 log 文件并将其命名为"Chapter 3 Exercise Results"以保存这些练习的结果。

2. 打开 do 文件并以"Chapter 3 Exercises"标题保存。通过把它们输入 do 文件，然后运行来完成下面的练习。

3. 在 do 文件的顶部添加一条注释，说明 do 文件的用途。

4. 构造一个新变量按约会人数（datnum）分为三类。定义三个类别分别为：约会人数不超过 2 人；约会人数在 3~10 人之间；约会人数在 11~100 人之间。将新的变量命名为 datlevsalt。

5. 为新构造的变量 datlevsalt 指定一个变量标签"Categories of People Dated"。

6. 为变量 datlevsalt 的值分配以下标签：Minimal Dating、Moderate Dating 或 Extensive Dating。

7. 将变量 employst 取值为"Legitimate Skip"的样本更改为缺失值代码。

8. 产生变量 employst 的分布表，不显示缺失值。

9. 生成一个名为 mormon 的字符型变量，用于区分在 religoth 变量上响应为某种形式的"Latter-Day Saints"、"Mormon"的情况和不响应的情况。

10. 将字符型变量 mormon 转换为数值型变量。

11. 关闭并保存 log 文件。

第二部分

用 Stata 进行量化分析

| 第4章 |

描述性统计

到目前为止，你对 Stata 的基本操作应该有了一定的信心。接下来的四章将解释如何利用 Stata 进行基本的定量分析。在统计学教科书中，通常会介绍统计分析策略和技巧。Stata 可以执行很多教科书以外的、更先进的统计技术。本书所介绍的命令，为理解和利用 Stata 所能进行的所有分析提供了基础。第8章的 Stata 帮助文件部分会引导感兴趣的读者学习如何利用帮助文件自学和使用本书没有特别介绍的技术。

需要明确的是，本书的目的并非介绍统计分析方法如何使用，所以它并不是定量分析方法教材的替代书籍。相反，本书旨在成为统计分析教科书的补充。在了解统计分析方法原理的基础上，本书可以指导你如何使用实际数据进行操作。最重要的一点，本书对结果的解释是比较简练的，其目的是识别输出中最重要的组成部分，而不是解释其整体含义。关于如何更全面地解释统计结果读者应查阅专业定量分析书籍。

在任何定量研究项目中，或许第一步最重要的就是要理解每个相关变量的分布。本章介绍了用于生成一元变量（即单变量）的描述性统计量，包括收敛趋势测度和离散性度量，还介绍了描述性统计的图形化方法。第4章使用的例子为 Chapter 4 Data.dta，这个文件可以在 www.sagepub.com/longest 获取。此数据集包括来自 NSYR 第三波调查的 2 532 名年轻人。在这组数据中存在缺失数据，已被替换为适当的缺失数据代码，".d"指回应"不知道"，".r"指回应"拒绝"，".s"指基于该调查设计合理跳过问题（即跳过模式）。

|4.1| 频数分布

对于有限类别的变量，直观地获得变量分布最简单的方式是产生一个频数分布。频数分布显示有多少类别以及每个类别的样本百分比。

例如，假设你正在进行一个关于年轻人对外貌的看法和满意度的项目。NSYR 数据集有一个问题："总体来说，你对自己的身体和外貌满意还是不满意？"这个问题的回答提供了年轻人对身体和外貌的一个很好的概述。正如第 2 章所述，可以用-tab-命令产生一个变量的频数分布。有关身体和外貌问题的变量被称为 body，在命令窗口中输入 tab body，然后按 Enter 键，产生以下结果：

```
(body_w3)  P:3. |
  In general, how |
 happy or unhappy |
   are you with   |
  your body and   |
          physic  |       Freq.      Percent         Cum.
------------------+---------------------------------------
  Somewhat happy  |         953        37.77        37.77
      Very happy  |         879        34.84        72.61
Somewhat unhappy  |         389        15.42        88.03
         Neither  |         234         9.27        97.30
    Very unhappy  |          68         2.70       100.00
------------------+---------------------------------------
           Total  |       2,523       100.00
```

我们已经对这样的分布很熟悉了，但是简单回顾一下输出结果的主要部分对于如何与一个实际的分析案例相联系是有帮助的。首先，变量标签在列表的左上角。对于变量 body（及 NSYR 数据集的所有变量），默认的变量标签是对所调查问题的简单概括。接下来，左边一栏列出了变量所有的分类，每一类都至少有一个受访者属于该类。最后，右侧三列显示的是在每个类别中包含的人数（Freq.），每个类别受访者的百分比（Percent.），以及每个类别的累积百分比（Cum.）。频数指的是在每个类别中包含的受访者数量。例如，68 名受访者表示他们对身体和外貌"非常不满意"。百分比是指频数除以有效的总数（即非缺失的总数）。在 2 523 个样本中只有 2.7% 的人回答非常不满意自己的身体和外貌，这个数字表明，只有一小部分年轻人非常不满意自己的身体和外貌。累计百分比表示属于该类别及其之前类别的总百分比。对于变量 body，18.11% 的人表示些许不满意或非常不满意自己的身体和外貌。同样，你也可以发现，绝大多数年轻人不关心或者比较满意自己的身体和外貌。

在第 3 章的"数据缺失"部分，我们曾进行过详细的讨论，默认情况下 -tab- 命令不会列出没有回答问题的样本（即缺失数据）。此外，表中显示的百分比是基于对问题提供有效回答的样本总数计算的，而不是数据集中样本的总数。如果你对基于总样本数 2 532 的每个类别的受访者百分比感兴趣，可以在之前的 -tab- 命令中添加 -mis- 选项。在命令窗口输入 tab body, mis（或者激活命令窗口按 Page Up 键，并添加 ", mis" 到先前执行的命令）并按 Enter 键，全样本结果显示如下：

```
(body_w3) P:3.
In general, how
happy or unhappy
are you with
        physic |      Freq.     Percent        Cum.
---------------+---------------------------------------
  Very unhappy |         68        2.69        2.69
Somewhat unhappy |      389       15.36       18.05
      Neither |        234        9.24       27.29
Somewhat happy |       953       37.64       64.93
   Very happy |        879       34.72       99.64
            s |          9        0.36      100.00
---------------+---------------------------------------
       Total  |      2,532      100.00
```

新的频数分布显示出 9 名受访者在身体和外貌满意度问题中没有给出回答。可以看出 9 个缺失值参与计算后，各个类别的百分比并没有明显变化（变动一般小于百分之几）。

如果想要更清楚地按照顺序查看各个类别的频数，可以调用 -sort- 选项。在命令窗口中输入 tab body,sort，然后按 Enter 键，得到的结果显示如下：

```
(body_w3) P:3. |
In general, how |
happy or unhappy |
are you with |
your body and |
        physic |      Freq.     Percent        Cum.
---------------+---------------------------------------
Somewhat happy |        953       37.77       37.77
   Very happy |         879       34.84       72.61
Somewhat unhappy |      389       15.42       88.03
      Neither |        234        9.27       97.30
  Very unhappy |         68        2.70      100.00
---------------+---------------------------------------
       Total  |      2,523      100.00
```

现在该类别显示的逻辑顺序已经由频数顺序替换，首先列出最普遍的类别，最后列出频数最低的类别。该表更加直观和清晰地显示了对于大多数年轻人普遍满意自己的身体和外貌，累积百分比表明72%以上的年轻人表示对于自己的身体和外貌比较满意或非常满意。

在这个研究项目中，你可能会预测难过（sad）和对身体的感知之间有关系。NSYR对受访者提问："每隔多久你会觉得难过（sad)?"在研究两个变量之间的关系前，首先应该了解所涉及的两个变量的分布。你可以使用 -tab- 命令产生新变量 sad 的分布。如果想同时了解两个变量的分布，可能会试着用 -tab- 命令列出两个变量。但是如果对两个变量使用 -tab- 命令，将显示一个列联表而不是单独的频数分布。Stata 提供了一个与 -tab- 命令略微不同的命令，仅使用这一个命令行就可以产生多个分布，这个命令就是 -tab1-。-tab1- 命令允许一次输入几个变量，每个变量的分布会按照变量在命令行中输入的顺序独立显示。

例如，在命令窗口输入：tab1 body sad，按 Enter 键。Body 和 sad 的分布将依次显示出来。-tab1- 兼容了 -tab- 命令的所有选项，当调用选项时，这些选项将会被应用到命令行中列出的每一个变量上。

研究项目的一个常见方面是研究子样本组的行为模式。例如，你可能只对年轻女性关于身体和外貌的想法感兴趣。通常，定量分析的初学者可能想从数据集中删除他们不希望研究的子样本数据（如本例中的男性样本）。但是这种做法是不可取的，即便最终研究目标只关注女性。因为男性样本至少在最初检查整个分布或女性与男性的对比过程中是重要的。因此，更有效的方法不是从数据集中去掉所有的男性数据，而是将命令与 -if- 语句联合使用。如果你想看一下对于女性样本变量 body 的分布，就需要添加一个 -if- 语句，在命令行的结尾使用变量 gender。该命令应为 tab body if gender== # 。注意，在Stata中评估某一陈述是否正确时要使用双等号标志。

在完成命令之前，你需要知道在gender变量中表示女性的数值是多少。获得这个信息有几个方式，但是最简单直接的方法就是对gender变量执行两个独立的-tab-命令，其中一个调用-nol-选项，另一个不调用。首先在命令行输入 tab gender，然后按 Enter 键，再键入 tab gender，nol，然后按 Enter 键。（如果研究的变量没有添加值标签，第二个-tab-命令就没有必要）这样将产生以下结果：

```
tab gender

(gender_w3) |
Respondent |
    gender |        Freq.        Percent          Cum.
-----------+-----------------------------------------------
      Male |        1,232          48.66         48.66
    Female |        1,300          51.34        100.00
-----------+-----------------------------------------------
     Total |        2,532         100.00

tab gender, nol

(gender_w3) |
Respondent |
    gender |        Freq.        Percent          Cum.
-----------+-----------------------------------------------
         0 |        1,232          48.66         48.66
         1 |        1,300          51.34        100.00
-----------+-----------------------------------------------
     Total |        2,532         100.00
```

现在我们了解到女性在变量gender中对应的数字为1，依据此信息可以产生只包含女性样本的变量body的频数分布。在这种情况下，还可以考虑使用-sort-选项，看看女性分布的频数顺序是否与整个样本相似，相应的命令是：tab body if gender==1,sort。请注意，-if-语句用于选项之前，该顺序对于所有命令适用，-if-语句和选项用逗号隔开。在命令窗口输入以上命令，然后按Enter键，会显示下面的结果：

```
 (body_w3) P:3. |
  In general, how |
happy or unhappy |
    are you with |
   your body and |
         physic  |       Freq.        Percent          Cum.
-----------------+---------------------------------------------
 Somewhat happy  |        511          39.43          39.43
    Very happy   |        375          28.94          68.36
Somewhat unhappy |        246          18.98          87.35
        Neither  |        117           9.03          96.37
  Very unhappy   |         47           3.63         100.00
-----------------+---------------------------------------------
         Total   |      1,296         100.00
```

从以上输出结果可知，女性样本总数为1 296，有4名女性的数据是缺失的（因为gender变量的分布表显示整个样本中有1 300名女性）。类别百分比和累积百分比均使用1 296作为分母计算。数据结果表明，大多数年轻女性，约占68.36％，在一定程度上对自己的身体和外貌比较满意或很满意。

直方图和柱状图

除了考察变量的频数分布，在视觉上直观了解变量分布也是有积极作用的。直观了解变量的分布主要有两种方式：柱状图和直方图。在实践中，柱状图和直方图基本是相同的，因为这两个图都是用条柱来代表不同类别变量的频数。在 Stata 中，使用-histogram-命令和点击选项（point-and-click box）方法比使用 bar graph 命令更容易生成这种类型的图形。后者可以用于检查两个变量之间的关系。

到目前为止，本书主要关注了通过命令窗口运行程序。但是在图表分析方面，点击选项的方法可能比使用命令窗口更有优势。由于显示图形需要大量的操作，因此涉及的命令可能变得冗长而繁琐。因此在图形分析部分，本书主要使用点击选项界面。

要使用直方图来显示年轻人对身体和外貌认知变量的分布情况，首先在 Stata 窗口点击顶部的 Graphics（图形）菜单按钮，然后选择 Histogram（直方图），会出现如图 4-1 所示的窗口：

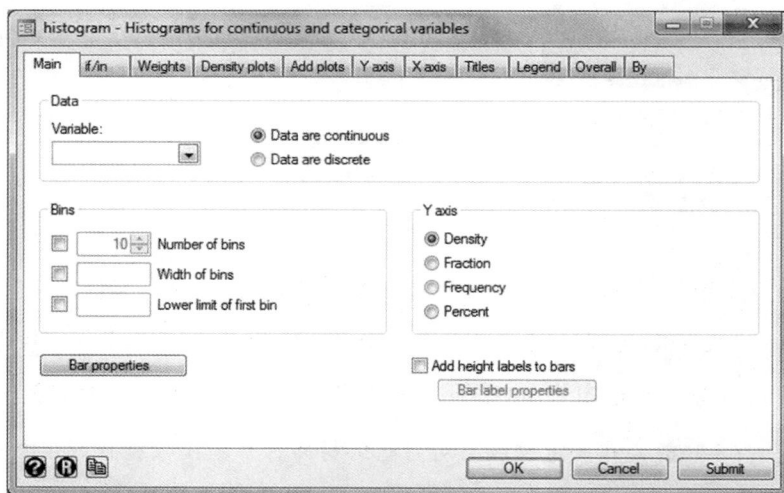

图 4-1　直方图主要选项窗口

出现这个窗口后，首先需要指定产生直方图的变量。将光标放在左上角 Variable 框中，可以使用下拉菜单找到 body 变量，或者可以直接输入 body。[①]接下来选择 Y 轴应该描述的量。默认值为 Density（密度），但比较常见的是显示 Frequency（频数）或 Percentage（百分比）。直方图的形状不会随着 Y 轴刻度单位的变化而变化，但是使用 Percentage（百分比）选项可以增强 Y 轴的可解释性。只需点击 Percent 按钮旁边的单选按钮设置 Y 轴刻度。此窗口还包含一个选项用来给条柱添加高度标签（height label），此选项将基于 Y 轴刻度显示每个类别的实际数量。例如，2.70% 会显示在"很不满意"的条柱上，因为样本报告 2.7% 的人非常不满意自己的身体和外貌。最后，你可以通过 Bar Properties（条柱属性）按钮来改变图形外观（如条柱的轮廓图案和颜色）。

完成所有选项后按下 OK 键就会生成一个直方图。默认地，直方图用类别的数值而不是值标签来标记这些条柱。要更改条柱的标签，以增强图表的可读性，在直方图窗口单击 X-axis（X 轴）选项卡，如图 4-2 所示的窗口就会出现。

此窗口包含跟 X 轴有关的所有选项。例如，你可以在 Title（标题）框中输入标题"Happiness with Body and Physical Appearance"。为了使条柱显示相应的值标签，点击 Major tick/label properties（主刻度标记/标签属性）按钮。出现新的窗口后选择 Labels（标签）选项，就会出现如图 4-3 所示窗口。

---

① 从技术上讲，body 变量包含了离散的值，对于这种非连续型的变量，要创建合适的直方图应该单击直方图窗口中的"Data are discrete"按钮。但是基于本例的目的，将变量当做连续型变量来处理更好。选择两个选项中的任意一个都不会改变分布图的形状，在实际应用中，建议按照实际情况进行正确的选择。

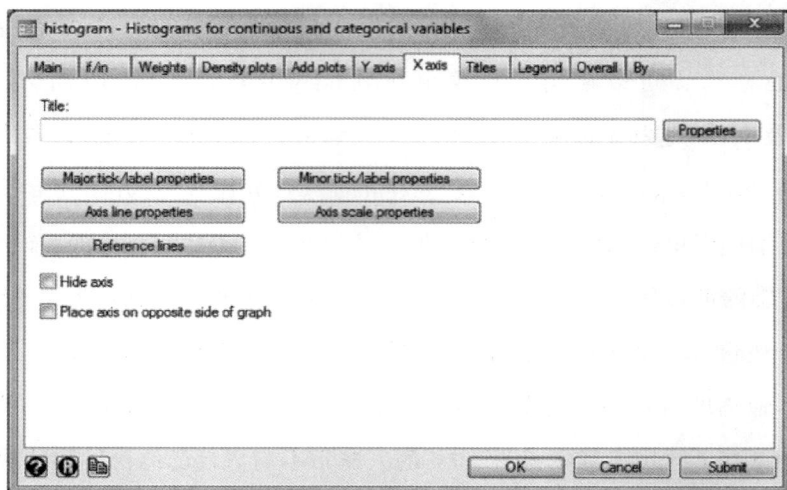

图4-2　直方图X轴选项窗口

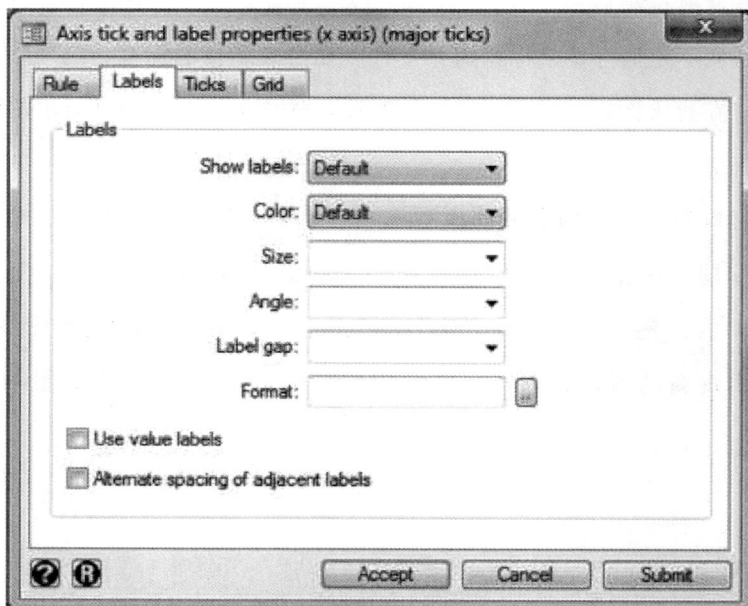

图4-3　直方图标签选项窗口

在图4-3所示的窗口中勾选 Use Value Labels（使用值标签），然后单击 Accept（接受），最后点击 OK 按钮。生成的直方图如图4-4所示：

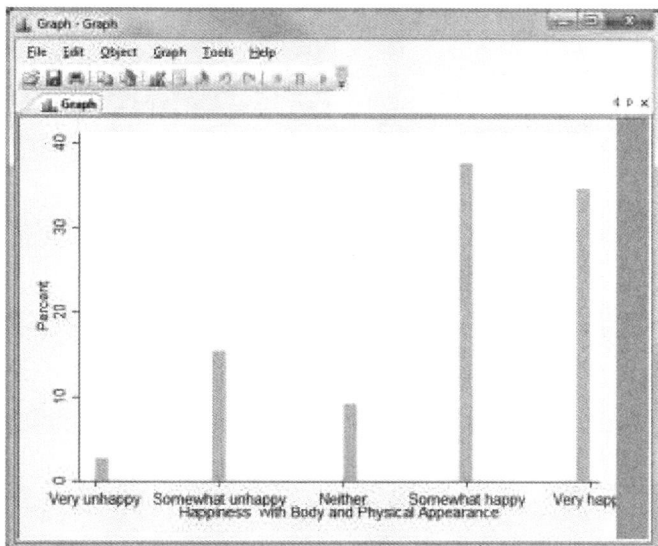

histogram body，percent
xtitle（Happiness with Body and Physical Appearance）xlabel（,valuelabel）①

图4-4　变量body的直方图

使用命令生成图形

虽然通过点击选项的方法生成图形可能更容易入门，与大多数其他

---

① 显示图形时,能够产生这个图形的命令也会在它的下面显示。有兴趣使用这些命令的读者可以参考深入研究:"使用命令生成图形"了解更多信息。喜欢或者计划只使用点击选项方式生成图形的读者可以忽略这些命令。

命令一样，使用输入命令的方法对于那些计划将Stata用于完整研究项目的人来说可能更加有效。当使用点击选项方法执行所有操作时，生成图形的实际命令将显示在结果窗口和命令回顾窗口中，这将有助于用户跟踪点击选项方法的步骤，并可以使用这些命令与选项在命令窗口或do文件中生成图表。从现在起，生成图形的命令将直接列在它的下面。

如果要对图形的外观进行修改，则需要很多的选项，所以生成图形的完整命令会有些复杂。此时比较适合使用"do文件"，具体请参见第3章"什么是do文件"。生成一个图形后，就可以复制粘贴完整的命令到do文件中，之后就可以简单地更换变量的数值或直接修改命令来快速创建新的图形或修改图形。虽然之前调用的所有选项在Stata保持打开状态时都保存在图形窗口中，如果你想在启动一个新的Stata会话后复制或修改一个图表，则必须重新选择并再次输入每个选项。

例如，如图4-4中，产生第一个直方图的命令是histogram body, percent xtitle（Happiness with Body and Physical Appearance）xlabel（, valuelabel）。这是创建任何直方图的基本命令。如果你从命令窗口或命令回顾窗口复制这个命令，并将其粘贴到do文件中，就可以快速创建之后的其他直方图。例如，你可以将变量body（以及其标题）替换为变量sad或变量faith1来展示这些分布。还可以调整一些选项。例如，你可能已经猜到了命令行中"percent"部分是用来说明Y轴显示的内容，直观地推断，将其改变为frequency会创建频数直方图。因此，使用do文件，可以跨不同的Stata会话快速复制和操作，甚至可以绕过使用点击方法所需的大量窗口和选项按钮，从而执行非常复杂的图形命令。

◇ 116 ◇　**用Stata进行量化分析**

之前的直方图可以通过单击 File 菜单中的 Save As 按钮进行保存。你可以将文件格式更改为几种不同的图片文件类型，默认情况下，它会被保存为 Stata 中的图形 (.gph)。该图再次清楚地表明年轻人中两个满意类别组相比于不满意的类别更为普遍。请注意，Y 轴刻度的上限是最大类别的百分比，而不是 100%。

要改变 Y 轴的显示，单击 Graphics，然后选择 Histogram。以前设置的所有选项都在直方图窗口，如果想清除所有这些选项，可以按位于左下角 🄡 图标。选择 Axis scale properties（轴尺度属性）之后的 Y 轴选项卡。

在如图 4-5 所示的窗口，选择 Extend range of axis scale（扩展轴比例尺的范围）按钮，设置 Lower limit（下限）为 0，Upper limit（上限）为 100，然后单击 Accept 按钮。现在选择 Major tick/label properties（主刻度标记/标签属性）按钮，然后按 Suggest # of ticks（建议刻度）按钮将出现如图 4-6 所示的窗口：

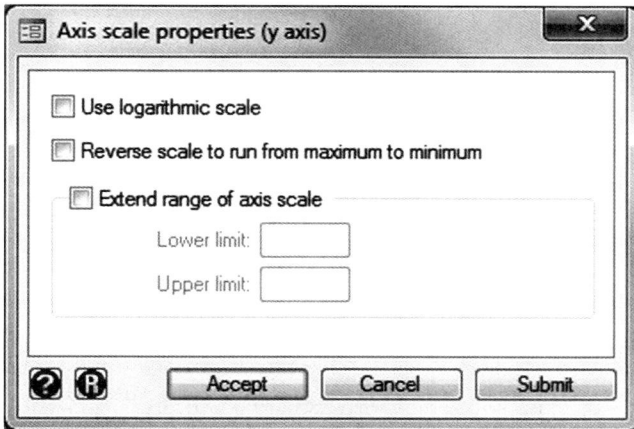

图 4-5　直方图 Y 轴尺度范围选项窗口

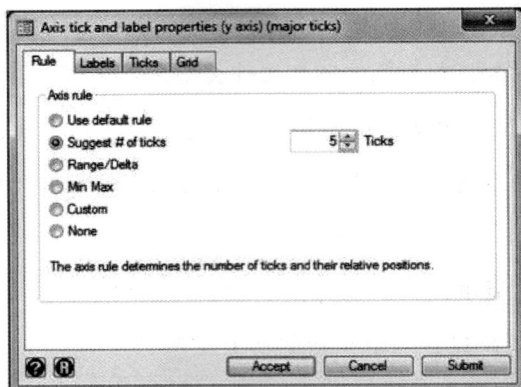

图4-6 直方图Y轴刻度选项窗口

最后，将 Ticks（刻度值）从5更改为10，点击 Accept 按钮，然后选择 OK 按钮，生成的直方图如图4-7所示。

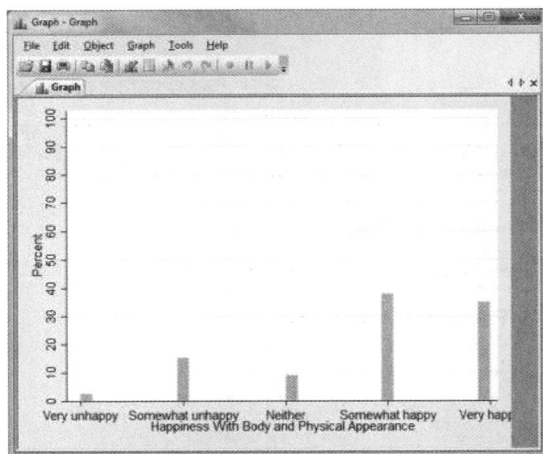

histogram body，percent yscale（range（0　100））
ylabel（#10）xtitle（Happiness With Body and
Physical Appearance）xlabel(, valuelabel)

图4-7 Y轴调整后变量 body 的直方图

现在 Y 轴的刻度是从 0 到 100%，可以为每个类别的百分比提供更准确的描述。

如果你使用直方图就是为了获得变量总体分布的直观图形，那么图 4-7 给出的图形就足够了。然而，如果你制作这个图形用于演示或者论文，其他显示选项对于改变图形外观会有很大帮助，其中包含了很多的选择，我们无法一一说明，基本原理都类似于刚才调用的选项。例如，你可能想要改变图柱的外观，首先单击 Graphics，然后选择 Histogram。在直方图的左下窗口中，有一个 Bar properties（柱状图属性）按钮，点击该按钮显示如图 4-8 所示窗口：

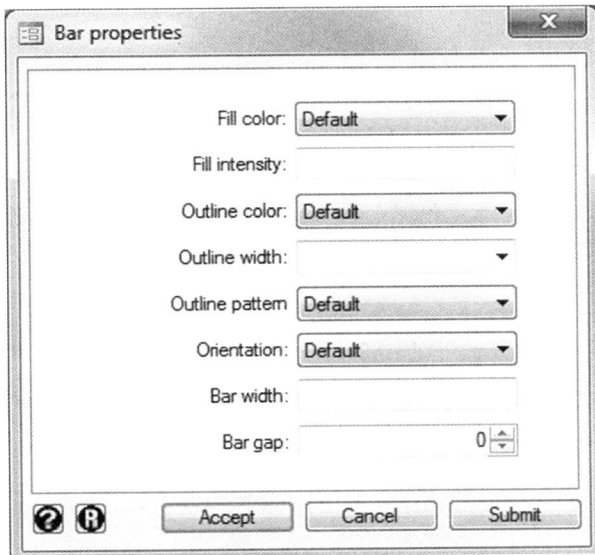

图 4-8　直方图条柱属性选项窗口

可以通过这个窗口更改条柱的几个属性。点击选择 Fill color（填充颜色）下拉框，选择蓝色，然后在 Outline color（轮廓颜色）上做相同的操作。接下来，选择 Outline width（条宽框），并输入 0.4，略微加宽图柱。最后，点击 Accept 按钮，生成的直方图如图 4-9 所示。

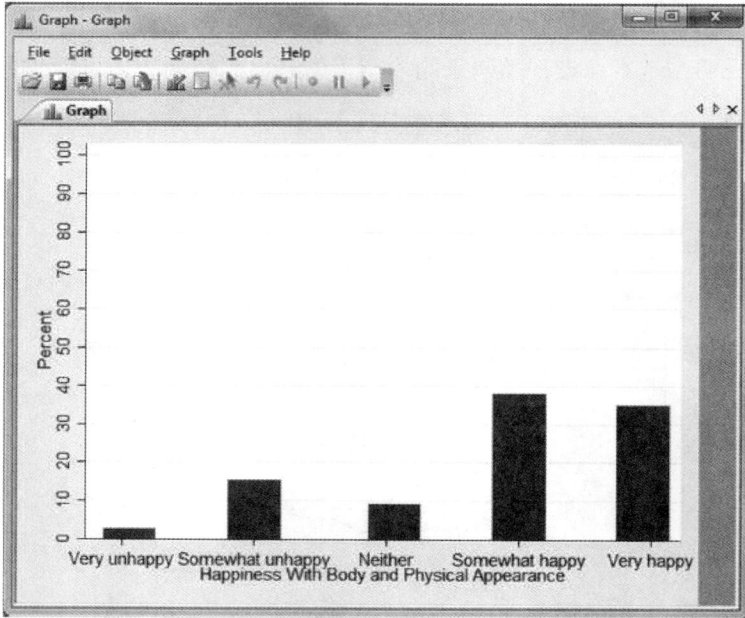

histogram body,percent fcolor(blue)lcolor(blue)barwidth(.4)
yscale(rande(0 100))ylabel(#10)xtitle(Happiness With Body
and Physical Appearance)xlabel(,valuelabel)

图 4-9　格式修改后的变量 body 的直方图

现在图形的视觉吸引力有所增强。较宽的图柱使得观察各类分布更容易，并且和每类的标签更加匹配。还有许多进一步调整图形外观的选项，都包含在直方图窗口各种各样的选项按钮中。

4.2 集中趋势测度与方差

频数分布是描述变量的第一步，尤其是对于研究分类不是很多的定性尺度和定序尺度变量非常有帮助。对于定距-定比尺度（interval-ratio measures）的变量进行分析，由于这两种类型的数据通常包含众多的类别，集中趋势和波动性的度量是更合适的工具，可以简洁地提供变量的重要信息。

集中趋势最主要的测度是均值（mean）、中位数（median）、众数（mode）。均值是指该变量取值的算术平均值；中位数是中间值（当变量按照数值排序后）；众数是最普遍的类别值。而极差（range）、四分位数内间距（IQR），方差（variance）和标准差（standard deviation）是最常用的波动性度量。极差表示最大值和最小值之间的差；四分位数内间距是指第25个和第75个百分位数之差（即第一个四分位数和第三个四分位数之差）；方差是指各取值与平均值之间差距的平均值，而标准差为方差的算数平方根。

实际上你已经学习了如何获得其中的一个测度。带有-sort-选项的-tab-命令是获得众数最快捷的方式。当使用-sort-选项时最先列出的就是众数的类别或者值。

第2章介绍的-sum-命令会显示其他几个测度变量。例如，除了想了解年轻人对于自己身体和外貌的看法，研究人员还想了解受访者实际的体型。NSYR数据集中有一个评估体型的变量bmi。这个变量代表了受访者身体质量指数或者称为BMI。根据国家健康研究院（National Institute of Health）给出的标准，BMI值大于30表示肥胖，介于25和29.9之间表示超重，介于

18.5 和 24.9 之间表示体重正常。[①]要计算 BMI，需要每个人身高和体重的确切数据，从而得到一个定距-定比类型的测量结果。

在命令窗口中输入 sum bmi，然后按 Enter 键。显示如下结果：

```
Variable |      Obs        Mean     Std. Dev.      Min        Max
---------+--------------------------------------------------------
    bmi |    2,509     24.73744    5.141812    14.01495   63.49296
```

五个数值都是由默认的 -sum- 命令得出的。首先给出的是有效观测值（即非缺失值）的个数（Obs.）。变量 bmi 共有 23 个数据缺失（2 532-2 509=23），可能他们不希望报告自己的实际体重。接下来显示的是均值（mean），均值为 24.74，这表明平均来说年轻人的 BMI 指数接近正常范围的上限。接下来显示的是标准差（Std. Dev.）为 5.14，表明数据在一个合理的分布范围内。最小值（Min）和最大值（Max）也被显示出来，由此可以很容易计算极差，变量 bmi 的极差约为 50（63.49-14.01=49.48）。另外，根据第 2 章所讨论的内容，可以在命令窗口使用命令 -display-（缩写为 -di-）来计算极差。只需在命令窗口输入 di 63.49-14.01，然后按 Enter 键，结果窗口就会显示极差为 49.48。

默认地，-sum- 命令不会列出中位数、IQR 和方差。为了得到这些统计信息，需要调用 -detail- 选项。在命令窗口输入 sum bmi, detail，然后按 Enter 键会得到以下结果：

---

①   http://www.nhlbi.nih.gov/guidelines/obesity/BMI/bmicalc.htm.

```
              (bmi_w3) Body Mass Index (NIH calculation)
    ----------------------------------------------------------------
              Percentiles       Smallest
       1%        16.9512        14.01495
       5%        18.75257       14.22837
      10%        19.57563       14.64583        Obs                2509
      25%        21.28223       14.76581        Sum of Wgt.        2509

      50%        23.62529                        Mean            24.73744
                                  Largest        Std. Dev.       5.141812
      75%        26.95946       52.99345
      90%        31.32101       53.21151        Variance        26.43823
      95%        35.03738       56.48531        Skewness        1.536935
      99%        41.97015       63.49296        Kurtosis        7.081053
```

　　方差现在显示在右下方。变量 bmi 的方差为 26.44。中位数还没有明确标记，但是列出了主要的分位数。50% 对应的值，也就是第 50 个百分位数即为中位数。bmi 这个变量的中位数和均值比较接近，提示了该变量的正态分布特征。变量的四分位数内间距等于第 75 个百分位数（26.95）减去第 25 个百分数（21.27），结果为 5.68。除了众多的百分数，在-detail-选项还列出了偏度（Skewness）和峰度（Kurtosis），这是两个附加的数量特征。正态分布偏度为 0，峰度为 3。如果偏度小于 0，表示该变量的分布是一个负偏态分布（即均值小于中位数），而偏度大于 0 则代表一个正偏态分布（即均值大于中位数）。偏度的绝对值越大代表分布的偏态程度越严重。峰度是分布集中程度的度量，数值越大表示该分布的峰越尖，数值越小则表示分布越平坦。从峰度和偏度的值可以看出，变量 bmi 的分布是正偏的（偏度 1.54），并且根据峰度的值 7.08 判断有一个比较明显的峰。

　　无论是否使用-detail-选项，命令-sum-都可以处理一个命令行中所列出的多个变量。例如，你可以在命令窗口中输入 sum bmi agecats, detail ，按

Enter键。这两个变量详细的统计汇总结果会一前一后显示。这种方法的缺点是很难在几个变量之间迅速分辨出相似的数字(如均值)，并且-detail-选项可能列出一些不需要的统计量。

为了给出一份更综合的集中趋势和波动性测度的统计表，命令-tabstat-是一种有效的替代选择。默认情况下，没有任何其他选项，命令-tabstat-只显示均值。显示其他统计量是由-statistics(statname)-选项来控制的（简写为-stat(statname)-）。选项中"statname"指的是想要显示的统计量名称代码。与之前遇到的大多数Stata命令一样，每个统计量代码都非常直观简单（例如，均值的代码是mean）。下面的"深入研究"中给出了统计量及其代码的完整列表。

深入研究

统计量及其与tabstat、stat（statname）相对应的代码

下面列表中给出的统计量都可以使用-tabstat-命令展示，它们与-stat（statname）-选项一起使用的代码如下：

Statistic	statname Code
mean	mean
count of nonmissing observations	count
same as count	n
sum	sum
maximum	max
minimum	min
range = max-min	range
standard deviation	sd
variance	variance

coefficient of variation (sd/mean)	cv
standard error of mean (sd/sqrt（n）)	semen
skewness	skewness
kurtosis	kurtosis
1st percentile	p1
5th percentile	p5
10th percentile	p10
Statistic	statname Code
25th percentile	p25
median （same as p50）	median
50th percentile （same as median）	p50
75th percentile	p75
90th percentile	p90
95th percentile	p95
99th percentile	p99
Interquartile range = p75 − p25	iqr
equivalent to specifying p25 p50 p75	q

　　为了得到本节开始提出的变量 bmi 和 agecats 一组集中趋势和波动性的测度，输入：tabstat bmi agecats, stat（mean median min max range iqr variance sd），显示结果如下：

```
      stats |       bmi   agecats
------------+--------------------
       Mean |  24.73744  20.01817
        p50 |  23.62529        20
        min |  14.01495        17
        max |  63.49296        24
      range |  49.47801         7
        iqr |  5.677233         2
   variance |  26.43823  2.088963
         sd |  5.141812  1.445324
------------------------------
```

对于变量 bmi，上表给出的结果与使用 -sum- 命令时列出的统计量大体相同，但是使用 -tabstat- 命令时，显示的数据会更简洁，也更易于在两个变量间发现相关数据。当使用 -detail- 选项时，中位数是第 50 个百分位数，用 p50 标记。标准差是 sd 项显示的数据。

但是按照这种方式使用 -tabstat- 命令时也会有潜在的问题，如果多个变量同时输入，最终显示结果会变得太宽而难以适应屏幕。在这种情况下，调用 -columns（variables/statistics）-选项会有效解决问题（简写为 -col(var/stat)-）)。如果不使用此选项，它会自动通过 -columns（variables）-设定，变量会按照列显示，如上表所示。

如果在命令窗口输入 tabstat bmi agecats，stat（mean median min max range iqr variance sd）col（stat）（注意：你可以使用 Page Up 功能查看窗口或者 do 文件，以避免重新输入这个长命令），并按 Enter 键，现在结果显示如下：

```
 variable |      mean       p50       min       max     range       iqr  variance        sd
----------+------------------------------------------------------------------------------
      bmi | 24.73744   23.6252  14.01495  63.49296  49.47801  5.677233  26.43823  5.141812
  agecats | 20.01817        20        17        24         7         2  2.088963  1.445324
----------+------------------------------------------------------------------------------
```

箱线图

箱线图是用上述-tabstat-命令显示结果的所有信息绘制的图形。这种图形对于研究定距-定比变量的分布特征非常有用，通过箱线图可以确定分布是否为偏态的，是否有异常值等。

使用命令窗口和使用点击选项方法制作箱线图难易程度差不多。对应的命令是-graph box-，之后是想要产生箱线图的变量名。可以同时输入多个变量，所有的箱形图将在一个图形中呈现出来，但是只有当变量计量单位和数量级相似时才应该使用这种方法。例如，将bmi与agecats同时列出箱线图并没有实际意义，因为两者计量单位不相同。

若使用命令窗口制作变量bmi的箱线图，则需在命令窗口输入：graph box bmi，然后按Enter键，结果如图4-10所示：

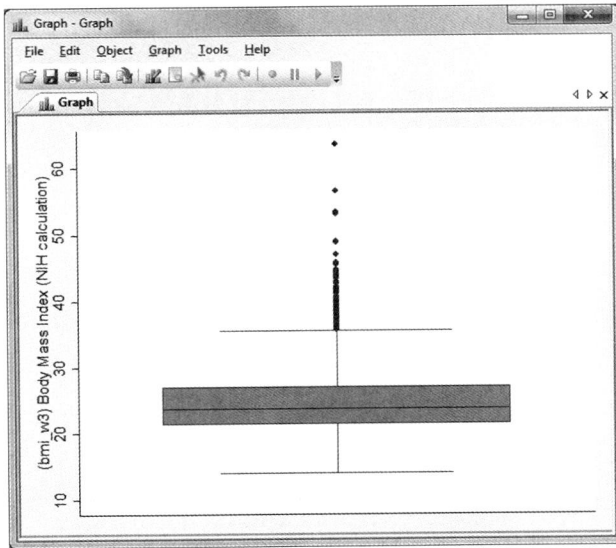

graph boxbmi

图4-10　变量bmi的箱线图

变量 bmi 的箱线图显示，由于中位数指示线靠近箱的中心，箱子本身也大致在数据范围的中间，分布是比较趋近正态的。该图还显示了异常值可能是个问题，因为在分布的顶端有一些异常值，异常值用点表示。

利用点击选项方法制作箱线图也是一样的简单直观。单击 Graphics 菜单，然后选择 Box Plot (箱线图)，就会出现如图 4-11 所示的窗口。在变量框中，使用下拉菜单找到或输入 bmi，然后单击 OK 按钮。如图 4-10 显示的箱线图就会出现。

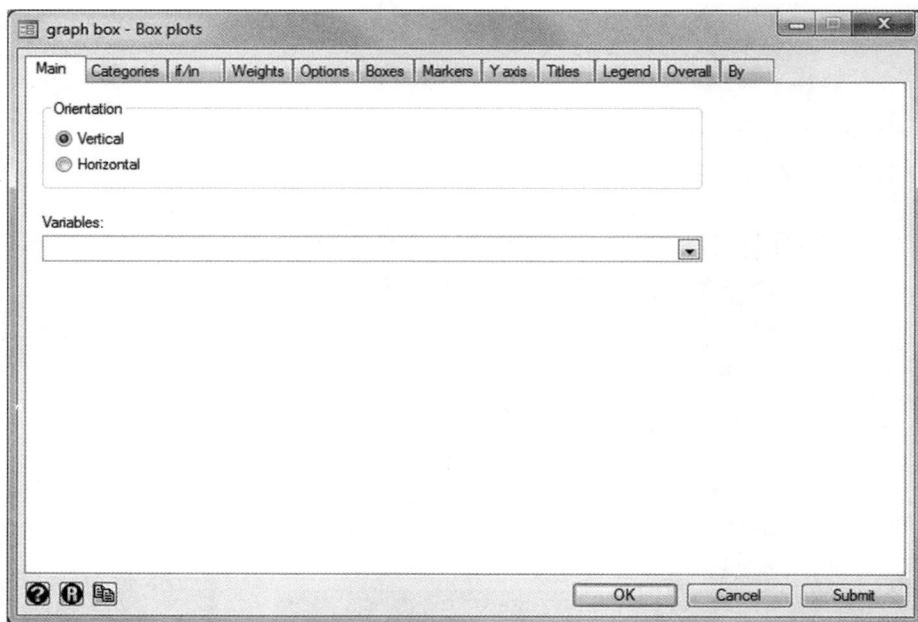

图 4-11　箱线图主要选项窗口

使用直方图检查集中趋势和波动性

使用点击选项的方法创建直方图在前面已经讨论过，直方图对于快速考察定距–定比变量的分布很有帮助。此外，由于定距–定比变量不需要使用值标签（即它们的值是其标签），考察这些变量时使用命令窗口制图会更容易。

可能你已经直观地猜到了生成直方图的命令是–histogram–（简写为–hist–）。要快速地生成变量 bmi 的直方图，可以在命令窗口中输入 hist bmi。但是和使用点击选项方法一样，默认地，Y 轴尺度为每个类别的密度，可通过调用–percent–或–frequency–（缩写为–freq–）选项来改变。

例如，在命令窗口中输入 hist bmi, freq 并按 Enter 键，将显示图 4–12 所示的图形：

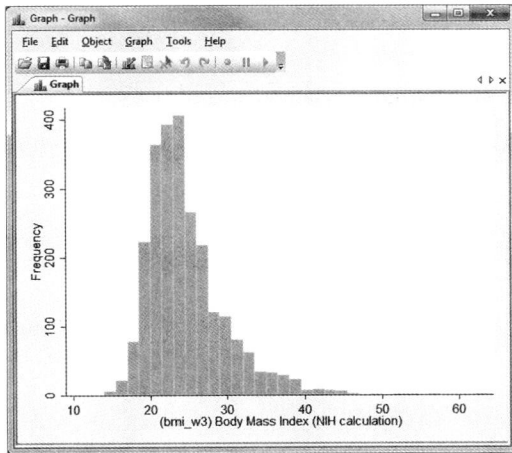

hist bmi,freq

图 4–12　变量 bmi 的直方图

如你所见，直方图非常清晰地显示了分布的形状，类似于之前使用的工具，图形显示该分布接近于正态，但是有几个异常值在分布的顶部。

本章命令概览

*Frequency Distributions

tab body

tab body, mis

tab body, sort

tab1 body sad

tab gender

tab gender, nol

tab body if gender==1, sort

*Measures of Central Tendency and Variability

sum bmi

sum bmi, detail

tabstat bmi agecats, stat(mean median min max range iqr variance sd)

tabstat bmi agecats, stat(mean median min max range iqr variance sd) col(stat)

*Box Plots

graph box bmi

*A Closer Look: Using Histograms to Examine Central

Tendency and Variability

hist bmi, freq

练习题

使用 Chapter 4 Data.dta 解决以下的问题。（可以使用 do 文件完成以下练习，使用 log 文件保存结果，参考第 3 章了解如何使用这些文件）

1.产生"年轻人对于宗教重要性看法"（faith1）的频率分布。

2.产生变量 faith1 的另一个频数分布，包括缺失的类别，首先显示频数最高的类别。

3.用命令生成"年轻人对于宗教重要性看法"（faith1）和"年轻人有多关心老年人"（crelder）的频数分布。

4.对于"认为宗教是极其或非常重要的受访者"（faith1）生成变量 crelder 的频数分布。

5.制作变量 faith1 的百分比直方图，使用值标签且 Y 轴的范围是从 0 到 100。

6.产生变量"年轻人希望养育孩子的数量"(kidwntmn)集中趋势和波动性的详细测度。

7.制作一个表格显示变量"年轻人参加宗教静修的数量"（relretrt）和变量 kidwntmn 的均值、中位数、标准差和方差，要求变量在行显示。

8.生成变量 kidwntmn 的箱线图。

9.使用命令生成变量 relretrt 的频数直方图。

第 5 章

定性变量和定序变量之间的关系

在研究单个变量的分布和描述性统计量之后，大多数研究项目的下一步是研究两个或多个变量之间的关系。有很多技术用于评估这些类型的关系，对新手来说不知如何入手。因此首先应确定所研究的问题中两个变量的测量尺度，这样才能更容易选择合适的研究方法，并且大多数统计技术都是针对特定类型变量的。

本章着重讨论研究定性变量或定序变量之间关系的方法。定性变量和定序变量一般表示有限多个分类，通常是非数值型的。定性变量和定序变量的例子包括种族、就业状况、李克特式量表（Likert-type scale）的一致程度和教派归属等问题。

本章的例子使用 Chapter 5 Data.dta，在网站 www.sagepub.com/longest. 中可以获得这个数据文件。这个数据文件包含了来自 NSYR 数据集中更多的的变量和第三波调查的 2 532 个年轻人的样本。所有缺失值已经被适当地编码：用 .d 表示"不知道（don't know）"，用 .r 表示"拒绝（refused）"，用 .s 表示基于调查设计直接跳过这个问题（skip pattern）。

|5.1| 列联表

研究定性变量和定序变量之间关系最好的方法之一是创建列联表。列联表用来说明一个变量的分布如何与另一个变量的分类相匹配。例如，NSYR询问受访者对"喜欢冒险"这一陈述的同意程度，第4章介绍了怎样展示单个变量的分布，但是你可能会预测，不同教育水平的人对冒险的喜欢程度会有所不同。一个合乎逻辑的假设是：高学历的年轻人比低学历的年轻人更愿意规避风险。为了验证这个假设，你可以创建一个表格来并列展示上过大学的年轻人和没上过大学的年轻人对"喜欢冒险"同意程度的分布，这就是要建立的列联表。

根据之前的讨论，在研究两个变量之间的关系之前最好先研究一下单个变量的分布。关于冒险问题的变量被命名为 risks（下文有时简称冒险变量）。在 NSYR 数据集中还包含一个变量 cu_attco，用来表示受访者是否上过大学。

在命令窗口中输入：tab1 risks cu_attco，然后按Enter键。注意，在一个命令行里，要产生多个单个变量的分布要使用"-tab1-"而不是"-tab-"。结果如下：

```
-> tabulation of risks

            (risks_w3) P:18. You like to take |
          risks. (Do you strongly agree, agree, |
                              disagree, |   Freq.    Percent     Cum.
--------------------------------------------+----------------------------------
                          Strongly agree |     444     17.61     17.61
                                   Agree |   1,389     55.10     72.71
    Undecided/DK (Interviewer: Do not read) |      13      0.52     73.22
                                Disagree |     593     23.52     96.75
                       Strongly disagree |      82      3.25    100.00
--------------------------------------------+----------------------------------
                                   Total |   2,521    100.00


-> tabulation of cu_attco

    (cu_attendc |
       oll_13) |
         Ever |
      attended |
       college |   Freq.    Percent      Cum.
-------------+----------------------------------
          No |     839     33.14     33.14
         Yes |   1,693     66.86    100.00
-------------+----------------------------------
       Total |   2,532    100.00
```

变量cu_attco的分布显示，大约67%的样本都上过大学，所有的受访者都对这个教育变量做了回答。然而，变量risks可能存在一些问题。首先，累积百分比一栏显示，大多数年轻人（72.71%）同意或强烈同意"喜欢冒险"。只有3.25%的年轻人强烈不同意"喜欢冒险"。最后，只有13个年轻人（0.52%）表示他们不确定是否同意"喜欢冒险"。在某些分析中，"不确定"（"undecided"）是一个独特且有意义的类别，有时是值得研究的（比如我们想知道什么使一些年轻人不确定他们对冒险的态度），但是要进行有效的分析13个样本可能是不够的。

变量risks是定量分析中一个常见的例子——搜集数据只是成功的一半，很少有现成的数据用于分析。通常情况下，你需要做一些数据整理工作，并为将要进行的分析准备变量。

有几种方法可以让你重新配置变量risks来处理上述所提到的问题。我们最初的问题是研究教育水平与是否喜欢冒险之间的关系。因此将冒险变量转化为二元变量是有意义的，它表明受访者是否同意"喜欢冒险"的说法。以这种方式定义变量使其更易于赋值，"不确定"的受访者被归为不同意的类别，而不是把他们归为缺失值。要创建这个变量，所有属于强烈同意或同意的受访者被归为一个类别，而不确定、不同意和完全不同意的受访者应被归为另一个类别。

在这种情况下，使用带有选项-gen（newvar）-的-recode-命令是最有效的。在输入-recode-命令之前，需要知道变量risks各个类别的数字代码。为了查看这个变量的取值，在命令窗口输入：tab risks，nol，按Enter键，结果如下：

```
(risks_w3) |
P:18. You |
like to |
take risks. |
(Do you |
strongly |
agree, |
agree, |


disagree, |        Freq.      Percent         Cum.
------------+-----------------------------------------------
        1 |          444        17.61        17.61
        2 |        1,389        55.10        72.71
        3 |           13         0.52        73.22
        4 |          593        23.52        96.75
        5 |           82         3.25       100.00
------------+-----------------------------------------------
    Total |        2,521       100.00
```

　　根据这个表格可以很容易构建-recode-命令。可以将类别1和2归为1，将类别3到5归为0，然后创建一个新的变量来保存这个新的分类。

　　在命令窗口输入：recode risks（1/2=1）（3/5=0），gen（agrisk），按Enter键。你可以随意命名新变量，建议将新变量命名为agrisk，这样能够比较清楚地表明该变量是一个关于冒险问题的指标。同样，你可以用任意两个数字来代表两个类别，但是通常用0和1来代表。接下来，检查一下这个命令是否生成了你想要实现的结果，在命令窗口输入：tab risks agrisk，按Enter键，结果如下：

```
                       |         RECODE of risks
(risks_w3) P:18. You   |        ((risks_w3) P:18. You
like to take risks.    |        like to take risks.
(Do you strongly       |        (Do you strongly
agree, agree,          |          agree
disagree,              |          0            1 |     Total
-----------------------+-------------------------+----------
     Strongly agree    |          0          444 |       444
            Agree      |          0        1,389 |     1,389
Undecided/DK (Intervi  |         13            0 |        13
         Disagree      |        593            0 |       593
 Strongly disagree     |         82            0 |        82
-----------------------+-------------------------+----------
            Total      |        688        1,833 |     2,521
```

上表结果显示，recode命令完成了预期的分类，但是新的变量没有值标签。目前你很容易记住1代表同意"喜欢冒险"。然而，过几周甚至更长的时间记忆就会变得模糊。因此，应用一个值标签来防止混淆是很有帮助的，并且会使此变量以后的列表更易于阅读。

深入研究

按方向重新赋值

变量risks提示了另一个在使用二手数据时常见的问题。这个变量被倒序赋值，与大多数人的习惯想法不同。数值越大，表示越不同意（大的数值与频数分布表下面的分类对应）。这个变量的目的是衡量受访者对"喜欢冒险"的同意程度，一般来说数值越大，应该表示同意程度越高。

这种倒序赋值虽然不影响分析的实质性结果，但是会使研究结果更难以解释。例如，如果将变量risks作为一个被解释量，任何与risks正相关的关系，实际上意味着解释变量越大，越不同意"喜欢冒险"的说法，这种类型的结论有点混乱。因此，简单地更改变量的值，使它们与变量更直接的含义保持一致，通常会使人们理解起来更容易。

为了实现重新分类，使用带有-gen（newvar）-选项的-recode-命令是最有效的方式。这种类型的重新赋值最困难的是新旧值的匹配。结合初始的分布表和我们想要达到的目标进行思考：在新变量中，想让Stata将"强烈同意"（原变量取值为1的情况）等于5（即最高值）。同样，原来回答"同意"的取值2现在对应4，所有的3（即不确定）可以保持不变，4（不同意）应该取值为2，5（强烈不同意）在新变量中应该取值为最低级的分类1。幸运的是，你不需要担心这种顺序的转变，Stata只需要知道旧值和哪个新值相对应即可。因此，可以键入命令：recode risks（1=5）（2=4）（3=3）（4=2）（5=1），gen（likerisk），按Enter键。

另外，（3=3）在技术上不需要作为命令行的一部分。因为没有明确列入-recode-命令行的任何值在新变量中将保持不变。将它包含在命令语句中的好处是有助于我们检查新的值是否合理以及是否有遗漏。因为原来的变量就有5个值，只有一个是让Stata复制旧值。

在命令窗口输入：tab like risk，并且按Enter键，产生新变量的分布，就会看到下面的结果：

```
    RECODE of |
        risks |
    ((risks_w3 |
      P:18. You |
      like to |
    take risks. |
      (Do you |
      strongly |
        agree |       Freq.      Percent        Cum.
--------------+-----------------------------------------
            1 |          82         3.25         3.25
            2 |         593        23.52        26.78
            3 |          13         0.52        27.29
            4 |       1,389        55.10        82.39
            5 |         444        17.61       100.00
--------------+-----------------------------------------
        Total |       2,521       100.00
```

> 　　将这个新变量的分布与原变量的分布进行比较，可以看到所有的频数和百分比都保持不变，只有顺序发生了变化。现在，同意"喜欢冒险"的受访者的编号要比那些表示不确定或不同意的受访者的编号大。

　　正如在第 3 章"使用标签"部分中讨论的，添加值标签包含两个步骤。首先，定义值标签。在命令窗口或 do 文件中输入：lab def ynagree 0 "No Agree" 1 "SA-Agree"，按 Enter 键。此时已生成了一个名为 ynagree 的新标签。

　　接下来，必须将所定义的值标签附加到变量上。在命令窗口或 do 文件中输入：lab val agrisk ynagree，按 Enter 键。

　　另外，当使用带有选项-gen（newvar）-的-recode-命令时，尽管 Stata 会自动分配一个变量标签，但是生成自己容易识别的标签可能会更好。在命令窗口或 do 文件中输入：lab var agrisk "Agree or Not with Taking Risks（rc P：18）"，按 Enter 键。这个新的变量标签清楚地解释了变量的含义，也表明这个变量是与问题 P：18 相对应的回答记录（rc 是 record 的缩写）。接下来，输入命令：tab agrisk 来生成一个频数分布，结果如下：

```
    Agree or |
    Not with |
      Taking |
   Risks (rc |
       P:18) |      Freq.     Percent        Cum.
-------------+-----------------------------------
    No Agree |        688       27.29       27.29
    SA-Agree |      1,833       72.71      100.00
-------------+-----------------------------------
       Total |      2,521      100.00
```

　　这个过程现在看起来似乎有点麻烦，但是从长远来看，在一个研究项目开始时，花充分的时间准备数据，可以省掉很多后续的麻烦。更重要的是，这种准备工作是进行有效和有用的定量分析所必需的。虽然它可能更快、更容易忽略一些小问题（例如，可以忽略数目有限的"不确定"这一类别），但是一开始的努力最后总会产生更有效的结果。

现在数据已经准备好了，生成列联表就相对简单了。为了显示冒险变量和是否上过大学两个变量之间的列联表，在命令窗口中输入：tab agrisk cu_attco，然后按 Enter 键。结果如下：

```
    Agree or |
    Not with |
      Taking |   (cu_attendcoll_13)
   Risks (rc |  Ever attended college
        P:18) |        No        Yes |      Total
-------------+----------------------+----------
    No Agree |       187        501 |        688
    SA-Agree |       647      1,186 |      1,833
-------------+----------------------+----------
       Total |       834      1,687 |      2,521
```

注意，在-tab-命令行中输入的第一个变量，将在列联表的行中显示，而第二个变量则放在列中。在构建列联表时，行变量和列变量是没有固定规则的。为了防止混乱，可以建立一个自己的规则。对于这本书，被解释变量（即结果变量）总是放在行中，解释变量（即预测变量或原因变量）放在列中。在这个例子中，我们想预测的是是否上过大学是否会影响年轻人对冒险的偏好，因此冒险变量是被解释变量，将其放在行中（紧随-tab-之后输入），而是否上过大学是解释变量放在列中（在命令行中作为第二个变量输入）。

上面的结果提供了冒险变量和是否上过大学之间关系的初步证据。SA-Agree 行表明，同意"喜欢冒险"的人中上过大学的人比没上过大学的人多。

然而，"Total"行表明上过大学的总人数比没上过大学的总人数多，因此频数的差异可能是由上过大学的人数比没上过大学的人数多导致的。"No Agree"行也表明不同意"喜欢冒险"的人数仍然是上过大学的人比没有上过大学的人多。因此，仅仅使用频数分布不能准确评估两个变量之间的关系。

为了解决这个问题，应该比较每个类别中上过大学的人和没上过大学的人的百分比，而不仅仅是频数。计算百分比在列联表中稍微有点麻烦。你必须确定如何计算百分比。也就是说，根据你想比较的内容来确定这个百分比是基于行还是基于列计算。对于这个例子，你想比较的是上过大学的人和没上过大学的人对"喜欢冒险"的态度，百分比应设在列，因为列为是否上过大学的人的分类。

在列联表中计算百分比，要求在-tab-命令之后添加选项-column-（简写为-col-）或者-row-。现在需要计算列百分比，在命令窗口输入：tab agrisk cu_attcol，col，按Enter键，结果如下：

```
+------------------+
| Key              |
|------------------|
|     frequency    |
| column percentage |
+------------------+

 Agree or |
 Not with |
   Taking | (cu_attendcoll_13)
Risks (rc | Ever attended college
    P:18) |        No        Yes |      Total
----------+------------------------+----------
 No Agree |       187        501 |        688
          |     22.42      29.70 |      27.29
----------+------------------------+----------
 SA-Agree |       647      1,186 |      1,833
          |     77.58      70.30 |      72.71
----------+------------------------+----------
    Total |       834      1,687 |      2,521
          |    100.00     100.00 |     100.00
```

这个新的结果与前一个非常类似，只是添加了基于列计算的百分比，并且在顶部左上角说明了表中数字代表的含义。通过这个结果更容易比较上过大学的人和没上过大学的人对"喜欢冒险"的态度。共有77.58%（647/834=77.58%）没上过大学的人同意或非常同意"喜欢冒险"，而70.30%（1186/1687=70.30%）的上过大学的人同意或强烈同意这种说法。换句话说，关于是否同意"喜欢冒险"，上过大学的人和没上过大学的人之间的差异是7.28%。这种差异表明，没上过大学的年轻人可能更喜欢冒险。

如果需要计算行百分比，则可以将选项-row-添加到上述命令行或者更换其中的-col-选项（如果必要的话，这两个选项可以同时添加，在列联表中显示）。此外，如果你想要一个更简明的表格，可以分别使用-nokey-和-nofreq-选项停止显示key项和频数。

在命令窗口中键入：tab agrisk cu_attco，col nokey nofreq，按Enter键。简明的列联表如下：

```
   Agree or |
   Not with |
     Taking |   (cu_attendcoll_13)
   Risks (rc | Ever attended college
        P:18) |         No         Yes |      Total
  -----------+--------------------------+----------
     No Agree |      22.42       29.70 |      27.29
     SA-Agree |      77.58       70.30 |      72.71
  -----------+--------------------------+----------
        Total |     100.00      100.00 |     100.00
```

这种类型的列联表可能是实际研究报告中的理想选择。但是建议将频数保留，正如只用频数难以充分解释两组之间的差异一样，只用百分比也难以充分比较两者之间的差异。也就是说，如果你首先生成一个简化的列联表，可能不知道其中一个类别是否包含非常少的样本。例如，只有25个没有上过大学的样本，相比较于有800多人没有上过大学的样本，这77.58%解释起来会有不同的考虑，因此频数有时是一个重要的参考。在任何一个研究项目中，最好首先考察最详细的信息，然后再决定哪些可以去掉。

1.卡方检验（CHI-SQUARE TEST）

上表显示了上过大学的人和没上过大学的人对"喜欢冒险"这一问题态度的百分比。两者7%的差异表明没上过大学的人比上过大学的人更同意"喜欢冒险"，但是这种差异可能是随机发生的，也可能是这组样本中的一些异常所导致的。为了进一步检验这种差异是否在年轻人的总体中真实存在，需要进行统计检验。在确定两个定性变量或两个定序变量之间是否相关时最常用的检验是卡方检验。如果要了解这个检验的所有细节，请参考完整介绍此检验的统计学教材。卡方检验主要检验所观测到的频数是否与两个变量不相关时的频数相同。两个变量不相关时的频数通常称为"期望频数（expected frenquencies）"。

如果你对手动计算统计量感兴趣，Stata提供了一个直观的选项-expected-，用来显示每个单元格中的期望频数。为了给出包含期望频数的统计表，只需在之前的命令后加上选项-expected-。在命令窗口中输入：tab agrisk cu_attco，col expected，按Enter键。新的列联表如下：

```
+------------------+
| Key              |
|------------------|
|     frequency    |
| expected frequency |
| column percentage  |
+------------------+
```

Agree or Not with Taking Risks (rc P:18)	(cu_attendcoll_13) Ever attended college		
	No	Yes	Total
No Agree	187	501	688
	227.6	460.4	688.0
	22.42	29.70	27.29
SA-Agree	647	1,186	1,833
	606.4	1,226.6	1,833.0
	77.58	70.30	72.71
Total	834	1,687	2,521
	834.0	1,687.0	2,521.0
	100.00	100.00	100.00

现在每个单元格都包含了两个变量完全独立时的期望频数，其他数字没有变化。例如，647个没上过大学的人表示他们同意或强烈同意"喜欢冒险"，但是根据每个变量的分布，如果两个变量不相关，应该只有606.4个没上过大学的人同意或强烈同意。

为了理解这一期望频数从何而来（以及卡方检验的基础），我们考虑一下如果是否上过大学对是否同意"喜欢冒险"没有影响，那我们可以用哪些信息来预测有多少没上过大学的人同意"喜欢冒险"呢？如果是否上过大学真的对结果没有影响，那么我们会期望，没上过大学的人和上过大学的人同意"喜欢冒险"的百分比相同，在这个例子中，全样本中有72.71%的人同意"喜欢冒险"，所以如果是否上过大学对是否同意"喜欢冒险"没有影响，那么72.71%就是所有人中同意"喜欢冒险"的百分比。没上过大学的人同意"喜欢冒险"的预期频数应该为834（所有的没上过大学的人）与72.71%（同意的全样本百分比）的乘积，等于显示的606.4。如果是否上过大学对是否同意"喜欢冒险"有影响，那么实际的（或者观察到的）频数应偏离这些预期频数（每个类别同意"喜欢冒险"的百分比与全样本同意的百分比不一致）。在这种情况下，我们在每个单元格中所观察到的频数和期望频数之间的差异是实质性的，这进一步表明两个变量之间的相关关系。

上述列联表提供了计算卡方统计量所需要的所有信息。但是，大多数用户不需要手动计算这些统计量，Stata提供了一个选项来直接产生卡方统计量。为了计算卡方统计量，在Stata中调用选项-chi-（完整的名称是-chi2-，可以简写为-chi-）。与之前类似，输入与之前相同的命令后加上选项-chi-即可。在命令窗口输入：tab agrisk gender，col expected chi，按 Enter 键。其他结果与之前相同，只是在表格的底部多了卡方检验统计量的值，结果如下所示：

```
        [Table Omitted]
                 Pearson chi2(1) = 14.8883 Pr = 0.000
```

这一信息告诉我们State使用了皮尔森（Pearson）卡方检验，统计量的自由度为1，卡方统计量的值为14.8883，接下来显示的是该检验的p值近似等于0。

如果想详细了解假设检验的原理，你需要参考统计学方面的教科书。简单地说，p值是指如果假设关系（即零假设）是真的，那么统计量为当前值的概率。在卡方检验中，零假设是指两个变量不相关（是否上过大学与是否同意"喜欢冒险"不相关）。如果原假设不成立，卡方统计量接近于0，这意味着观察到的频数和期望频数没有显著的不同。本检验给出的卡方统计量比 0 大很多且 p 值很小，这表明如果总体中的两个变量之间真的不相关，那么将几乎不可能得到这么大的卡方值。

那么到底 p 值低到什么水平才能证明原假设不成立呢？0.05 是一个常用的基准。将这个水平（α）设置为 0.05 意味着如果零假设为真，有低于 5% 的机会得到所观察到的卡方统计量的值。因为本例中 p 值小于 0.05，你应该拒绝零假设，并基于这个样本的证据得出结论：是否上过大学与是否同意"喜欢冒险"之间有显著的相关关系。

如上所述，命令行中变量的排序不影响列联表中的数据。同样，卡方统计量的值不受变量在行和列的位置影响，如果调换命令行中 agrisk 和 cu_attco 的顺序，卡方统计量不变。

2. 相关性的度量

虽然卡方统计量可以很好地说明两个变量是否是显著相关的，但是它并没有提供关于相关强度的度量。通常，人们主要关注相关性是否显著，而忽略了相关强度，当然知道相关性是否显著是很重要的。但是在实际应用中，了解相关性的强度有时也很重要。

对于定性变量和定序变量最常用的两种相关性强度度量是 gamma 值（有时指的是 Goodman 和 Kruskall's gamma）和 Kendall's Tau-b 值。[1]Stata 可以很容易地产生这些数值，如上所述，只需要在 -tab- 的命令行中包含一个选项。与卡方统计量和期望频率类似，产生 gamma 和 Kendall's Tau-b 的选项分

---

① Gamma 和 Kruskall's Tau-b 应该只用来度量二元定性变量的相关关系,尽管也有一些关于多分类定性变量相关性的度量,但是它们的计算比较复杂,并且存在潜在的可靠性问题(如 lambda 值)。因此 Stata 没有把它们包含在标准选项中。

别是 - gamma - 和 - taub - 。在命令窗口中输入： tab agrisk cu_attco, col expected chi2 gamma taub，按 Enter 键，一组新的数据在表格底部显示出来：

```
              [Table Omitted]
              gamma = -0.1875 ASE = 0.048
Kendall's tau-b = -0.0768 ASE = 0.019
```

gamma 和 Kendall's Tau-b 值被称为"对称的相关性度量"，意思是不用指定解释变量和被解释变量。与卡方统计量一样，你可以调换命令行中变量的顺序，这些数值不会改变。此外，这两种度量的变化范围是从 -1 到 1，绝对值越大意味着相关关系越强，越接近 0 意味着相关关系越弱。

在这个例子中，gamma 和 Kendall's Tau-b 值都是负的，符号取决于这两个变量是如何取值的。因为上过大学的人和同意"喜欢冒险"的编码均为 1。因此，负的相关关系说明上过大学的人更不同意"喜欢冒险"。gamma 的值为 -0.1875，Kendall's Tau-b 的值为 -0.0768，这两个值都表明是否上过大学和是否同意"喜欢冒险"之间不具有很强的相关关系。

3.精细化分析（ELABORATION）

到目前为止，你已经清楚地看到了是否上过大学与是否同意"喜欢冒险"之间的关系，没上过大学的年轻人比上过大学的年轻人更可能同意"喜欢冒险"。然而，一个批评者可能会认为你提出的因果关系是有缺陷的。具体来说，性别可能是导致这种虚假因果关系的一个因素。也许是否上过大学与是否同意"喜欢冒险"之间根本没有任何关系，而上过大学的女性人数较多并且更厌恶冒险，这可能是导致是否上过大学与是否同意"喜欢冒险"之间的负相关关系的一个原因。

为了检验性别对相关关系的影响需要进行精细化分析。精细化分析的含义是，在研究两个变量之间的相关关系时，考虑第三个或者其他的影响因素。换句话说，精细化分析给出了在控制其他影响因素（例如，性别）的情况下两个变量（是否上过大学与是否同意"喜欢冒险"）之间的关系。如果对于男性和女性是否上过大学与是否同意"喜欢冒险"均表现出同样的相关关系，那么性别就不是该相关关系的虚假因素。

进行精细化分析需要对第三个变量的所有分类检查两个主要变量之间的关系。在本例中，需要分别检查男性和女性两个主变量之间的关系。可以在上述-tab-命令中添加-if-语句并且使用变量 gender（即-if gender==0-），仅对男性产生列联表。然后调用同样的-if-语句对女性产生列联表（即使用-if gender==1-）。

这些命令的组合肯定会奏效，但是 Stata 提供了一个更快捷的命令，可以将这两个命令结合为一个。直观地来思考：你想让一个聪明的同事根据变量 gender 的分类构建分布表（you are now asking a smart colleague to construct the table by each category of the gender variable），因此命令是-by-，-by-命令的结构只是略有不同：

by varname（s）：command varname（s）[if varname==value]
[，options]

命令的第二部分，即"："之后，和之前的命令结构一样。-by-命令的第一部分是告诉Stata按照-by-语句中的变量分类执行冒号之后的命令。

不可否认，使用-by-命令有一个不太直观的问题。在-by-中需要指定一个变量进行分类。这意味着，数据需要按类别进行重新排序，相同类别排在一起。命令-sort-（e.g.，-sort gender-）可以执行这个操作，然后-by-命令就可以工作了。Stata 还提供了一种简便方式，不是只输入-by-，而是输入–bysort–，–bysort–将后面的变量自动排序，并且对每个分类执行命令。因此以下的结构可能是更有效的：

bysort varname（s）：command varname（s）[if varname==

value][，options]

使用– bysort –作为通用工具

　　–bysort–命令很适合于精细化分析，但是它的应用不仅限于此。例如，第4章提到如何产生变量bmi的描述性统计，对于不同的性别分开来看这些数据可能很重要，当然可以使用两个独立的带有–if–语句的–sum–命令。为了节约时间我们还可以在命令窗口输入：bysort gender：sum bmi，按Enter键，就会产生下面的结果：

```
-> gender = Male

    Variable |        Obs        Mean    Std. Dev.         Min         Max
-------------+---------------------------------------------------------------
         bmi |       1224    25.36675    5.192121    14.22837    63.49296


-> gender = Female

    Variable |        Obs        Mean    Std. Dev.         Min         Max
-------------+---------------------------------------------------------------
         bmi |       1285      24.138    5.022598    14.01495    48.81944
```

　　这个结果表明，对于变量bmi，男性的均值（25.37）比女性的均值（24.14）高。男性至少有一个异常值（63.49）可能导致了均值的偏离。
　　命令–bysort–可以在任何的Stata命令中使用，只要你想根据某个变量的分类来分别执行某个命令，–bysort–是最有效的。

为了产生不同性别的是否上过大学和是否同意"喜欢冒险"两个变量的列联表，在命令窗口输入：bysort gender：tab agrisk cu_attco，col expected chi2 gamma tau-b，按 Enter 键，结果如下：

```
-> gender = Male

+--------------------+
| Key                |
|--------------------|
|      frequency     |
| expected frequency |
| column percentage  |
+--------------------+

Agree or |
Not with |
 Taking  | (cu_attendcoll_13)
Risks (rc | Ever attended college
  P:18)  |        No      Yes |     Total
----------+----------------------+----------
No Agree |        78      181 |       259
         |      98.4    160.6 |     259.0
         |     16.74    23.82 |     21.13
----------+----------------------+----------
SA-Agree |       388      579 |       967
         |     367.6    599.4 |     967.0
         |     83.26    76.18 |     78.87
----------+----------------------+----------
   Total |       466      760 |     1,226
         |     466.0    760.0 |   1,226.0
         |    100.00   100.00 |    100.00

       Pearson chi2(1) =    8.6843   Pr = 0.003
                 gamma = -0.2172  ASE = 0.072
       Kendall's tau-b = -0.0842  ASE = 0.027

-> gender = Female

+--------------------+
| Key                |
|--------------------|
|      frequency     |
| expected frequency |
| column percentage  |
+--------------------+

Agree or |
Not with |
 Taking  | (cu_attendcoll_13)
Risks (rc | Ever attended college
  P:18)  |        No      Yes |     Total
----------+----------------------+----------
No Agree |       109      320 |       429
         |     121.9    307.1 |     429.0
         |     29.62    34.52 |     33.13
----------+----------------------+----------
SA-Agree |       259      607 |       866
         |     246.1    619.9 |     866.0
         |     70.38    65.48 |     66.87
----------+----------------------+----------
   Total |       368      927 |     1,295
         |     368.0    927.0 |   1,295.0
         |    100.00   100.00 |    100.00

       Pearson chi2(1) =    2.8555   Pr = 0.091
                 gamma = -0.1122  ASE = 0.066
       Kendall's tau-b = -0.0470  ASE = 0.027
```

上面的表格的上半部分只包含了男性，下半部分只包含了女性。如果性别是导致"是否上过大学"与是否同意"喜欢冒险"之间关系的虚假因素，那么当这种关系分性别来看时，原有的相关关系应该消失或者减弱。因此，应该将相关关系的存在性、显著性和强度在男性样本、女性样本和全样本之间进行比较。

在女性样本中，有些证据表明这是一种虚假关系。上过大学的人与没上过大学的人同意"喜欢冒险"的比例之差从7%下降到了5%，同时gamma和kendall's Tau-b值也变小了（接近于0），卡方统计量的值为0.091，p值不再小于0.05的显著性水平，这意味着不应该拒绝零假设，因此在女性的样本中是否上过大学与是否同意"喜欢冒险"没关系。

而男性的样本显示了一个不同的结果。上过大学的人和没上过大学的人同意"喜欢冒险"的百分比差异与之前的全样本相似为7%，gamma和Kendall's Tau-b却略有增加，这意味着对于男性样本来说相关关系更强。卡方统计值为0.03，p值小于0.05，这意味着你应该拒绝零假设，因此，在男性年轻人中，是否上过大学跟是否同意"喜欢冒险"有相关关系。

这种模式的结果是条件相关（conditional relationship）的一个例子。是否上过大学跟是否同意"喜欢冒险"之间的关系存在于男性年轻人中。换言之，上过大学确实会使年轻人倾向于不喜欢冒险，但只是对于男性。对于女性，是否上过大学和是否同意"喜欢冒险"之间没有显著的相关关系。

4.多元条形图

在列联表中呈现出来的信息可以用图形的形式显示出来，显示这些信息最好的图形是条形图。在开始构建图形之前，思考一下你想展示什么是很有帮助的。对于这个例子，你想展示的是同意或者强烈同意"喜欢冒险"的比例，并且要将男性样本和女性样本进行比较。如果使用点击选项的方式构图，将这些考虑清楚有助于在对话框中选择合适的变量。

点击 Graphics 菜单，选择 Bar charts 选项，就会出现如图 5-1 所示的对话框：

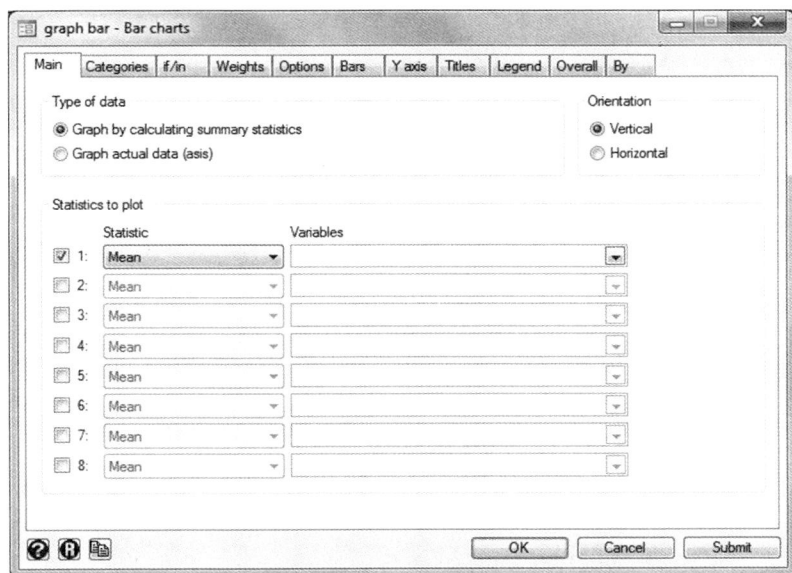

图5-1　条形图主要选项窗口

在条形图菜单的主页中设置要展示的变量。根据上述提到的目标，主要显示同意或者强烈同意"喜欢冒险"的受访者的百分比，应该在 Variables 一栏中输入 agrisks，或者使用下拉菜单找到该变量。左侧的 Statistic（统计量）菜单可以设置你要显示的统计量，Percentage（百分比）应该是要选择的。如果是像 agrisk 一样的 0/1 型变量，选择 Mean（均值）也是相同的效果，会产生同样的图形，均值是默认选项。

接下来选择 Categories 分类按钮，就会显示如图 5-2 所示的窗口：

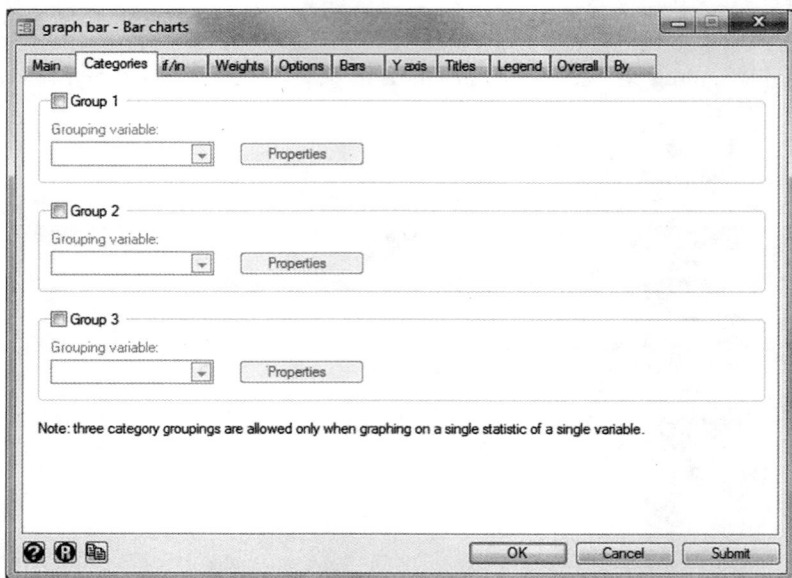

图5-2　条形图Categories选项窗口

　　在Grouping variable（分组变量）一栏中指定应该按照哪些分类显示统计量信息，Stata将按顺序处理分组变量。回想一下，我们想得到的是不同性别上过大学的人同意"喜欢冒险"的百分比，所以应该选择Group 1，然后在Grouping variable栏中输入（或者从下拉菜单中找到）变量cu_attco。在Group 2中进行类似的操作，输入（或者在下拉菜单中找到）变量gender，点击OK按钮就会出现图5-3。

　　Y轴表示受访者同意或强烈同意"喜欢冒险"的比例。尽管标签显示的是均值，但是对于取值为0/1的二元变量均值和百分比的值相同。按照男性和女性分类，每个柱代表上过大学组（Yes）或没上过大学组（No）。比如，图中显示略超过80%的男性、没上过大学的人同意"喜欢冒险"，这与上面列联表的百分比一致。

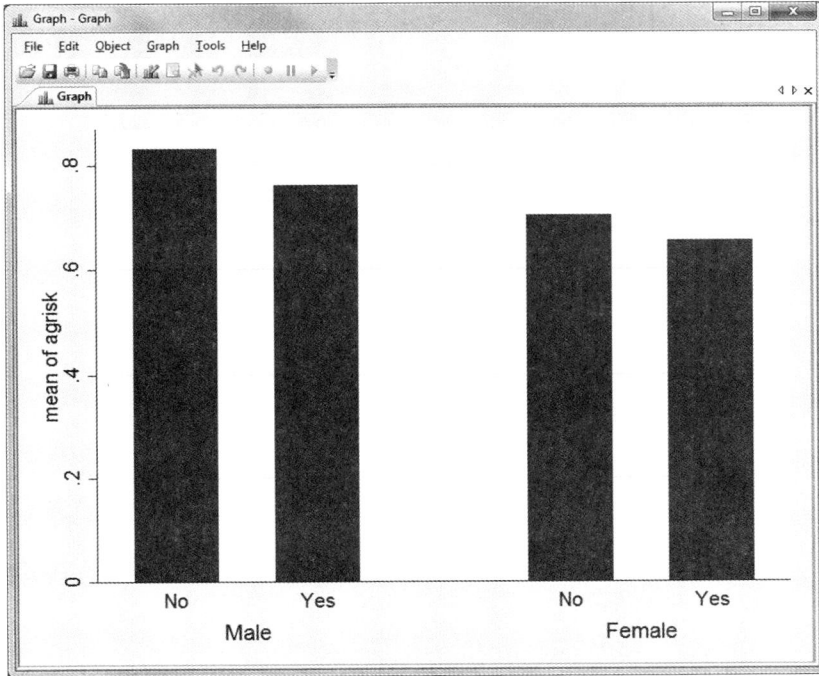

graph bar（mean）agrisk，over（cu_attco）over（gender）

图 5-3 不同性别的人同意"喜欢冒险"的百分比

虽然这个图形与列联表显示的信息一致，但通过图形显示的信息更清晰地反映了整体格局。事实上，与女性没上过大学组相比，男性上过大学组有更高的比例同意"喜欢冒险"。同样的，男性组百分比之差明显大于女性组。

该图可以改进的一个方面是上过大学组和没上过大学组的标签。"Yes"和"No"的值标签是合理的，因为这个变量标签清楚地表明该变量表示是否上过大学。如果没有这个变量标签，值标签的意义就不是很明确了。要想在图中改变这些标签，返回Categories窗口，点击Properties框，出现的窗口如图 5-4 所示。

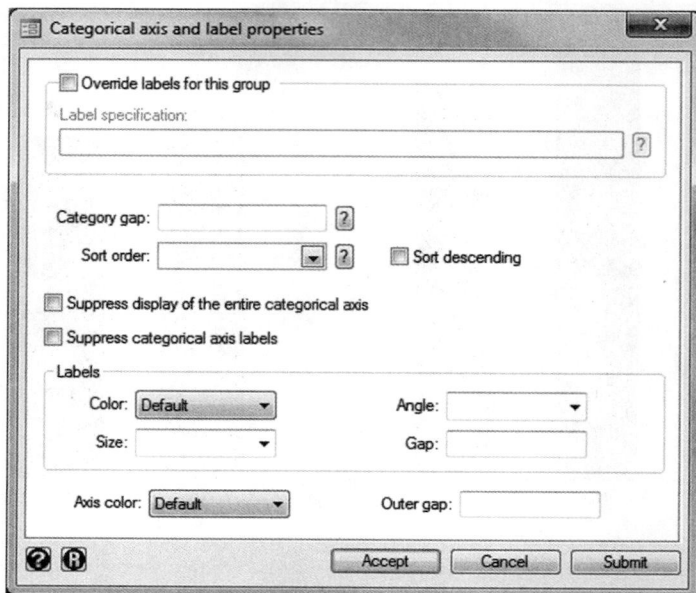

图 5-4　条形图标签选项窗口

在这个窗口中，选择 Override labels for this group（覆盖此组标签）。在
Label specification（标签设定）栏中，可以输入新标签。首先，选项必须在
这个图中输入新标签应用的类别。尽管在变量中没有上过大学组的取值为
0，但是它代表的是第一组，上过大学组是第二组，因此在这个窗口中，正
确的设定是：1 "No College" 2 "Attended College"（注意，这种设定标签
的方法与命令-lab def-不同，它特别适用于使用点击选项方法设定图形标
签。点击⑦按钮会提示它们的不同）。完成新的标签设定之后，点击 Accept
按钮，然后点击 OK 按钮，新的窗口如图 5-5 所示。

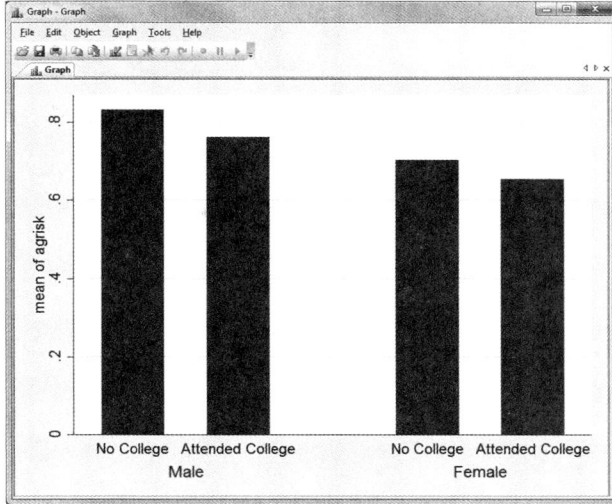

```
graph bar（mean）agrisk，over（cu_attco,
relabel（1 "No College" 2 "Attended
College"））over（gender）
```

图5-5 标签更改后的条形图

本章命令概览

*Cross Tabulations

tab1 risks cu_attco

tab risks，nol

recode risks（1/2=1）（3/5=0），gen（agrisk）

tab risks agrisk

lab def ynagree 0 "No Agree" 1 "SA-Agree"

lab val agrisk ynagree

lab var agrisk "Agree or Not with Taking

Risks（rc P：18）"

tab agrisk

tab agrisk cu_attco

tab agrisk cu_attco，col

tab agrisk cu_attco，col nokey nofreq

*Chi-Square

tab agrisk cu_attco，col expected

tab agrisk cu_attco，col expected chi

*Measures of Association

tab agrisk cu_attco，col expected chi2 gamma taub

*Elaboration

tab agrisk cu_attco if gender==0,

col expected chi2 gamma taub

bysort gender：tab agrisk cu_attco，col expected chi2

gamma taub

*A Closer Look：Recoding for Direction

recode risks（1=5）（2=4）（3=3）（4=2）（5=1），

gen（likerisk）tab likerisk

*A Closer Look：Using -bysort- as a Universal Tool

bysort gender：sum bmi

练习题

使用 Chapter 5 Data.dta 回答以下问题。（可使用 do 文件来完成练习并且使用 log 文件保存结果。如何使用这些文件参见第 3 章）

1. 用列联表检验假设：认为宗教很重要的年轻人（faith1）会更加关心老年人（crelder）。

2. 计算卡方统计量进一步检验变量 faith1 与变量 crelder 之间是否显著相关。

3. 使用 gamma 和 Kendall's Tau-b 统计量来确定变量 faithl 和变量 crelder 之间的相关强度。

4. 使用精细分析方法，探讨变量 faith1 与变量 crelder 之间的相关关系是否是由参加宗教活动的次数导致的。

4a. 创建一个二元变量，来表示受访者参加宗教活动（attend）是一年多次还是更多次。

4b. 生成变量 faith1 和变量 crelder 的列联表：一个是针对不频繁参加宗教活动的受访者，另一个是针对频繁参加宗教活动的受访者。

第 6 章

不同测量水平之间的关系

到目前为止，我们使用过的统计方法都是关于定性尺度或者定序尺度变量的。在学术研究中，经常会提出一些包含很多类别的变量间关系的问题，有时一个调查对象就对应一类变量，这类变量通常称为定距–定比变量。这样的变量通常有实际的度量单位，变量的取值是有实际意义的。比如收入、IQ 值、年龄和胆固醇水平等都是定距–定比变量。

通常来说，一个研究者感兴趣的是一个定序变量（或一个定性变量）和一个定距–定比变量之间的相关关系。例如，你也许想知道年轻人的宗教派别是否影响他们做志愿服务的次数。志愿服务次数可以认为是一个定距–定比变量，而宗教派别就是一个定性变量。有两个方法可以回答这一类的问题，这一章将介绍这两种方法。

本章的例子使用数据文件 Chapter 6 Data.dta，该数据文件可以从 www.sagepub.com/longest 获得。该数据文件包含了来自 NSYR 数据集的其他变量，以及第三波调查的 2 532 名年轻人。所有缺失的数据都已经被编码，".d" 表示 "不知道"，".r" 表示 "拒绝"，".s" 表示基于调查设计合理地跳过该问题（跳过模式）。

| 6.1 | 均值的检验

本章开头提出的研究问题是，年轻人的宗教派别是否与其志愿服务总次数相关。换句话说，我们的问题是：对于信仰不同宗教的人来说，参加志愿服务的平均次数是一样的吗？用这种方式来阐述问题是为了强调这样一个事实：用来分析定距-定比变量和定性变量之间关系的统计方法本质上都是比较定性变量处于不同水平（分类）时定距-定比变量的平均值。

NSYR 数据集包含了一个变量 volnum2，它来源于问题"去年你共做过多少次志愿服务或者社区服务工作"，受访者可以在数字 1~80 之间选择一个。此调查问题的上一个问题是问受访者是否做过志愿服务，那么回答说没有做过任何志愿服务工作的受访者可以跳过这个问题。于是，这一变量可以重新赋值，将原来被当作缺失数据用 .s 编码的样本的取值改成 0，因为这些受访者对上一问题的回答明确表明他们没有做过任何志愿服务。

为了调整这个变量的取值，在命令窗口输入：recode volnum2（.s=0），gen（freqvol），然后点击 Enter 键（更多有关-recode-命令的内容见第 2 章"5 个基本的命令"一节中的"recode"部分）。接着在命令窗口输入：sum freqvol, det，然后点击 Enter 键，便生成了一个新的定距-定比变量的详细统计汇总表如下：

```
         RECODE of volnum2 ((volnum2_w3) [IF HAS
         VOLUNTEERED] H:13. About how many times
------------------------------------------------------------
       Percentiles      Smallest
  1%         0               0
  5%         0               0
 10%         0               0          Obs              2525
 25%         0               0          Sum of Wgt.      2525

 50%         0                          Mean         5.245941
                         Largest        Std. Dev.    13.06794
 75%         4              80
 90%        12              80          Variance     170.7711
 95%        30              80          Skewness     3.970169
 99%        80              80          Kurtosis     19.91374
```

观察上表可知，首先，命令-recode-找回了大部分的缺失值，从而使得这个变量从2 532个受访者中获得了2 525个有效观测值。其次，它表明平均来看，年轻人在上一年参加志愿服务的平均次数略大于5。中位数为0意味着受访者中有一半以上的年轻人都没有参加过任何志愿服务。因为存在较多的0值，使得该变量的分布是偏态的，这从均值（5.25）远远大于中位数（0）中也能看出来，并且偏度（3.97）也明显大于0。标准差为13.07，说明该变量的分布比较分散。

1.置信区间

如前所述，研究定距-定比变量和定类变量之间关系的基本方法都涉及均值检验。在分析志愿服务次数和宗教所属派别之间的关系之前，最好再进一步地考察一下志愿服务次数这一变量的均值。

一种能获得变量均值更多信息的方法就是构建它的置信区间。在某种程度上，样本均值取决于相应的样本。样本不同会导致同一个变量的样本均值也是有差异的。置信区间就是一种调整微小差异的方法，它会给出一个范围，而总体的均值应该落在这个范围内。

在Stata中生成置信区间的命令是-ci-。在命令窗口输入：ci freqvol，然后点击Enter键便会出现如下的结果：

```
    Variable |    Obs      Mean    Std. Err.    [95% Conf. Interval]
-------------+---------------------------------------------------------
     freqvol |   2525   5.245941   .2600618     4.735984    5.755897
```

这个输出结果看上去和使用命令-sum-生成的结果非常相似。但是使用命令-ci-得到的是均值的标准误（Std.Err.）和95%的置信区间，而不是标准差和最大值、最小值。志愿服务次数95%的置信区间是［4.74，5.76］。换句话说，你有95%的信心认为年轻人总体参加志愿服务次数的真实均值介于4.74和5.76之间。

置信水平可以借助选项－level（#）－来控制。如果你想对真实总体均值的估计更有信心，可以在命令窗口输入 ci freqvol，level（99）后按 Enter 键来实现，结果如下：

```
   Variable |    Obs       Mean    Std. Err.   [99% Conf. Interval]
------------+---------------------------------------------------------
    freqvol |   2525   5.245941   .2600618    4.575559    5.916322
```

这个表格与上一个表格非常相似，只是现在置信水平变成99%，而不是95%。如你所料，提高置信水平会扩大置信区间（为了提高置信度，你必须给出更广的范围来捕获均值）。现在你便有了99%的信心认为志愿服务次数真实的总体均值在4.58到5.92之间。

2.检验具体值（单样本 *t* 检验）

除了构建置信区间以外，还可以进行总体均值的假设检验，检验总体均值是否等于某一具体值。例如，NSYR 数据集中变量 freqvol 的均值为5.25。假设你从新闻中听到了一个报告，声称去年美国年轻人参加志愿服务的平均次数是3次，即便 NSYR 数据集中去年参加志愿服务的次数均值超过了3，但由于存在抽样误差，参加志愿服务次数的真实总体均值可能就是3，只不过 NSYR 数据集碰巧选取了一个微微高出均值的样本。为了确定这个样本能否提供证据来反驳参加志愿服务次数均值为3这个结论，需要进行统计检验来确定 freqvol 这个变量的均值到底是等于、小于还是大于3。

也许你会想到一些和"均值检验"有关的词汇，但实际上执行这个检验的命令并不是很直观。变量均值的检验在技术上称为 *t* 检验，因为它是基于 *t*

分布做的检验。知道了这些信息后，命令就变得更直观了：-ttest-。

为了对上述问题进行检验，在命令窗口输入 ttest freqvol= =3 后按 Enter 键即可。之所以使用双等号，是因为需要 Stata 去判断一个值是否等于另一个值（就像在-if-语句中所用的）。再者，你不需要明确指出到底是检验变量的均值大于还是小于某值，在命令行中使用双等号会同时完成三个相关检验。

一旦你执行了这个命令后，会出现下面的结果：

```
One-sample t test
----------------------------------------------------------------------
Variable |   Obs        Mean    Std. Err.   Std. Dev.  [95% Conf. Interval]
---------+------------------------------------------------------------
 freqvol |  2525    5.245941    .2600618   13.06794    4.735984   5.755897
----------------------------------------------------------------------
    mean = mean(freqvol)                                t =    8.6362
Ho: mean = 3                             degrees of freedom =      2524

     Ha: mean < 3              Ha: mean != 3              Ha: mean > 3
 Pr(T < t) = 1.0000      Pr(|T| > |t|) = 0.0000       Pr(T > t) = 0.0000
```

结果的上半部分是默认执行命令-ci-得到的信息。检验中涉及的量都汇总展示在表格的下半部分。在表格的中间部分，左侧显示的是对变量 freqvol 均值进行检验的原假设，原假设是均值等于 3。右侧列出了 t 统计量的值（8.6362）和 t 统计量的自由度（2 524）。

在输出结果的底部，分别列出了三个结果，每个结果代表一种不同的备择假设。中间的结果是检验均值是否等于 3，p 值（Pr（|T|>|t|））接近于 0，小于一般的显著性水平 0.05，这意味着可以拒绝原假设并得出如下结论：基于此样本给出的证据得出结论，年轻人参加志愿服务次数的均值显著异于 3。左侧的结果显示了检验均值是否小于 3 的结果，右侧则显示了检验均值

是否大于3的结果。

判断一年内年轻人参加志愿服务平均次数大于3次的假设是否成立，应该使用右侧的结果。该检验的 p 值（Pr（T>t）也是近似等于0，小于0.05，你可以拒绝原假设并得出以下结论：年轻人参加志愿服务次数的均值显著大于3。

3.对两组均值的检验（独立样本 t 检验）

上述已经使用整个样本对变量 freqvol 的均值进行了充分的检验，接下来可以继续检验参加志愿服务次数的均值是否因宗教派别而不同。对两组均值进行比较的检验被称为独立样本检验或双样本检验。这种说法可能会让人觉得困惑，因为这使得检验看起来必须使用两个独立的样本（两个数据集）。实际上这个检验的确要用到两个不同的样本，但是这两个样本可以是来源于同一个数据集的两组数据。比如说你可以以 NSYR 数据集中所有的天主教徒为一组样本，以非天主教徒为另一组样本，对其进行比较。

NSYR 数据集中包含着大量的问题和变量，都可以用来进行这一检验。现在要研究的基本问题是在给定的一年中，宗教派别是否与年轻人做志愿服务次数有关。在检验各种具体教派的差异之前，应该先看看有宗教信仰的年轻人和没有宗教信仰的年轻人在志愿服务次数方面有没有差异。

变量 bntranr 是一个代表受访者是否有宗教信仰的二元指标。这个变量的名称不是特别直观，可以使用命令-rename-重新命名，虽然这样做不是完全必要的，但却是一个有效的方法。

在命令窗口输入：rename bntranr notrel，然后按 Enter 键，你将看到变量窗口中该变量的名称发生了变化。然后，在命令窗口输入：tab notrel，按 Enter 键，会得到变量的频数分布：

```
(bntranr_w3 |
) Dummy for |
        Not |
  Religious |         Freq.       Percent          Cum.
------------+-----------------------------------------
          0 |         1,910         75.43         75.43
          1 |           622         24.57        100.00
------------+-----------------------------------------
      Total |         2,532        100.00
```

从上表可见，将近25%的年轻人属于没有宗教信仰的一类（用数字1表示）。

在检验志愿服务次数与宗教信仰之间的相关关系之前，有必要查看一下每组的描述性统计量。你可能想生成一个有宗教信仰组的志愿服务次数的集中趋势和波动性的测度，之后再生成无宗教组的相应测度。前面已经学习了几种不同的方法来进行这种分析，可以两次使用–sum–命令和一个–if–语句去识别各组数据。但是，第5章已经详细阐述过了，同时使用命令–bysort–和命令–sum–会更快一点。记住这个稍有不同的命令结构：基于宗教信仰变量（notrel）的分类来对志愿服务次数变量（freqvol）进行统计汇总分析。因此正确的命令是：bysort notrel：sum freqvol，产生的结果如下：

```
-> notrel = 0
   Variable |    Obs      Mean    Std. Dev.       Min         Max
------------+------------------------------------------------------
    freqvol |   1903   5.792958    13.58005         0          80
------------+------------------------------------------------------
-> notrel = 1
   Variable |    Obs      Mean    Std. Dev.       Min         Max
------------+------------------------------------------------------
    freqvol |    622   3.572347    11.20388         0          80
```

这些结果看起来和使用–sum–命令得到的基本输出结果是一样的，但是它可以根据 notrel 变量的不同类别分别生成统计结果。第一组统计汇总是针对那些已被确定信奉某种宗教的受访者，用数字 0 表示；而第二组则是针对那些无宗教信仰的受访者，用数字 1 表示。首先，从最小值列和最大值列可以看出，两组志愿服务次数的范围是相似的，但是均值列却提供了一些宗教信仰对志愿服务次数具有影响的证据。没有宗教信仰的年轻人去年平均参加 3.5 次志愿服务工作。有宗教信仰的年轻人去年参加志愿服务的平均次数接近 6 次（5.79），大约是无宗教信仰年轻人的 2 倍。

这个结果似乎可以说明信仰宗教的年轻人会参加更多的志愿服务，但是样本均值也是包含很多不确定性的、比如说抽样误差。可能样本中选取的有宗教信仰的年轻人来自于志愿服务做得多的人群，而无宗教信仰的年轻人都恰巧选自于志愿服务做得少的人群。当两组数据的标准差都非常大并且有宗教信仰组的标准差更大时（有宗教信仰组和无宗教信仰组的标准差分别为 13.58 和 11.20），这个问题就尤为重要了。方差大意味着两组志愿服务平均次数的波动比较大，两组总体均值的差也许为 0，即便样本均值显示出来的是 2 倍的关系。对均值之差进行假设检验可以帮助我们确定假设真实的总体均值之差为 0 时，出现目前这种差距的可能性。

基于变量 notrel 的两个类别对变量 freqvol 的均值差进行假设检验的命令与上述用于检验总体均值是否等于某个值（单样本的 t 检验）的命令是相似的，因为两者都是基于 t 分布的。输入命令然后输入变量：ttest freqvol。现在需要告诉 Stata 通过另一个变量的分类来进行均值的比较。要进行这个操作，需要借助选项 –by（varname）–。

在命令窗口输入 ttest freqvol, by（notrel），然后按 Enter 键，所得结果如下：

```
Two-sample t test with equal variances
------------------------------------------------------------------------------
  Group |      Obs       Mean     Std. Err.    Std. Dev.   [95% Conf. Interval]
--------+---------------------------------------------------------------------
      0 |     1903   5.792958    .311302     13.58005     5.182429    6.403488
      1 |      622   3.572347    .4492347    11.20388     2.690144    4.454551
--------+---------------------------------------------------------------------
combined|     2525   5.245941    .2600618    13.06794     4.735984    5.755897
--------+---------------------------------------------------------------------
   diff |           2.220611    .6020626                  1.040024    3.401199
------------------------------------------------------------------------------
    diff = mean(0) - mean(1)                                   t =   3.6883
Ho: diff = 0                                    degrees of freedom =     2523

    Ha: diff < 0                 Ha: diff != 0                  Ha: diff > 0
 Pr(T < t) = 0.9999       Pr(|T| > |t|) = 0.0002          Pr(T > t) = 0.0001
```

这个输出结果，尤其是底部的结果和单样本 t 检验生成的结果相似，上半部分的结果略有不同。现在是基于 notrel 变量分类给出了变量 freqvol 的均值、标准误、标准差和 95% 的置信区间。如上所示，这些结果说明无宗教信仰的年轻人去年参加志愿服务的平均次数为 3.57 次，而有宗教信仰的年轻人去年参加志愿服务的平均次数为 5.79 次。下一行给出了两组数据联合（总样本）的各项结果，最后一行给出了两组数据统计量之差。正如上面计算得出的，去年无宗教信仰的年轻人参加志愿服务次数的均值与有宗教信仰年轻人参加志愿服务次数的均值相差 2.22 次。

表格底部给出了显著性检验的结果，检验均值差（2.22）是否等于、小于或者大于 0。换句话说，它检验这两组数据的均值差是否显著。上表给出了计算得到的 t 统计量的值（3.6883）和统计量的自由度（2 523）。

和单样本 t 检验的输出结果一样，在表下半部分分别列出了三组检验的结果。中间部分是检验均值差是否显著等于 0 的结果，p 值（Pr（|T| > |t|））为 0.0002，小于一般的显著性水平 0.05，这意味着可以拒绝原假设并且得出结论：有宗教信仰与无宗教信仰的年轻人进行志愿服务的平均次数存在显著差异。类

似地，右边的结果表明你可以拒绝原假设并且认为有宗教信仰的年轻人参加志愿服务的平均次数显著高于无宗教信仰的年轻人参加志愿服务的平均次数。

4.比例的检验

到目前为止，这一章主要研究了典型的定距–定比变量。还有一种变量，它可以在类似前述的检验中作为被解释变量，但确切地说，它并不是一个定距–定比变量。只有两个类别的变量通常被称为二元变量或者哑变量，它是一种特殊的变量类型。虽然它代表的是有限的分类，但在实际应用中，可将其作为定距–定比变量，如性别、是否结婚、是否具有高中学历，都是这种变量。将这种类型的变量分别用代码0和1表示（例如设未婚为0，已婚为1），就可以用类似于前述的均值检验的方法进行分析了。

对于0/1型变量（二元变量）最主要的不同就是检验的是比例，而非均值。例如，不再分析某些变量（如参加志愿服务次数）的平均水平，而可能检验年轻人中已婚（或未婚，或有高中学历）所占的比例。注意，对比例进行检验，结果实际上就是定距–定比统计量。即使我们将变量编码为0和1，我们感兴趣的值仍是百分比（如已婚的占20%，或者84%有高中学历），但是它具备定距–定比变量的所有特征。

有一个例子可以使我们更清楚这一方法在实际中是怎么应用的。之前分析了有无宗教信仰与参加志愿服务次数之间的关系。在这个调查中，你或许会惊讶于没有宗教信仰的年轻人的数量。现在，经常有新闻报道称年轻人群体中存在宗教信仰弱化现象，可以使用无宗教信仰年轻人的比例作为一种度量工具，去判断这一说法的真实性。

一些人或许会将无宗教信仰的年轻人所占比例超过25%视为警戒线。若要检验在年轻人群体中是否存在宗教弱化，则需要检验年轻人中无宗教信仰人数所占的比例是否大于或等于0.25（25%）。要进行这一检验，你或许会考虑使用-ttest-命令，就像前文中检验均值时使用的命令一样。虽然从技术角度上说这个命令也是可行的，但不是十分准确。记住你现在检验的对象是比例。如果从直观上来考虑（知道这个命令和均值检验非常相似），你或许会想到"proptest"，事实上这也确实和正确命令-prtest-十分接近了。这里，Stata 将 proportion 省略为"pr"，这样更加简洁。幸运的是，有关-prtest-命令的其他问题都与之前学过的-ttest-相似。要检验年轻人中无宗教信仰人数所占比例是否等于 0.25，与上面所述类似，在命令窗口输入prtest notrel= =.25 后按 Enter 键即可，会出现下面的结果：

```
One-sample test of proportion notrel: Number of obs = 2532
------------------------------------------------------------------
Variable |      Mean      Std. Err.      [95% Conf. Interval]
---------+--------------------------------------------------------
   notre |   .2456556     .0085549      .2288883     .262423
------------------------------------------------------------------
p = proportion(notrel)                              z = -0.5048
Ho: p = 0.25
Ha: p < 0.25              Ha: p != 0.25              Ha: p > 0.25
Pr(Z < z) = 0.3068    Pr(|Z| > |z|) = 0.6137    Pr(Z > z) = 0.6932
```

上表的结果和均值检验的结果非常相似。第一行表明，这是一个单样本比例的检验。在检验过程中将均值换成了比例值（p）。一个可能困惑大家的地方就是明明是比例值但却列在了 Mean 栏中。但实际上 Mean 栏中的值既是比例值也是均值。因为对于 0/1 型变量而言，均值和比例是等价的。[①]

在这个例子中，年轻人中无宗教信仰人数所占的比例是 24.56%。就像均值检验一样，结果的底部给出了各个显著性检验的结果。中间的检验是检

---

① 要说明这一事实，首先思考你要如何计算 0/1 型变量的均值和比例。对于均值来说，你可以将所有情况的值相加，实际应用中就是取值为 1 的样本之和，因为所有取值为 0 的样本对总和来说没有任何影响。与此相似，对于比例来说，你也可以数一下取值为 1 的事件个数。这样，计算均值和比例时分子是相同的，除以相同的总数，得到的结果也是相同的了。

验均值是否等于 0.25，p 值（Pr（|Z|>|z|））为 0.6137，超过了一般的显著性水平 0.05，意味着根据这组样本，接受年轻人中无宗教人数占比是 0.25 的原假设。右边的结果则是检验占比是否大于 0.25，这一检验得到的 p 值（Pr（Z>z））（0.6932）也比 0.05 大，意味着你可以接受年轻人中无宗教信仰人数占比不大于 0.25 的原假设。最后，没有证据说明年轻人中无宗教信仰人数占比显著高于 25%。

有些人可能更关心年轻人无宗教信仰与哪些因素相关，而不是比例本身。例如，与恋爱对象同居的年轻人更可能无宗教信仰，因为很多宗教都反对这种非婚同居的生活方式。要验证这一观点，你可以检验一下无宗教信仰的人在有同居生活经历的年轻人中所占比例是否要比在无同居生活经历的年轻人中所占比例高。变量 cu_cohab 表示是否曾经有过同居生活经历，其中赋值为 1 代表曾经有过，否则为 0。

进行这一检验的命令和用于均值检验的命令很相似。命令的结构为：prtest notrel，by（cu_cohab）。在命令窗口输入这条命令后按 Enter 键，得到如下的结果：

```
Two-sample test of proportions              No: Number of obs =1842
                                            Yes: Number of obs =690
-------------------------------------------------------------------
Variable |    Mean     Std. Err.     z     P>|z|   [95% Conf. Interval]
---------+---------------------------------------------------------
      No | .2193268    .0096413                    .2004302   .2382234
     Yes | .315942     .0176981                    .2812545   .3506296
---------+---------------------------------------------------------
    diff |-.0966152    .0201538                    -.1361159  -.0571145
         | under Ho:   .0192137            -5.03               0.000
-------------------------------------------------------------------
diff = prop(No) - prop(Yes)                             z = -5.0285
Ho: diff = 0

Ha: diff < 0               Ha: diff != 0              Ha: diff > 0
Pr(Z < z) = 0.0000    Pr(|Z| < |z|) = 0.0000     Pr(Z > z) = 1.0000
```

这些结果与均值检验所生成的结果非常相似。Mean 列中的数字给出了有无同居生活经历的年轻人群体中无宗教信仰人数所占比例。无同居生活经历的年轻人群体中无宗教信仰人数所占比例接近 22%，对比来看，有同居生活经历的年轻人群体中无宗教信仰人数所占比例达到了 31.5%。diff 行给出了两者之差为 9.5%（22-31.5）。

显著性检验的结果显示在底部。中间的结果是两组中无宗教信仰人数占比是否相同的检验，p 值（Pr（|Z|>|z|））为 0.0000，明显低于一般的显著性水平 0.05，这意味着有比较充分的理由拒绝原假设，得出在有无同居生活经历的年轻人群体中无宗教信仰人数占比显著不同的结论。

深入研究

无原始数据情况下均值和比例的检验

再次考虑本章开始介绍 t 检验时用到的例子。我们从这个例子中得知年轻人平均每年参加 3 次志愿服务。现在假设你没有包含年轻人志愿服务信息的数据集，但仍想进行显著性检验来证实（或者质疑）这一说法。那么这个限制看起来是一个不可逾越的障碍。

幸运的是，在没有原始数据的情况下，Stata 仍然可以构建置信区间，进行均值和比例的显著性检验。进行这些检验所需的全部信息就是具体的样本容量、检验统计量的值（均值或比例）和标准差（检验均值时需要）。如果能查到统计数据的来源，你也许就可以获得这三个信息，从而进行显著性检验。

在技术上你不需要学习其他新命令。所有的命令都和已经学过的进行各种检验的命令一样，这些命令都是以"i"结尾的：-cii-，-ttesti-，-prtesti-。使用后缀"i"是因为这些命令都被称作"immediate"命令，它们无需原始数据就能进行检验。另外，它们都遵循一个相似的命令输入结构：观测值个数（样本容量）、相关统计量的值（均值或者比例）和标准差。如果是对某一个具体的值进行检验，则在这三个信息后输入数据即可。

比方说你找到了原始新闻报道的来源并且知道样本均值是 3.4 次志愿服务，来源于一个由 100 个年轻人组成的标准差为 2 的样本。基于这些信息可以构建置信区间，在命令窗口输入：cii 100 3.4 2（样本容量、统计量的值、标准差），然后按 Enter 键，就会得到以下结果：

```
Variable |    Obs    Mean    Std. Err.    [95% Conf. Interval]
---------+-------------------------------------------------
         |    100     3.4         2        3.003157    3.796843
```

上表结果与使用 –ci– 命令时得到的结果完全一样。从结果可以看到，这个 95% 的置信区间并没有包含 3。注意 –cii– 命令也允许使用选项 –level（val）–。

接下来进行均值是否等于 3 的检验，在命令窗口输入：ttesti 100 3.4 2 3（样本容量、统计量的值、标准差、被检验值），然后按 Enter 键，输出结果如下：

```
One-sample t test
------------------------------------------------------------
      |   Obs    Mean    Std. Err.    Std. Dev.   [95% Conf. Interval]
------+-----------------------------------------------------
  x   |   100     3.4       2            2        3.003157    3.796843
------------------------------------------------------------
   mean = mean(x)                                      t =  2.0000
Ho: mean = 3                         degrees of freedom =      99

   Ha: mean < 3             Ha: mean != 3             Ha: mean > 3
Pr(T < t) = 0.9759    Pr(|T| > |t|) = 0.0482    Pr(T > t) = 0.0241
```

上表结果和使用–ttest–命令得到的结果看起来很像。查看底部中间的结果，会发现该检验的 p 值为 0.0482，小于 0.05，意味着有足够的证据拒绝原假设，支持年轻人志愿服务真正的次数的平均值显著异于 3 的论断。

最后，可以使用"immediate"检验来检验两组数据的均值或者比例是否相似。进行这些检验的命令本质上和之前的两个相同，只是需要针对每组数据输入必要的信息。例如，要对有无同居生活经历的年轻人中无宗教信仰人数所占的比例进行"immediate"检验，你可以使用上面结果给出的信息，在命令窗口中输入 prtesti 1842 0.21932 690 0.315942（无同居生活经历组的样本容量，无同居生活经历组无宗教信仰人数占比，有同居生活经历组的样本容量，有同居生活经历组无宗教信仰人数占比）。该命令所得结果与上面所列出的完全一样，此处略。注意命令–prtesti–不需要输入标准差，但是命令–ttesti–需要输入标准差，它要求在每组均值后输入标准差。

如果是基于其他来源的统计量值而非原始数据进行假设检验，这些"immediate"命令是非常有用的。它们也是学生学习统计学的有用工具，通过这个检验可以了解改变哪些量（例如，样本容量或者标准差）会影响检验的结果。

5.多元均值图

如其他分析一样，用可视化的图形来展示以上分析结果是非常有帮助的。主要有两种选择可以进行均值的比较，之前均已经讨论过。条形图和箱线图都展现了如何基于一个定序变量或定性变量的分类展示一个定距–定比变量的均值。

第5章"多元条形图"部分介绍了绘制条形图的过程，这里所用的方法也很相似。首先选择 Graphics 菜单，然后点击 Bar Chart 选项。如果想显示去年年轻人参加志愿服务的平均次数，只需在 Variables 框中输入 freqvol（或者在下拉菜单中找到它）。然后可以在左边 Statistic 框的下拉菜单中指定要输出的具体统计量。因为均值是默认的并且正是我们需要的，所以无须更改。

要分别得到有宗教信仰年轻人群体和无宗教信仰年轻人群体参加志愿服务次数的均值，需要选择 Categories 标签并且在 Group 1-Grouping variable 框中输入变量 notrel（或者在下拉菜单中找到它），点击 OK 按钮就会生成所需的图表。但是它不是很清晰，我们没有给 notrel 变量定义值标签，所有的条柱都是使用0和1进行区分的。

要使图形能显示出每个条柱的描述性标签，还需要同样按照第5章提到的步骤操作。在 Categories 窗口中点击 Properties 框。在这个窗口中选择 Override labels for this group，在 Label specification 框中设置想要的新标签即可。在标签设置中，首先你必须输入图形标签适用的类型。虽然变量将有宗教信仰的受访者赋值为0，但严格上说这些受访者代表第一组，而无宗教信仰的受访者则为第二组。正确的设定应为：1 "Religious" 2 "Not Religious"（注意这种指定标签的方法有别于第3章"使用标签"第一节中讲过的命令-lab def-，这里使用的是点击选项的方式设置图形标签）。

给 Y 轴添加标签也可以使得图形显示效果更好。要进行这一操作，需要在 Bar Chart 窗口中选择 Y axis 选项，然后在 Title 方框中输入 "Average Time Volunteered in the Past Year"。进行上述操作后，窗口如图6-1所示。从这个图形我们可以清晰地看到有宗教信仰的年轻人每年参加志愿服务的平均次数接近6次，明显高于没有宗教信仰的年轻人。

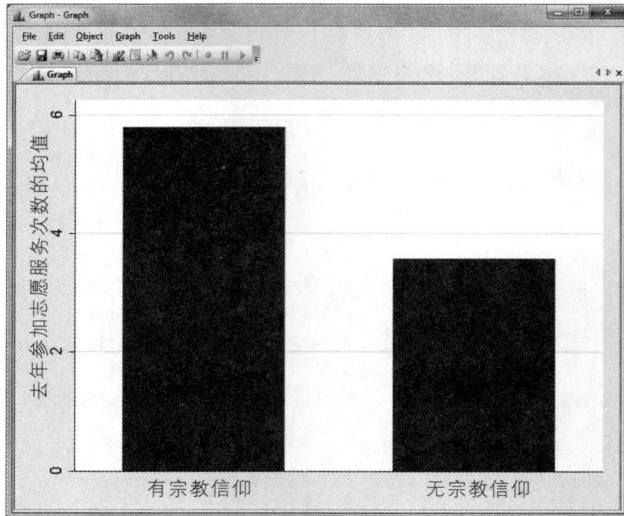

graph bar（mean）freqvol, over（notrel, relabel（1 "Religious" 2 "Not Religious"））
ytitle（AverageTimes Volunteered in Past Year）

图6-1　有宗教信仰组和无宗教信仰组参加志愿服务次数均值的条形图

虽然条形图提供了均值差异的直观图形，但是没有提供任何有关每组参加志愿服务次数分布的信息（比如极差、异常值）。如果想绘制可以同时反映集中趋势和波动性的图形，可以绘制箱线图。正如在第4章箱线图部分中所解释的，使用命令窗口绘制箱线图比使用点击选项方法更容易。但是在这个例子中，又添加了一个变量，还需要更改部分标签（如条形图所示的），又使得点击选项方法稍显容易。①

——————————

① 　如果不关心标签的问题，即便增加了一个变量，原来的命令可能也是有效的。基础命令是一样的：gragh box freqvol。正如你直觉上想的那样，ttest命令使用的选项这里仍然适用，使用同样的选项运行后，会使得箱形图展现出不同宗教派别的年轻人参加志愿服务次数的频数分布。在命令窗口输入graph box freqvol,by(notrel)会得到与图6-2相似的图表，只是标签没有那么清楚。还需要提及的是，调用-over(varname)-选项代替-by(varname)、选项也有同样的效果,生成的图形会更清晰一点。

幸运的是，所有需要输入内容的窗口、按钮和方框都和之前绘制条形图时的做法类似。唯一的不同就是在Graphics菜单中要选择Box Plot，而不是选择Bar Chart。除此之外，所有的操作都是一样的：在主窗口的Variable框中输入freqvol，将notrel填加到类别标签中，在Properties窗口设置正确的标签（格式与条形图一样），在Y轴选项中添加Y轴标签。按照这些相似的步骤，得到图6-2所示的箱线图。

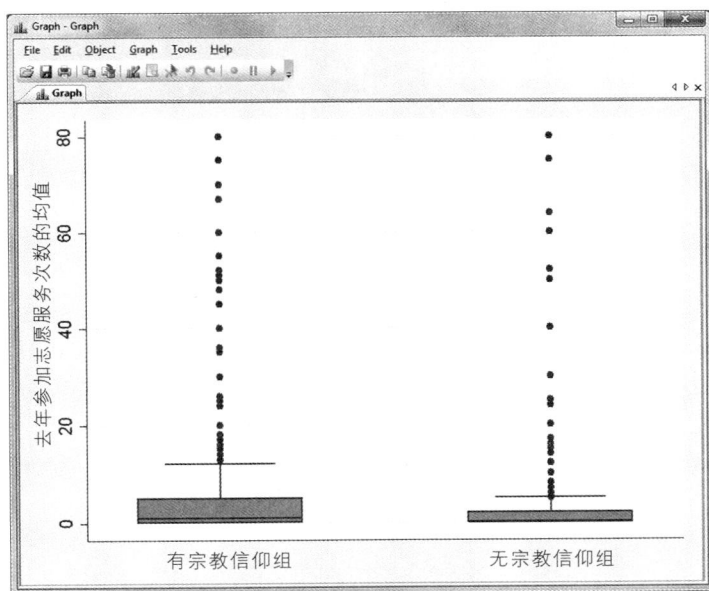

graph box freqvol，over（notrel，relabel（1 "Religious" 2 "Not Religious"））ytitle（Times Volunteered in Past Year）

图6-2　有宗教信仰组和无宗教信仰组参加志愿服务次数均值的箱线图

箱线图仍然展现出有宗教信仰的年轻人参加志愿服务的平均水平更高。另外，箱子的宽度（即四分位数内间距（IQR））代表了分布的范围，箱子越大表示分布的范围越宽，有宗教信仰组参加志愿服务次数分布范围更宽，因为它所对应的箱子更大，并且可以很容易地发现每一组都有一些大于最大值的异常值。

6.2　方差分析（ANOVA）

均值 t 检验是一个用来评估二元定性变量和定距–定比变量之间关系很好的方法。回到起初研究的问题，是关于参加志愿服务次数是否因宗教派别的不同而不同。但是即使进行简单的分类，宗教派别也不只是两种，此时比较两组均值的 t 检验会失效。

解决这类问题最适当的方法就是方差分析（analysis of variance），通常被称为 ANOVA。方差分析在某些方面与之前的两组均值的比较是相似的，只不过它是同时比较多组的均值。

在 NSYR 数据集中，i_religi 是一个表示宗教派别的更简洁的变量。如前所述，这个变量的名字会让人混淆，所以用 -rename- 命令将其改成 denom（-rename i_religi denom-）。然后在命令窗口输入 tab denom 后按 Enter 键，从如下的频数分布可以查看它所包含的全部分类。

```
(tradrel_w3) Identical |
to relatt_w3 but uses  |
identification info on  |
       non-attenders   |      Freq.      Percent         Cum.
------------------------+-----------------------------------------
Evangelical Protestant  |        714        28.20        28.20
   Mainline Protestant  |        259        10.23        38.43
      Black Protestant  |        189         7.46        45.89
              Catholic  |        443        17.50        63.39
         Not Religious  |        622        24.57        87.95
        Other Religion  |        305        12.05       100.00
------------------------+-----------------------------------------
                 Total  |      2,532       100.00
```

六种不同宗教派别的频数在某种程度上是均匀分布的，除了信仰福音派新教（Evangelical Protestant）的受访者略多一些，而信仰黑人新教（Black Protestant）的人数略少外。

绘制一张包含各组均值的表格可以更加直观地看到这六种宗教信徒参加志愿服务的水平。有几种方法可供选择。例如，你可以六次运行下面的命令：-sum freqvol if denom= = # -，在#位置填写每个类别的代码，但是这种方法较为费时。更快捷的选择是在-sum freqvol-命令前使用-bysort denom，该方法在第5章和本章前面提到过（深入研究：使用- bysort -作为通用工具）。这个方法虽然快捷，但是显示的均值很分散而且比较起来也比较困难。最有效的方法是使用带有选项-by（varname）-的-tabstat-命令。运用带有-by（varname）-选项的-tabstat-命令，可以生成基于某分类变量每个类别的统计量。

记住，这些方法中的任何一种最后都会得到相似的结果，这才是最重要的。不要一想到你必须记住所有生成指定结果所需的命令就感到沮丧。只要最后产生了你想要的结果，你的命令就是正确的。在命令窗口输入：tabstat freqvol，by（denom），然后按 Enter键，结果如下：

```
Summary for variables: freqvol
    by categories of: denom ((tradrel_w3) Identical to relatt_w3
but uses identification info on non-attenders)

             denom |      mean
-------------------+----------
  Evangelical Prot |  5.115331
  Mainline Protest |    6.6139
  Black Protestant |  4.074074
          Catholic |  5.800454
     Not Religious |  3.572347
    Other Religion |  7.742574
-------------------+----------
             Total |  5.245941
-------------------------------
```

上表给出了信仰不同宗教的受访者在过去一年参加志愿服务的平均次数。参加志愿服务最频繁的是其他教派的年轻人，每年近8次。紧随其后的是信仰新教的年轻人，这一教派的年轻人每年参加的志愿服务次数超过了6.5次。没有宗教信仰的年轻人志愿服务次数最少（3.57次）。这个表格让我们看到，不同宗教派别的年轻人参加志愿服务的平均水平是有区别的。

　　与直觉相同，执行方差分析检验这些均值之间的差异是否显著的命令是-anova-。因为ANOVA不是一个对称性检验，因此在命令后输入变量的顺序是非常重要的。此处参加志愿服务次数是一个被解释变量，应该在命令后最先输入，随后再输入解释变量。[①]在命令窗口输入：anova freqvol denom，然后按Enter键，结果如下：

```
anova freqvol denom


                     Number of obs =      2525    R-squared     =  0.0105
                     Root MSE      =  13.0121    Adj R-squared =  0.0085

        Source |   Partial SS      df        MS              F     Prob > F
    -----------+----------------------------------------------------------
         Model |     4522.77        5   904.553999          5.34     0.0001
               |
         denom |     4522.77        5   904.553999          5.34     0.0001
               |
      Residual |   426503.501     2519   169.314609
    -----------+----------------------------------------------------------
         Total |   431026.271     2524   170.771106
```

　　上表列出了很多结果，但是最关键的数字是Partial SS列和Prob>F列。

---

　　① 方差分析中的被解释变量应该是定距-定比型变量,因此命令-anova-之后输入的第一个变量总是定距-定比型变量。

denom行和Partial SS列交叉位置的数字（4522.77）说明了各个宗教派别的信徒参加志愿服务频数的变异程度。位于Residual行与Partial SS列相交的数字（426503.501）表示各个不同宗教群体组内参加志愿服务次数的变异总量。

denom行的p值表明了信仰不同宗教的年轻人参加志愿服务次数是否有显著差异，p值为0.0001，小于一般的显著性水平0.05，这意味着你可以拒绝原假设，得到下面的结论：具有不同宗教信仰的年轻人参加志愿服务的平均次数有显著的差异。

本章命令概览

```
*Testing Means
recode volnum2（.s=0），gen（freqvol）


sum freqvol，det


*Confidence Intervals
ci freqvol
ci freqvol，level（99）


*Testing a Specific Value
ttest freqvol==3


*Testing the Mean of Two Groups
rename bntranr notrel
```

```
tab notrel

ttest freqvol，by（notrel）


*Testing Proportion

prtest notrel==.25

prtest notrel，by（cu_cohab）


*Anova

rename i_religi denom

tab denom

tabstat freqvol，by（denom）

anova freqvol denom


*A Closer Look：Tests of Means and Proportions

Without Data

cii 100 3.4 2

ttesti 100 3.4 2 3

prtesti 1842 .21932 690 .315942
```

练习题

使用 Chapter 6 Data.dta 中的数据回答下面的问题。（可用 do 文件完成题目，用 log 文件储存结果。具体如何使用这些文件参见第 3 章。）

1.生成年轻人关系维持最长天数（Longstr）均值的置信区间。

2.计算变量 longstr 的均值 99% 的置信区间。

3. 针对年轻人关系维持一年（365天）的假设进行检验。

4. 检验关系维持的平均天数在有过同居生活经历的年轻人中和未有过同居生活经历的年轻人中是否存在显著的差异。

5. "年轻人中有过同居生活经历的占比为30%"，针对这一假设进行检验。

6. 分析信奉天主教的年轻人中有过同居生活经历的比例是否会大于不是天主教徒的年轻人的比例。（注意：首先用i_religi变量建立一个二元变量分别表示天主教徒和非天主教徒）

7. 绘制一个条形图，对有无同居生活经历的年轻人关系维持的平均天数进行比较。恰当地将"无同居"和"同居"作为条形图的标签，将"关系可维持时间（以天计）"作为Y轴标签。

8. 使用方差分析检验年轻人维持长久的关系是否因他们的就业状况（变量employst表示就业状况）不同而表现出显著的差异。

第 7 章

定距-定比变量的相关关系

当解释变量是定性变量或定序变量时，第 6 章介绍的技术是有效的。但是当被解释变量和解释变量都是定距-定比变量时，这些方法就不适用了，然而许多研究问题都涉及定距-定比变量之间的关系。例如，可能要研究受教育年限是否影响年收入；或者研究社区的平均收入如何影响该社区投票的人数。本章将介绍一些研究这类变量之间关系的方法。

本章例子使用 Chapter 7 Data.dta 数据文件，可在网站 www.sagepub.com/longest 获得。该数据文件包含了 NSYR 数据集第三波调查的全部 2 532 名年轻人的样本。所有缺失的样本均被相应的代码替代，".d" 来表示"不知道"，".r" 表示"拒绝回答"，".s" 表示基于调查设计合理地跳过该问题（跳过模式）。

| 7.1 | 相关性

通常，研究关于定距-定比变量的问题是试图评估解释变量是否是被解释变量的原因。或者说，尝试去研究解释变量和被解释变量是否相关。"相关性"在这里实际上是指解释变量是否与被解释变量系统相关。例如，研究人员可能对影响年轻人工作时间的因素感兴趣，其中一个变量是他们参加业余活动的次数。在该例子中，工作时间是被解释变量，业余活动次数是解释变量。可以假设年轻人参加业余活动的次数增加，工作时间减少（因为时间在二者之间分配，故二者之间呈现负相关关系），或者参加业余活动的次数增加，工作时间也增加（具有正向影响），因为有的人积极参与所有的活动。

　　NSYR 数据集里包含了这两方面的变量。首先是变量 workhrs1（工作时间，或称工作小时数），来自问题"为了报酬，你现在一周工作多少小时？"受访者可以报告 0 到 100 之间的任意一个数；业余活动的评估实际上是基于两个问题，这两个问题都是问："你参加过多少次有组织的活动，如团体、俱乐部、健身或业余活动？"两个问题的不同之处是其中一个问题是问关于宗教组织赞助的活动，另一个问题只调查非宗教组织的活动，用两个变量来表示，分别为 relact 和 notrelac。

　　此外，在这种情况下使用二手数据进行定量研究也是很常见的。所需要的变量可能不是现成的，在这个例子中，你需要生成一个新的变量，代表活动的总次数，即将宗教组织赞助的活动数量与非宗教组织赞助的活动次数相加。

　　考虑一下我们应该如何完成这个任务，通过口头表达可以导出正确的命令，正如在第 2 章中所讨论的，你可能会要求："请生成一个名为 totacts 的新变量，该变量为 relact 和 notrelac 之和。"用符合 Stata 语法的语句来替换上述表达的相应部分，就得到了合适的命令，在命令窗口输入下述命令并按 Enter 键：

gen totacts=relact+notrelac

　　分析这两个变量之间的关系之前，可以先对两个变量进行描述性统计分析，因为是定距-定比变量，使用集中趋势和波动性的度量是适当的。在命令窗口输入：sum workhr totacts，det，并按 Enter 键（请注意工作小时数变量的全称是 workhrs1，但是只要不和数据集中的其他变量混淆也可以采用简称。工作小时数也可以简写为 work，但 workhr 可以避免混淆变量的含义），输出结果如下：

```
        (workhrs1_w3 ) H:6. How many hours in a typical
                week are you currently working for pay?
------------------------------------------------------------
         Percentiles      Smallest
   1%          0               0
   5%          0               0
  10%          0               0        Obs              2527
  25%          0               0        Sum of Wgt.      2527

  50%         20                        Mean          20.5002
                            Largest     Std. Dev.    19.02217
  75%         40              90
  90%         45             100        Variance      361.8431
  95%         50             100        Skewness      .5235251
  99%         70             100        Kurtosis      2.534666

                          totacts
------------------------------------------------------------
         Percentiles      Smallest
   1%          0               0
   5%          0               0
  10%          0               0        Obs              2516
  25%          0               0        Sum of Wgt.      2516

  50%          1                        Mean           1.54372
                            Largest     Std. Dev.     2.233683
  75%          2              14
  90%          4              19        Variance       4.98934
  95%          5              25        Skewness      6.370865
  99%          8              52        Kurtosis      114.0386
```

描述性统计分析结果表明，年轻人平均每周工作 20 小时，参与 1~2 项活动（均值为 1.54）。根据标准差，这两个变量的分布在合理的范围内波动。从分布表可知，这两个变量的第 25 个百分位数（第一个四分位数）为 0，表明至少有 25% 的年轻人报告不工作，25% 的人不参加任何业余活动。最后，两个变量都有超过 2 500 个有效样本，因此缺失数据似乎不是一个大问题。

散点图

考察两个定距-定比变量之间关系的一个有用的初始步骤是在直观上观察二者之间的关系。为了直观展示变量之间的关系，需要根据每个样本在这两个变量上的值在图形上绘制每个样本的位置，这样绘制的图形称为散点图。在散点图中，一个变量（通常为解释变量）的值在X轴标注，另外一个变量（通常为被解释变量）在Y轴标注。

利用Stata命令窗口界面可以比较简单、直观地做出散点图。你首先猜到的也许就是正确命令：-scatter-。当使用-scatter-命令时，需要在这个命令后边添加两个变量。这两个变量可以以任意顺序输入，但首先列出的变量（命令后第一个变量）将用Y轴表示，而第二个变量用X轴表示，因此，最好是先列出被解释变量，然后是解释变量。

在命令窗口输入：scatter workhr totacts，并按Enter键，结果如图7-1所示。

散点图中的每个点代表一个样本。[1]关于如何构造散点图，最具说明性的例子是图中最右边的点，这个样本一周参加了50多个活动，工作50个小时左右。[2]但是基于这样极端的例子去观察两个变量之间的关系有点困难，为了调整图形，更好地描述大多数情况，可以使用-if-语句只选取totacts中的正常值来绘制散点图。

---

① 技术上，并不是每一个样本都显示出来了，因为坐标相似的点几乎是重合的，意味着很多点代表相似的情况，可以修改图形以便更清楚地显示各个点。在-scatter-命令之后调用-jitter(#)-扩大重合点显示的范围，#位置的数字越大，点的尺寸最大。例如，输入scatter workhr totacts if totacts < 20, jitter(25)产生一个类似的散点图，但能够更清楚地表明，大多数受访者有相对较少的业余活动和工作时间，这种情况是由图的左下角的点显示，这些点比原来的图占用更多的空间。

② 通常在一个研究项目中，这个样本应该当作有潜在影响的异常值来处理，如何处理这样的样本超出了本书的范围。但是可以使用-record-命令更改它的值（可以作为缺失值处理或者改为一个更小的上限值）。

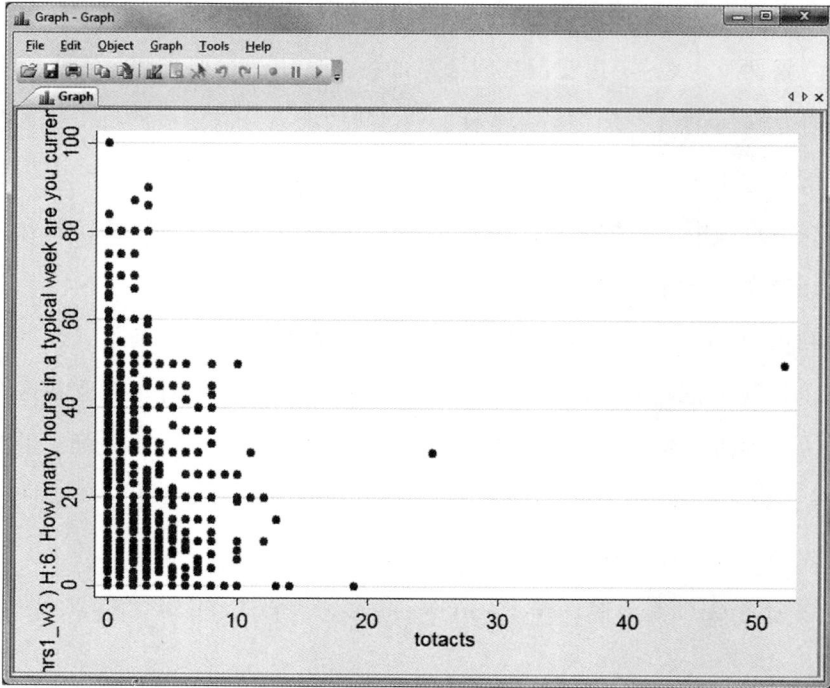

scatter workhr totacts

图7-1　工作小时数与参加业余活动次数的散点图

在命令窗口输入：scatter workhr totacts if totacts<20，然后按Enter键，结果如图7-2所示。

设置条件后的图形能够更为清楚地反映两个变量的关系，X轴（参加业余活动次数）上更高的点对应Y轴（工作小时数）的下端，反之亦然。这表明两个变量是一种负相关关系，当年轻人参加更多的业余活动时，他们的工作时间就相应减少，或者说如果年轻人参加业余活动的次数减少，那么他们花在工作中的时间就会增加。两种说法表达了同样的关系，采用哪种表述取决于你的偏好，或者觉得其中一个比另一个更容易理解。

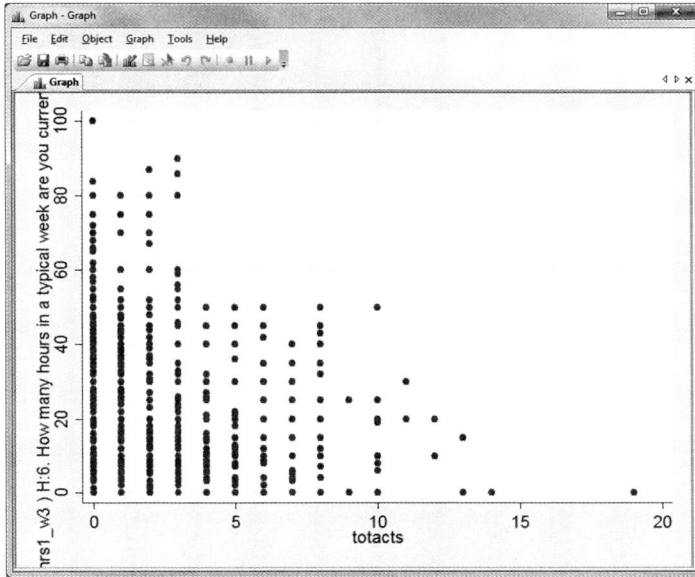

scatter workhr totacts if totacts<20

图7-2　施加X轴限制的工作小时数和参加业余活动次数散点图

　　现在，我们已经确立了两个变量的相关关系（负相关关系），下一个问题是这种相关关系有多强？判断两个定距-定比变量之间相关关系强度的方法之一是计算它们的相关系数，通常采用皮尔森相关系数（Pearson's correlation coefficient）或者称为 r，相关系数取值的范围从-1到1，接近于1或者-1表明有很强的相关关系，接近于0表示有较弱的相关关系，相关系数的符号表示关系的方向（正的或负的）。

　　计算相关系数的命令也符合我们的直观猜测：-correlate-（缩写为-corr-）。相关系数是一个对称的测度，这意味着命令后的变量顺序与结果没有关系。然而如上所述，先列被解释变量，再列解释变量是一个好的习惯。

　　在命令窗口输入：corr workhr totacts，并按Enter键，结果如下：

```
(obs=2515)

                  | workhrs1  totacts
------------------+------------------
         workhrs1 |  1.0000
          totacts |  -0.1525   1.0000
```

　　该表列出了用于计算相关系数的样本数量（2 515个），并把相关系数用矩阵的形式显示出来。每个系数表示在相应单元格中两个交叉变量的相关性。例如，第一个数字为1.0000，表示变量workhrs1与workhrs1的相关性。因为是变量与自身的相关性，因此总是完美的正相关。

　　我们感兴趣的是变量workhrs1和totacts之间的相关系数，上表显示的相关系数为-0.1525，列在workhrs1列和totacts行的交叉位置。正如散点图所示，相关系数也表明这两个变量是负相关。相关系数没有度量单位，而是基于一般性的基准表示关系的强度。相关系数为-0.1525表示弱的负相关，值接近于-1表示强的负相关。

　　虽然参加业余活动的次数是影响年轻人工作时间的重要因素，但是一定还有其他的重要影响变量。例如，你可能认为，那些相信年龄大点结婚会更好的年轻人工作时间可能更少，因为他们还没有准备好，或他们不认为自己是成年人（他们试图限制自己加入全职成年人队伍）。NSYR数据集中有一个变量来自于问题："最理想的结婚年龄是多大？"变量名为marrymin，它既可以表示受访者认为的确切的最理想结婚年龄，也可以表示受访者给出的某个年龄范围的最小值。

　　在理想的情况下，你会遵循上面所给出的所有步骤来检查这个新的变量。但是为了说明相关系数的目的，我们直接转到确定workhrs1和marrymin之间的相关系数。为了计算相关系数，你不需要重新输入-corr-命令，而是直接把这个新的变量添加到之前计算两个变量相关系数的命令后面。

在命令窗口输入 corr workhr totacts marrymin（或者使用 Page Up 键，并把新的变量添加到之前运行的命令后面），并按 Enter 键。结果如下：

```
(obs=2459)

             | workhrs1  totacts  marrymin
-------------+-----------------------------
    workhrs1 |   1.0000
     totacts |  -0.1508   1.0000
    marrymin |  -0.0197   0.0180    1.0000
```

就像前文一样，上表的矩阵显示的是三个变量两两之间的相关系数。你可能只会对 workhrs1 列的两个相关系数感兴趣，但是变量 totacts 和 marrymin 之间的相关系数也会给出来。

在解释这些数值之前，你可能会注意到这个表格与之前生成的相关系数表比较有两个不同点。首先，变量 totacts 和 workhrs1 之间的相关系数略有下降。这种变化似乎表明，marrymin 变量可能改变了工作时间（workhrs1）和参加业余活动次数（totacts）之间相关系数的计算。但是，实际上这种差异不是源于计算的不同（因为 -corr- 命令只能计算两个变量的相关系数，并且两个变量之间的相关系数不受其他变量影响）。这种差异源于表中的第二个不同点——观测值的数量。本次分析使用的观测值数量是 2 459 个，而不是之前的 2 515 个。

观测值个数之所以变少，是因为 -corr- 命令自动调用了所谓的"成列删除"（listwise deletion）功能。如上面所示的 -sum- 命令输出结果，每个变量都会有一些缺失值。例如，一些受访者回答说不知道自己一周的工作时间。当运行 -corr- 命令时，Stata 只使用对所有变量都不缺失的样本计算相关系数

（在计算相关系数时"删除"该列中包含的所有缺失值的信息，但不是从实际的数据中删除）。

成列删除是处理缺失数据的一个方法。在计算相关系数时一些研究者喜欢使用所谓的"成对删除"（pairwise deletion）。成对删除不是把所有带有缺失值的样本删掉，只是成对删除需要计算相关系数的变量的缺失值。

Stata有一个单独的命令，即使用成对删除命令来计算相关系数，而不是使用一个选项。命令 - pwcorr - 会自动使用所有有效的样本计算相关系数。与 - pwcorr - 一起使用的一个有用的选项是 - obs - ，使用这个选项可以列出每次计算时使用的样本数。

在命令窗口输入：pwcorr workhr totacts marrymin，obs，并按 Enter 键，结果如下：

```
             | workhrs1  totacts marrymin
-------------+---------------------------
    workhrs1 |   1.0000
             |     2527
             |
     totacts |  -0.1525   1.0000
             |     2515     2516
             |
    marrymin |  -0.0228   0.0180   1.0000
             |     2470     2460     2471
             |
```

上表的输出结果和 - corr - 命令产生的结果非常相似，只是现在列出了每次计算时使用的观测值个数。可以看到变量 workhrs1 和 totacts 之间的相关系数和上述双变量相关系数计算的命令运行结果相同，因为 Stata 使用了相同的样本（2 515个）进行计算。详细讨论使用"成列删除"相对"成对删除"处理缺失数据的优点，超出了本书的范围，应该参考专门的统计资料来了解每种方法的含义。对于需要处理具有缺失数据的多元变量的读者，可以参考第3章的"缺失数据"部分，如果想了解如何对没有缺失值的普通样本进行分析的更多信息，请参考第8章的"高级的便捷命令"中"mark和markout"部分。

该表还显示，变量marrymin比其他变量包含更多的数据缺失情况，主要是因为一些人回答：他们不知道理想的结婚年龄是多大。变量marrymin和workhrs1之间为负相关，正如预测表明，相信应该年龄大点才结婚的年轻人倾向于工作更少的时间。然而，相关系数的值（-0.0228）表明，这种关系是非常弱的，比工作时间和参加业余活动数量之间的相关性更弱。

-pwcorr-命令还包含一个选项-sig-，用于检验相关系数的显著性。-corr-命令没有这个选项，因此命令-pwcorr-更受欢迎。在命令窗口输入：pwcorr workhr totacts marrymin，obs sig，并按Enter键，结果如下：

```
             | workhrs1  totacts marrymin
-------------+---------------------------
    workhrs1 |   1.0000
             |
             |     2527
             |
     totacts |  -0.1525   1.0000
             |   0.0000
             |     2515     2516
             |
    marrymin |  -0.0228   0.0180   1.0000
             |   0.2580   0.3710
             |     2470     2460     2471
```

所有的相关系数都没有变化。但是每一个相关系数下面都列出了相应的p值。相关系数显著性检验的零假设是该相关系数为0，这意味着检验的原假设认为这两个变量是不相关的。p值表示当总体相关系数是0时，得到当前相关系数的可能性。工作时间和参加业余活动数量之间的相关系数（-0.1525）的p值近似等于0，说明两个变量之间的相关关系是显著的。相反，工作时间与理想婚姻年龄的相关系数所对应的 p 值是 0.2580，大于一般的显著性水平 0.05，意味着不能拒绝零假设，从而得出结论：基于该组样本数据，二者的相关系数不是显著异于 0。

| 7.2 | 线性回归

相关系数的主要缺点之一是它缺乏有意义的度量单位。用来确定相关系数强度的基准有些模糊，不能根据研究中所涉及的度量方法提出更明确的解释。（例如，工作时间将减少多少？）线性回归分析是检验两个定距−定比变量之间关系的一种常见的分析方法，它可以提供更加实质性的解释。

要在理论上解释如何进行线性回归分析，回归到散点图会更有帮助。散点图给出了两个定距−定比变量之间关系的一般形式，回归分析试图通过一条直线来概括这种关系并更好地说明点的方向。这条要画出的线，通常是指"最佳拟合直线"。最佳拟合直线是通过点和线之间的距离最小化得到的。你可以想象画出无数不同的直线，它们的倾斜角度略有不同，然后计算每一个点到线（平行于 Y 轴方向）的距离。使得总的距离之和达到最小的线将被认定为最佳拟合线。回归分析可以给出回归方程，包括截距和斜率，用来确定最佳的拟合直线。在实际应用中，线性回归分析使用数学公式确定最佳拟合直线的方程，但这个直观的描述有助于使其分析的动机更容易理解。

回归分析的命令是 -regress-，一般缩写为 -reg-。-regress- 命令会给出普通最小二乘线性回归的结果。这个命令的基本结构很简单，与计算相关系数的命令类似。主要的不同点是，回归分析不是对称的。也就是说，要区分被解释变量与解释变量。因此，命令行中的变量是有顺序的。如果在分析中，你一直注意变量的顺序，这种模式应该很容易记住。命令后输入的第一个变量必须是被解释变量，然后再输入解释变量。因此，回归分析命令的基本形式是：

reg DV IV$_1$ IV$_2$ IV$_3$ ⋯ IV$_n$

这与一个典型的线性回归方程表达式：$y = bx_1 + bx_2 + bx_3 + \cdots + bx_n + a$ 的顺序完全一样。主要区别是不需要写方程的运算符号和常数项（a），被解释变量和解释变量的位置用具体的变量名称代替了。对于不熟悉这些符号的读者请注意，下标数字表示你输入的解释变量（x_n）的个数，可以按照需要输入若干个解释变量（n 个）。最开始可以尝试最基本的两元回归（只包括一个解释变量的情况）。

在上面的例子中，工作时间是被解释变量，参加业余活动的数量是解释变量。在命令窗口输入：reg workhr totacts，并按 Enter 键，得到以下结果：

```
      Source |       SS           df       MS              Number of obs =    2515
-------------+------------------------------              F(  1,   2513) =   59.84
       Model | 21110.4422         1    21110.4422         Prob > F       =  0.0000
    Residual | 886551.667      2513   352.786179          R-squared      =  0.0233
-------------+------------------------------              Adj R-squared  =  0.0229
       Total | 907662.109      2514   361.043003          Root MSE       =  18.783


    workhrs1 |     Coef.   Std. Err.      t    P>|t|     [95% Conf. Interval]
-------------+----------------------------------------------------------------
     totacts |  -1.297177   1676897    -7.74   0.000    -1.626002    -.9683532
       _cons |   22.47087   4553436    49.35   0.000     21.57798     23.36376
```

在解释输出结果之前，首先要弄清楚 -reg- 命令输出结果的组成部分。结果的上面部分显示的是描述整个回归方程的一些结果。左上角列出了与线性回归相关的平方和，其中，Model 有时被称为回归平方和，Residual 指的是模型的残差平方和，这些统计量对回归分析很重要，但是很少被报告。

右上角提供了整个回归模型的统计量汇总。首先是分析中包含的样本个数，接下来是表示模型整体显著性的 F 统计量及其对应的 p 值。最后的三个数字都是回归方程拟合优度的度量（解释变量预测被解释变量的有效性），包括 R^2，调整后的 R^2，以及均方根误差。

在回归方程相关统计量的下面，给出了每个解释变量系数和常数项（有时被称为截距项）的估计结果和相关信息。从左到右分别为估计系数（Coef.），标准误差（Std. Err.），t 值（t），t 值对应的 p 值（P>|t|）和估计系数 95% 的置信区间（[95% Conf. Interval]）。

最重要的数字是变量 totacts 所在行与 Coef. 列交叉的系数。这个统计量通常被称为 beta 系数，在二元线性回归分析中它代表了最佳拟合直线的斜率。与相关系数相似，beta 系数的符号表示变量 totacts 和 workhrs1 之间相关关系的方向。如上所述，beta 系数（斜率）为负，表明随着参加业余活动次数增加，工作时间会随之减少。与相关系数不同，在理论上，beta 系数可以取到正负无穷，绝对值越大，表明相关关系越强。

beta 系数可以解释为解释变量变化一个单位会导致被解释变量变化多少。在该例中，系数 -1.30 表示可以预测年轻人多参加一次业余活动，他一周的工作时间将减少不止 1 小时。这种解释清楚地说明了这两个变量之间的相关关系有多强，它也是线性回归分析的主要优点之一。

变量 totacts 行接下来的几列给出的是 beta 系数显著性检验的结果，beta 系数显著性检验的零假设是系数为 0，也就是两个变量之间不存在相关关系。p 值的含义和在相关系数显著性检验中一样，表示在零假设为真（两个变量不相关）的情况下得到当前 beta 系数值的概率。在这个例子中 p 值近似为 0，低于一般的显著性水平 0.05，因此拒绝 beta 系数为 0 的零假设，意味着参加业余活动次数与工作时间的关系是显著的。

下一行，_cons 是回归方程中常数项或者说截距项的信息，常数项是回归直线的起点，起点指的是回归直线穿越 Y 轴的位置，也就是解释变量等于 0 的位置。因此，常数项可以解释为当解释变量为 0 时，被解释变量的值。在这个例子中，当年轻人不参加任何业余活动时，每周工作近 22.5 个小时。

输出结果的右上角报告了其他的一些统计量。这些数字说明了解释变量对被解释变量的解释和预测能力。最有用的数字为 R^2 值，它的取值范围为从 0 到 1，其值越大，说明解释变量对被解释变量的解释和预测能力越强。具体的值可以解释为被解释变量的变动中可以由解释变量解释的百分比。在该例子中，R^2 值为 0.023，可以解释为工作时间波动的 2.3% 可以由参加业余活动次数来解释。当仅仅使用一个预测变量（解释变量）时，R^2 值实际为两个变量相关系数的平方。使用上面的相关系数可知，$(-0.1525)^2$ 等于 0.023，由于在分析中仅包含了一个变量，R^2 值比较小是正常的。

1. 多元线性回归

第 5 章介绍了在确定两个定序变量之间的关系时，考虑可能混杂在其中的第三个因素而使用更加精细化的方法。基本思想是在第三个影响因素某个确定的水平上考察被解释变量和解释变量之间的关系。我们可以借鉴这种一般性的分析策略，使用多元线性回归的方法来分析定距–定比变量之间的关系。

多元线性回归除了包含较多的解释变量之外，与二元线性回归非常相似。在上面相关性分析的例子中，考虑年轻人理想的结婚年龄可能会影响他们的工作时间，可能的关系是，参加业余活动次数和工作时间之间的关系可能是源于两者与理想结婚年龄之间的关系。如果年轻人相信在较大年龄结婚会使青春期尽可能延长，这将可能导致他们的工作时间减少，参加业余活动的次数增加，从而可能导致参加业余活动次数和工作时间之间呈现此消彼长的关系。为了检验这种关系，在多元线性回归分析中，需要控制理想结婚年龄这一变量。

在回归方程中包含多个解释变量，只需在-reg-命令行末尾输入它们即可。-reg-命令可以放入多个数据集中的变量作为解释变量，这些变量之间的顺序不会对估计系数产生影响。

在命令窗口输入：reg workhr totacts marrymin，并按 Enter 键，结果如下：

```
      Source |       SS       df       MS              Number of obs =    2459
-------------+------------------------------           F(  2,  2456) =   28.94
       Model |  20269.981        2  10134.9905         Prob > F      =  0.0000
    Residual | 860253.311     2456  350.266006         R-squared     =  0.0230
-------------+------------------------------           Adj R-squared =  0.0222
       Total | 880523.292     2458   358.22754         Root MSE      =  18.715


-------------------------------------------------------------------------------
    workhrs1 |      Coef.   Std. Err.      t    P>|t|     [95% Conf. Interval]
-------------+-----------------------------------------------------------------
     totacts |  -1.270075   .1683788    -7.54   0.000    -1.600254   -.9398962
     marrymin |  -.0995099   .1169384    -0.85   0.395     -.328818    .1297982
       _cons |   24.95128   3.019792     8.26   0.000     19.02967    30.87288
-------------------------------------------------------------------------------
```

结果的结构基本与二元线性回归结果相同，唯一的区别是，多了变量 marrymin 系数的估计和相应的统计量。

根据变量 totacts 和 marrymin 的系数和 p 值来分析理想结婚年龄的潜在影响。如果理想结婚年龄是一个潜在的影响因素，相比于原来的二元线性回归，totacts 的系数应该等于 0 或者大大降低。

然而参加业余活动次数（totacts）的系数为-1.27，几乎保持不变（相比于-1.30），并且 p 值为 0.000，仍低于一般的显著性水平 0.05，故系数是显著异于 0 的，即参加业余活动次数与工作时间显著相关。随着年轻人活动参与度的提高，他们的工作时间将减少，即使在控制了理想结婚年龄的情况下也是如此。

此外，marrymin变量的系数很小（-0.1），可以解释为年轻人的理想结婚年龄增大1岁，工作时间将减少大约6分钟（-0.1×60分钟）。marrymin变量的p值（$p > |t|$）（0.395）大于一般的显著性水平0.05，基于样本数据，无法拒绝零假设。因此，得出结论：理想结婚年龄的实际回归系数并不显著异于零。换句话说，年轻人的理想结婚年龄与工作时间是不相关的。最后，R^2值几乎保持不变，这表明，在分析中增加理想结婚年龄这一变量，并不能改善对被解释变量（工作时间）的预测。

深入研究

回归分析后的预测

一个全面的回归分析通常需要所谓的"诊断"分析，主要是对分析的充分性和效度进行检验。完整诊断分析的解释超出本书的范围，但是实际上，这些检验统计量的值都是基于回归方程的估计结果进行计算的。一般来说，这些值被称为预测值。在运行了-reg-命令后，可以调用命令-predict-计算各种预测值。-predict-命令的基本结构是：

predict newvarname，predvalopt

newvarname是告诉Stata一个新的变量，这个新的变量保存由predvalopt指定的预测结果，predvalopt用来指定根据回归分析结果计算的值。

两个最常用的预测是被解释变量的预测值和残差（通常被称为预测的标准误）。被解释变量的预测值是基于所估计的回归方程和解释变量的样本值计算的。残差是被解释变量的所有预测值和真实值之间的差异。例如，使用之前给出的二元回归结果可以计算出参加课外活动次数为10次的年轻人工作时间的预测值是9.5（10*（−1.30）+22.47）。如果这个受访者每周实际工作12小时，那么残差值为2.5（12−9.5）。

计算被解释变量预测值的选项是−xb−，产生残差的选项是−stdp−。

在回归命令（−reg workhr totacts marrymin−）被调用后，以下两个命令能够产生预测值和残差：

predict predvals，xb

predict resids，stdp

变量predvals包含了基于先前回归结果得到的预测值，变量resids包含了每个样本残差的计算结果，可以使用这些变量进行各种诊断检验（例如，这两个变量的散点图可以用来检验异方差）。

进行回归分析后，可以使用−predict−命令生成很多值，预测值和残差只是其中的两个。第8章介绍了学习各个选项名称的方法。

2. 二元变量（哑变量）与线性回归

正如在第6章"比例的检验"部分中所讨论的，只有两类变量（二元变量或"哑"变量）在实践中可以作为定距-定比变量来处理。这两类变量的例子有性别、是否已婚，是否高中毕业等。在线性回归分析中如何处理这些变量的技术细节超出了本书的范围。但是在Stata中将这些变量引入分析中是很简单的。

在分析工作时间的例子中，受访者目前是否约会这个二元变量可能是一个很重要的因素。有约会的年轻人可能会工作更长的时间，以便支持约会的相关花销（例如，吃饭、车的花销和购买礼物等）。是否约会与工作时间的关系并不随着两个人约会时间长短或约会过多少人而变化。在NSYR数据集中包含了一个变量dating，这个变量来源于受访者对问题"现在是否有约会或者在恋爱"的回答。这个变量包含缺失样本的频数分布如下（-tab dating, mis-）：

```
(dating_w3) [IF |
      IS NOT |
    CURRENTLY |
MARRIED AND HAS |
    BEEN IN A |
     ROMANTIC |
 RELATIONSHIP] |      Freq.      Percent          Cum.
----------------+-----------------------------------------
            No |        955        37.72         37.72
           Yes |      1,254        49.53         87.24
            .d |          1         0.04         87.28
            .r |          3         0.12         87.40
            .s |        319        12.60        100.00
----------------+-----------------------------------------
         Total |      2,532       100.00
```

这个变量是二元变量，因此只有"Yes"和"No"是非缺失值。上表显示，受访者中约有50%的人处于恋爱中。同时，也有相当大的比例（12.6%）跳过了这个问题，之所以跳过，是因为他们报告说从来没有约会过。由于分析的是"现在是否有约会或者在恋爱"与工作时间的关系，因此将跳过此问题的样本（从来没有约会过的受访者）赋值为目前没有约会（赋值为0）是合理的。

在命令窗口输入：recode dating（.s=0），gen（currdate），并按Enter键。然后通过在命令窗口输入tab currdate显示新创建的变量currdate的频数分布：

```
    RECODE of |
      dating |
((dating_w3 |
    ) [IF IS |
        NOT |
   CURRENTLY |
MARRIED AND |
 HAS BEEN IN |
      A ROM |      Freq.       Percent         Cum.
------------+-----------------------------------------
          0 |      1,274         50.40         50.40
          1 |      1,254         49.60        100.00
------------+-----------------------------------------
      Total |      2,528        100.00
```

将319个跳过样本（.s）添加到955个没有约会的样本中，这样全部样本中有50.4%的人没有约会。

上面的-recode-命令将表示约会的变量中"No"取值为0是合理的，因为在NSYR数据集中，所有的"Yes/No"问题中，都是将No取值为0，将Yes取值为1，但并不是所有数据集都采用这种默认的编码方法，这也是为什么通常需要使用带有选项-nol-的-tab-命令确认分类的编码。二元变量不仅仅只可以用0和1进行编码，也可以采用1和2，甚至100和101来进行编码。在编码过程中，唯一需要遵守的规则是编码必须使用连续的整数。

在回归分析中包含这个二元变量有助于计算标准化的beta系数。非标准化beta系数的解释是用变量的单位来表示的（例如，多参加一次活动或年龄增长1岁）。由于度量单位不一样，使得当解释变量单位不一样时进行系数的比较很困难。（例如，理想结婚年龄增加1岁和参加活动数增加1次引起的变化如何进行比较？）标准化的beta系数将实际的度量单位转化为标准单位（使用标准差进行转换），这样的系数有利于比较被解释变量对不同解释变量的依赖程度。可以使用选项-beta-显示标准化后的估计系数。

在回归分析中，为了得到包含二元变量的标准化估计系数，在命令窗口输入 reg workhr totacts marrymin currdate，beta 并按 Enter 键，得到如下结果：

```
  Source |       SS       df       MS              Number of obs =    2455
---------+------------------------------           F(  3,  2451) =   22.72
   Model |   23786.383     3   7928.79435           Prob > F      =  0.0000
Residual |  855232.821  2451    348.9322            R-squared     =  0.0271
---------+------------------------------           Adj R-squared =  0.0259
   Total |  879019.204  2454  358.198535            Root MSE      =   18.68


------------------------------------------------------------------------------
workhrs1 |     Coef.   Std. Err.      t    P>|t|                        Beta
---------+--------------------------------------------------------------------
 totacts |  -1.246716  .1682522    -7.41   0.000                   -.1477701
marrymin |  -.0689596  .1171517    -0.59   0.556                   -.0117715
currdate |   2.429522   .757317     3.21   0.001                    .0641973
   _cons |   22.91394  3.081775     7.44   0.000                           .
------------------------------------------------------------------------------
```

上表的输出结果与前述表格的输出结果最主要的区别是用标准化的 beta 系数替代了系数的置信区间。

currdate 变量的解释类似于变量 totacts 和 marrymin。但是不应该说约会次数增加后如何，而是说年轻人目前有约会还是没有约会，即在控制参加业余活动次数和理想结婚年龄变量的基础上，系数为 2.43 表示目前有约会的年轻人比没有约会的年轻人多工作近 2.5 小时。加入该变量整体上提升了该方程对工作时间的预测能力。R^2 值表示三个变量解释了工作时间变动中的 2.7%。

结果中的 Beta 列显示，在三个变量中，参加业余活动次数与工作时间的相关关系最强，totacts 的标准化系数的绝对值显著大于 marrymin 和 currdate 系数的绝对值，我们可以试探性地得出结论：这三个变量中，年轻人参加业余活动的次数可能对其一周的工作时间影响最大。

其他类型的回归

使用–reg–命令进行的普通最小二乘回归只是Stata可以执行的众多回归中的一种。解释所有不同类型的回归超出了本书的范围。然而幸运的是，在Stata中，只要你熟悉了基本的–reg–命令，其他类型的回归执行起来就很简单了。通常情况下，这些回归命令也很直观。

例如，最常见的非线性回归之一是逻辑回归（logistic回归）。当我们感兴趣的结果是二元变量时（被解释变量是二元变量），这类回归分析方法经常使用，如年轻人是否饮酒。因为被解释变量是不连续的，使用普通最小二乘回归和–reg–命令就不合适了。如果考虑执行逻辑回归的命令，你可能想到的是"logistic"或者"logit"，在Stata中这两个都可以产生logistic回归结果，只是显示结果的版本会略有差异，这两个命令均是在–reg–命令下实现的。

如果你想了解什么因素与年轻人是否有约会相关，可以使用前述构造的currdate变量作为logit回归的被解释变量。可能的影响因素包括性别和理想的结婚年龄。和–reg–命令一样，命令之后应该是被解释变量，然后是解释变量。因此，完整的命令是logistic currdate gender marrymin 或者logit currdate gender marrymin。这两个命令将会产生相同的结果。不同的是，–logistic–命令默认的情况下显示机会比，而–logit–命令默认的情况下显示系数（注：逻辑回归分析中的机会比是将估计系数带入到指数函数中计算得到的，这就是为什么两个命令呈现的结果实际上是相同的，只是形式不同而已）。可以在–logistic–命令中调用–coef–选项或者在–logit–中调用–or–选项（odds ratio 的缩写）选择要显示的内容，以便得到想要的显示结果。

其他的回归分析也基本上采用类似的运行方式。如果你需要估计 probit 模型，命令是-probit-；估计 possion 回归模型，命令是-possion-等。所有其他的回归，命令结构均和基准回归命令-reg-类似：首先是命令，然后是被解释变量，接下来是解释变量，读者也可以通过第8章的"Stata 帮助文件"一节了解 Stata 执行的其他回归分析命令及相应的选项。

本章命令概览

gen totacts=relact+notrelac

sum workhr totacts，det

*Scatterplots

scatter workhr totacts

scatter workhr totacts if totacts<20

scatter workhr totacts if totacts<20，jitter（25）

*Correlation

corr workhr totacts

corr workhr totacts marrymin

pwcorr workhr totacts marrymin，obs

pwcorr workhr totacts marrymin，obs sig

*Regression

reg workhr totacts

```
reg workhr totacts marrymin

tab dating，mis

recode dating（.s=0），gen（currdate）

tab currdate

reg workhr totacts marrymin currdate，beta


*A Closer Look：Predictions After Regression Analyses

reg workhrs totacts marrymin

predict predvals，xb

predict resids，stdp


*A Closer Look：Additional Types of Regression

logistic currdate gender marrymin

logit currdate gender marrymin

logistic currdate gender marrymin，coef

logit currdate gender marrymin，or
```

练习题

使用 Chapter 7 Data.dta 中的数据回答以下问题。(可使用do文件完成练习，并保存运行结果到 log 文件，参见第 3 章关于这些文件的详细说明)

1. 绘制散点图考察年轻人参加宗教静修的次数（relretrt）和他们想要孩子的数量（kidwntmn）之间的关系。(注：该例子中，想要孩子的数量为被解释变量)

2. 仅用参加宗教静修次数少于 20 次的受访者绘制变量 kidwntmn 和变量

relretrt的散点图。

3. 计算并显示变量kidwntmn和变量relretrt的皮尔森相关系数。

4. 计算变量kidwntmn、relretrt与marrymin两两组合的皮尔森相关系数，同时显示用于计算相关系数的样本数。

5. 利用二元回归分析方法研究参加宗教静修次数（relretrt）是否会影响想要孩子的数量（kidwntmn）。

6. 使用回归分析研究理想结婚年龄是否会改变参加宗教静修次数（relretrt）与想要孩子的数量（kidwntmn）之间的关系。

7. 将表示性别的二元变量gender加入到上述回归分析中，并且显示标准化的回归系数来评估每个变量对想要孩子的数量的影响。

| 第 8 章 |

如何扩展你的命令集

　　写一本书最难的地方在于确定都包含哪些主题。因为研究兴趣以及定量分析策略的多样性，如果不排除一些读者认为很重要的命令，就不可能写出便于管理的介绍性的书。希望刚入行的研究者和 Stata 的使用者认为这本书是最合适的。

　　随着在分析技术和 Stata 命令方面变得越来越熟练，你将不可避免地需要用一些命令来完成本书未涉及的一些任务。与其写一本有关 Stata 的大部头书，我认为更好的方式是帮助读者掌握一些基本方法，利用这些基本方法能更好地帮助自己学习。首先，本章讨论 Stata 帮助文件的使用，帮助文件和本书同时使用，对学习程序的诸多功能非常有帮助。其次，本章给出一些补充性的操作命令。除了介绍这些命令的用途之外，本章还试图向读者说明一件事情：一旦你学会了之前章节中介绍的如何使用 Stata 命令的基础知识，学习新的命令并不是难事。最后，本章向读者介绍了如何扩展和提高 Stata 的分析能力。通过扩展命令"工具包"帮助你更好地利用 Stata 进行研究（甚至可能成为你的乐趣）。

8.1 Stata 帮助文件

也许用户对计算机软件程序最常见的抱怨之一是软件内置的帮助文件并没有起到帮助作用。毫无疑问，不少新用户对 Stata 也提出了这样的批评。但是用户的不满意，主要是由 Stata 帮助文件独特的行文以及结构导致的。不要担心，你不需要学习一门新的"语言"才能理解 Stata 的帮助文件。了解几个简单的代码就能学会使用 Stata 的帮助功能。下文的主要目的是帮助你了解如何理解和使用 Stata 的帮助文件，这样你就不会觉得这些帮助文件是令人厌烦的；相反，它将成为帮助你完成分析、进一步提高使用 Stata 能力的一种工具。

1.搜索和访问的方法

有四种基本的方法可找到帮助文件，这几种方法殊途同归。第一种，点击 Stata 主窗口上方的 Help 菜单按钮，然后点击 PDF Documentation（PDF 文件）选项。之后会打开一个 PDF 文件，其中含有 Stata 的全部手册。它首先是按主题组织的，之后按操作命令名称的字母顺序排列。你可以使用窗口左侧的导航来查找特定的主题，而且所有的命令名称都是可以点击的，点击后能直接找到相应的帮助文件。

第二种，与第一种非常相似，但是主要是基于网页界面组织的。仍然是点击 Help 菜单按钮，点击 Contents（内容）选项，之后会出现如图 8-1 所示的窗口：

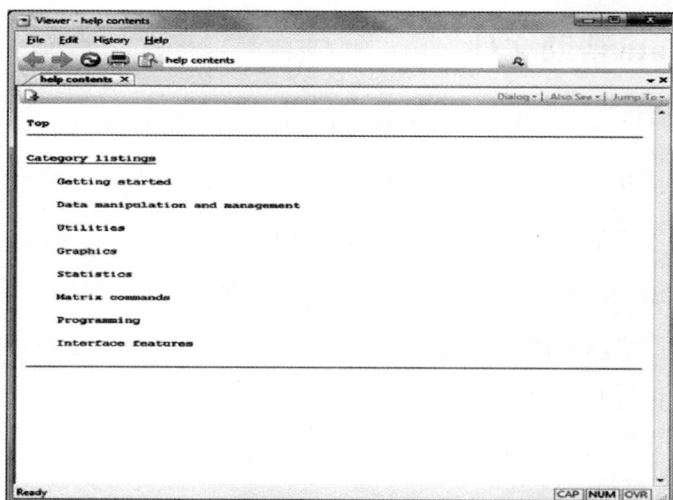

图8-1　帮助内容主窗口

　　每个标题都是可点击的，点击后会出现新的窗口，其中包含更详细的标题。你可以继续点击这些标题，直到找到所需的帮助文件。

　　如果想寻找与某个命令相关联的更大范围的内容，那么这两种方式是最有效的。例如，你想了解对哑变量（二元，0/1型变量）进行分析的所有方法，可以使用上述两种方式，然后点击Statistics→Binary Outcome，之后会出现如图8-2所示的窗口。

　　点击你感兴趣的模型后，会显示相应的帮助文件。

　　很多时候，你可能在寻求帮助的时候脑子里有一个更具体的目标。例如，本书没有介绍如何计算皮尔森相关系数。你可以利用上面介绍的两种方法，仔细阅读各种标题找到相关的帮助文件，或者更加直接地找到相关标题。

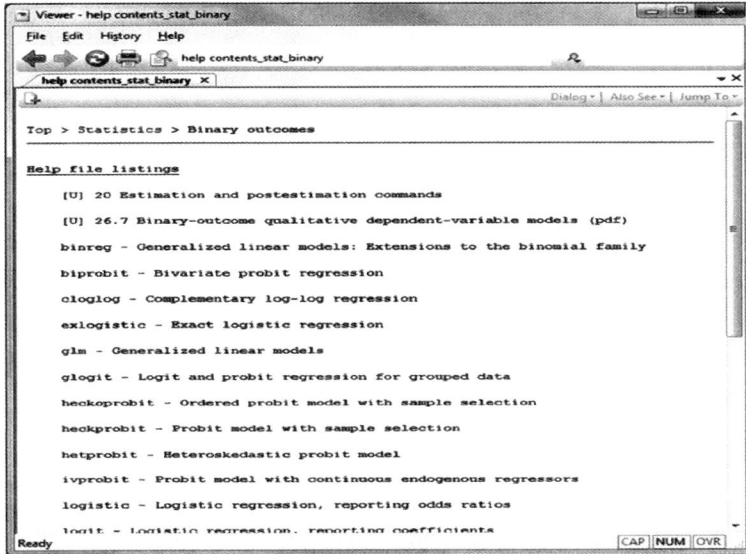

图8-2 哑变量相关的帮助内容窗口

第三种，点击Help菜单，然后点击Search（搜索），之后会出现一个搜索窗口。你可以输入一个主题，Stata会搜索自身的帮助文件以及网络资源。

第四种，但是更快一些，因为它使用命令窗口。找到帮助文件的命令是-help-，紧接着输入你要查找的主题名称。如果你知道操作命令名称，但想知道更多的信息（例如想知道可用选项的完整列表），可以直接在-help-后输入命令名称，之后会显示相应的帮助文件（例如，在命令窗口输入-help corr-，然后按Enter键）。

但是，如果不知道操作命令的准确名称，可以输入你所猜想到的命令名称，或者输入更一般性的主题。例如，如果你不知道生成皮尔森相关系数的命令名称是corr，你可以直接尝试输入"pearson"。

在命令窗口中输入"help pearson"，然后按 Enter 键。之后 Stata 会显示如图 8-3 所示的窗口：[①]

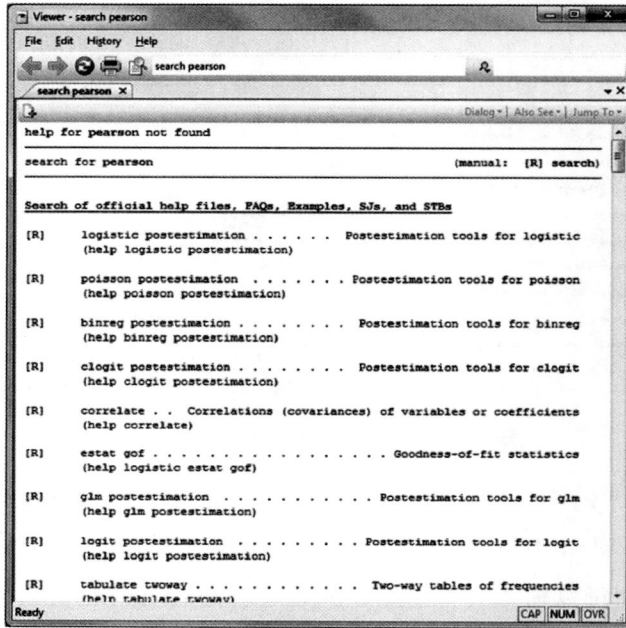

图 8-3　帮助文件搜索结果示例

显示的这个"搜索"结果只表示 Stata 没有与"pearson"完全匹配的操作命令，并不意味着生成皮尔森相关系数的命令不存在。

该窗口显示的是 Stata 对"pearson"进行关键词搜索得到的结果。Stata 搜索到并显示了几个不同类型的资源，包括帮助文件、FAQs（常见问题）、

------

① Stata 12 之前的版本会出现一个对话框,询问是否对输入的主题执行关键字搜索(例如"pearson"),点击"Yes"或者输入"Y",然后就会出现类似图 8-3 的窗口。

用 Stata 进行量化分析

示例，甚至与Stata相关的期刊论文。列表中，左侧带有符号［R］的内容是来自Stata手册中的帮助文件。当找到所需的命令后（本例是列表中的第5个），你可以点击命令名称（位于"help"一词后面的括号中），之后Stata会显示相应的帮助文件。

2.结构和语言

继续上述的例子，要查阅帮助文件的具体内容，你可以在搜索结果窗口单击"correlate"，或者在命令窗口输入 help corr，然后按 Enter 键，Stata 会显示如图 8-4 所示的窗口：

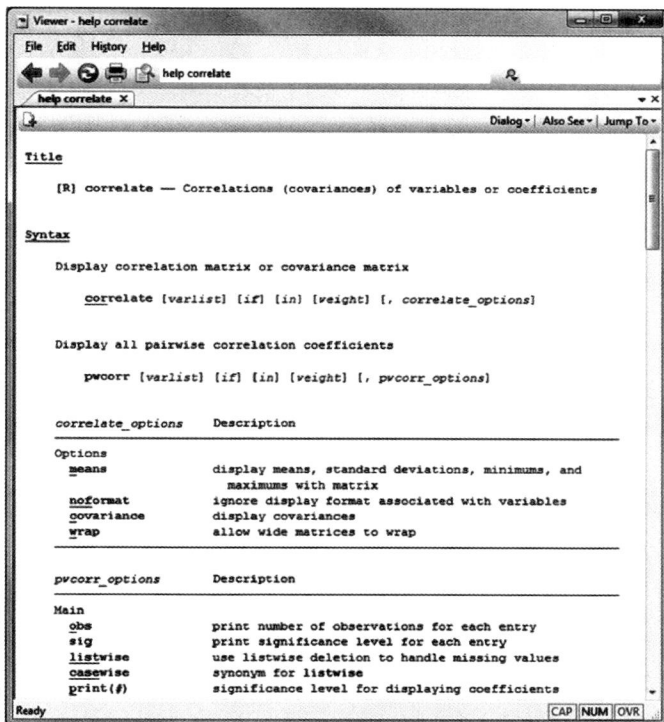

图8-4　帮助文件窗口示例

图8-4显示的是标准的Stata帮助文件。初次使用可能令人望而生畏，但是当你熟悉了布局和术语之后，就会发现帮助文件是非常有用的。

所有帮助文件的基本布局都是相同的。在Title（主题）下是命令名称和命令所要执行的操作的简要介绍。在Syntax（语法）之下是操作命令的结构。Syntax行提供了在命令窗口执行该命令时，必须输入的以及可以输入的信息。接下来是Options（选项）以及这些选项的功能。另外（在图中未显示），还简要介绍了操作命令的一些限制，例如是否可以使用前缀命令-by-。在本例中，将窗口向下拉动，可以看到两个命令都可以使用前缀命令-by-，以及两种类型的权重。

综观整个帮助文件，不同的字体说明了命令的不同方面。以粗体显示的单词是可以在命令窗口输入的，通常是命令名称及其选项。许多粗体字有一部分加了下划线。带下划线的部分表示的是可以在命令窗口输入的命令（或选项）的最短缩写。例如，完整的操作命令-correlate-可以缩写为-cor-，而选项-mean-可以缩写为-m-。

以不同颜色显示的单词，如蓝色，可以点击它打开专门的帮助文件。以斜体显示的内容是用户在输入命令时必须"填写"的东西。不是说要将斜体字的内容直接复制到命令行中，斜体字是必须输入内容的说明。另外，在方括号（［　］）中列出的部分是在命令行中的可选项，不是必须输入的内容。例如，对于命令-corr-，方括号内的任何内容在命令名称后面都不是必须列出的。如果在命令窗口输入corr，并按Enter键，Stata会计算并且显示数据集中的变量两两组合的相关系数。通常变量名要在命令名称后输入，但是如果变量名是括号中的内容，那么它就是可选项。

在帮助文件中，最重要同时也是最不明确的方面是紧接着命令名称后列出的语法部分。在命令-corr-的帮助文件中，这一部分是指 *varlist*（变量列表），*varlist*给出了你可以在命令-corr-后面输入的变量名。在帮助文件的这部分中，最常见的代码是一些用包含*var*的名字标注的变量类型（如*newvar*，*varname*，*depvar*，分别表示新的变量名、现有的变量名、因变量名）和=*exp*。后者指的是"*expression*"（表达式），它是含有变量值以及变量名的公式（例如，-gen-命令要求输入新的变量名后输入一个表达式）。除了语法行之外，一些代码还出现在选项中。例如，选项-level（#）-中包括代码#，表示你需要输入一个数字。

一开始，这些代码看起来是晦涩难懂的，但是，你使用帮助文件越多，就会越清楚。可以通过阅读你已经熟悉的命令的帮助文件来深入理解那些不熟悉的命令的帮助文件。另外，大部分代码是可点击的，这可以进一步帮助理解它们的含义。最常见代码的缩写列表和解释可以参见下面的"深入研究"。

深入研究

帮助文件代码

下表提供了通常出现在帮助文件中的语言（或代码）的简短列表，以及这些语言（或代码）的解释。还提供了一个本书之前使用的命令示例，语言（或代码）的部分使用粗体字。

语言或代码 (Language/Code)	解释（Interpretation）	例子（Example）
varname	数据集中的变量名	tab **employst**
varlist	数据集中的变量列表	corr **workhrs totacts marrymin**
newvar	新的变量名	gen **agep16**=agecats-16
indepvars	数据集中的解释变量	reg workhrs **totacts marrymin**
depvar	数据集中的被解释变量	reg **workhrs** totacts marrymin
=exp	表达式。表达式通常是由数学运算符和变量名组成的公式数字	gen agep16=**agecats-16**
#		level（**99**）

如果你向下滚动帮助文件窗口，可以看到关于命令更细致的描述以及更多关于选项的信息。最后，帮助文件可能最有用的部分是如图8-5所示，位于帮助文件窗口的底部。

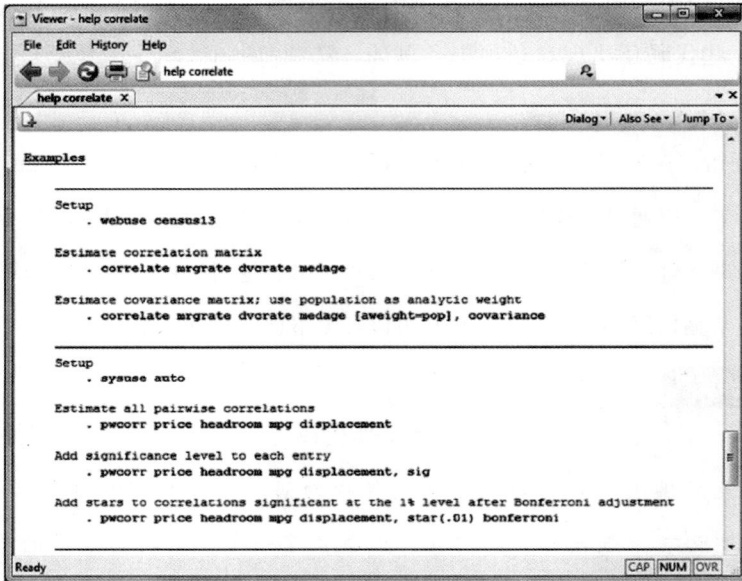

图8-5　帮助文件中的命令示例

这些示例展示了如何使用命令，包括命令的各种选项。前面有一个"."行表示可以在命令窗口输入的命令。此外，这些示例的数据可以很方便地获得，因此你可使用这些数据练习使用不同的命令，并查看它们的输出结果。示例的第一行是打开例子所使用的数据文件的命令（注意，你的计算机必须联网，才能利用-webuse-命令打开对应的数据集。使用-syuse-命令打开的数据集，在没有联网时也可以打开）。

8.2 高级的便捷命令

下面即将介绍另外一些命令，这些命令可以称为"便捷命令"（convenience commands）。之所以称为"便捷命令"，是因为所有的操作都可以使用我们已讨论过的命令来完成，而这些命令是简单的快捷方式。

这些命令是"高级的"，因为它们的结构与之前讨论的命令有所差异。用户第一次接触这一类型的命令时可能会感到沮丧，因为这些命令看起来很长，并且形式上会稍微有一些差异。如果你开始学习这类命令时觉得有点烦躁，那么请记住你之前学过的命令完全可以达到相同的目的。我们建议初学者首先要熟悉和适应之前各章节学过的命令。当然，如果本书已经最大程度地消除了你的挫败感，感觉能轻松地学习Stata了，那么以下内容也可以不用了解。

下面示例使用的是数据文件 Chapter 8 Data.dta，读者可从 www.sagepub.com/longest 获得。这一数据集包括一些之前章节使用过的取自 NSYR 数据集的变量和一些新的变量。该数据集仍然包括第三波调查的全部 2 532 个年轻人样本。所有的缺失数据用相应的代码替换。".d"表示"不知道"，".r"表示"拒绝回答"，".s"表示基于调查设计合理地跳过该问题（跳过模式）。

1.tab，gen（newvar）

这个快捷命令实际上并不是一个新命令，而是一个新的选项。在前几章中，用-tab-命令产生频数分布和列联表。这两个功能是该命令的主要用途，但该命令允许使用非常有用的-gen（newvarstub）-选项。

第7章讨论了在回归分析中使用二元变量。除了使用一个二元变量的情况，在回归分析中可以基于定性变量的分类构建多个二元变量用于预测。

例如，第6章中考察了表示宗教信仰的定性变量 i_religi（重命名为 denom）是否与参加志愿服务的次数相关。该变量包括6种宗教派别：Evangel-ical Protestant、Mainline Protestant、Black Protestant、Catholic、Not Religious 及 Other Religion。在回归分析中，为了把这个变量作为二元变量集使用，每一类都要对应一个二元变量。其中一个分类，如 Not Religious，需要被视为"参照组"，在回归分析中只包括余下的5个二元变量。

可以使用 -gen- 和 -replace- 命令的组合生成6个二元变量。这种方法很直接，但是需要几行的命令来完成。一个快捷的方法是在 -tab- 命令后使用选项 -gen（newvarstub）-，这个选项会自动地为 -tab- 命令后的变量生成取值为0和1的二元变量。newvarstub 表示要给出用于命名新变量的词根。每个新变量将这个共同的词根作为其变量名的一部分，词根后面是数字，数字表示该类变量在原始定性变量中的顺序。在这个例子中，要生成6个变量，每个变量的名称词根后面跟着1~6之间的一个数字，数字是基于定性变量 denom 中不同分类的次序。

在命令窗口中输入：tab denom，gen（dumden），然后按 Enter 键，会出现如下结果：

```
(tradrel_w3) Identical |
 to relatt_w3 but uses |
identification info on |
        non-attenders  |      Freq.      Percent         Cum.
-----------------------+--------------------------------------------
Evangelical Protestant |        714        28.20        28.20
   Mainline Protestant |        259        10.23        38.43
      Black Protestant |        189         7.46        45.89
              Catholic |        443        17.50        63.39
         Not religious |        622        24.57        87.95
         Other religion|        305        12.05       100.00
-----------------------+--------------------------------------------
                 Total |      2,532       100.00
```

除了标准频数分布表，在变量窗口会显示 6 个新的变量：dumden1，dumden2，…，dumden6。试着生成 dumden2 的频数分布表（-tab dum-den2-），会出现如下结果：

```
denom==Main |
        line |
  Protestant |      Freq.      Percent         Cum.
-------------+-----------------------------------------
           0 |      2,273        89.77         89.77
           1 |        259        10.23        100.00
-------------+-----------------------------------------
       Total |      2,532       100.00
```

结果显示这是一个表示宗教信仰是否是主流新教（Mainline Protestant）的二元变量。有 259 个样本取值为 1，其他取值为 0。变量名是 dumden2，因为 Mainline Protestant 是 denom 变量的第 2 类。注意列表左上角显示的变量标签，它有助于明确该变量所代表的分类，以及它是从哪个变量派生出来的。

深入研究

使用通配符

使用命令 -tab, gen（）-会生成 6 个变量名具有相同词根的独立变量。如果你对每个变量的频数分布感兴趣，当然可以在命令窗口输入 -tab dumden1 dumden2 dumden3 dumden4 dumden5 dumden6-来实现。显然，这种方法有点耗时。也可以直接点击变量窗口中的每个变量，相应的变量名就会出现在命令窗口，这样就不必输入每个变量名。但是还有更快捷的方法。

Stata 允许在命令中引用变量时使用"通配符"。通配符是一种速记形式的符号。最常用的通配符是"*"。在变量名的词根后放置一个"*"，是告知 Stata 对所有含有这个词根的变量名运行该命令，而不管词根之后是什么。

例如，你可以在命令窗口中输入 tab1 dumden*，然后按 Enter 键。Stata 会识别通配符，为数据集中以字符"dumden"开头的所有变量计算频数分布。在这个例子中，你甚至可以只输入 dumd*，因为在该词根下没有其他的变量。

通配符"*"也可以在变量词根的前面或者中间使用。例如，如果数据集中包含 denonevar，dentwovar，denthreevar 这几个变量，你可以输入 tab1 den*var，运行该命令会得到这三个变量的频数分布。

在统计分析命令中使用通配符只有很小的风险，因为最坏的情形也就是一些变量意外地进入到回归分析中。但是，如果使用的是更改数据的操作，那么需要格外谨慎。例如，如果你想使用-drop-命令删除 dumden 变量，必须确定在数据集中其他变量名中不含这个词根，以防止意外删除变量。

防止这种意外的一种方法是使用"-"通配符。符号"-"用于两个变量之间，该通配符告诉 Stata 对这两个变量以及在它们之间的变量进行操作。"在……之间（In between）"在这里指的是数据集中变量的顺序，变量顺序可以在变量窗口中看到。例如，上面的频率分布也可以通过运行命令 tab1 dumden1- dumden6 实现。

2. egen

正如你预料的，命令-egen-用于生成新变量。这个命令是-gen-的扩展，它的语法结构和-gen-相似。主要的区别是：在命令-gen-中，用户需要在等号后输入某种类型的表达式，而命令-egen-有一些内置函数，可以执行一些最常用的计算。该命令的基本形式是：

egen newvar=fcn（arguments）　［if］　［, options］

命令中的fcn部分表示的是某个函数，圆括号中是该函数的参数。例如，函数-sd-表示计算标准差。如果你想创建一个等于某个变量标准差的新变量，就可以使用-sd-函数，并将要计算标准差的变量放在括号内。arguments部分是根据每个函数的要求输入的。在命令窗口输入help egen，点击Enter键，可以看到全部的函数集。

如果要解释所有的函数，需要一整章的内容。但是它们的结构是相似的，因此举两个例子足以介绍这类命令。

之前，我们提到过一个表示受访者身体质量指数（BMI）的变量，变量名为bmi。此变量代表每个受访者的BMI值。有时候可能需要将这些定距-定比变量作为定序变量来处理。但是它有太多的分类，因此可以使用命令-recode-生成一个更为简洁的变量，但是-egen-中有一个专门的函数可以实现这个目的。

函数-cut-可以在某个取值点处切割变量，也可以将变量的取值分成若干个组。调用选项-at（#, #, …, #）-执行第一个程序。调用选项-group（#）-执行第二个程序。-at-中的#表示确切的分割点，-group-中的#表示新变量应该包含多少个几乎相等的组。如果你决定将变量bmi压缩成10类定序变量，调用-group（10）-选项即可。

在命令窗口中输入：egen ordbmi = cut（bmi）, group（10），按Enter键。然后在命令窗口中输入：tab ordbmi，按Enter键。生成的新变量是含有10类的定序变量，其频数分布如下：

```
     ordbmi |       Freq.      Percent        Cum.
------------+-----------------------------------------
          0 |         246        9.80        9.80
          1 |         254       10.12       19.93
          2 |         252       10.04       29.97
          3 |         246        9.80       39.78
          4 |         244        9.72       49.50
          5 |         263       10.48       59.98
          6 |         251       10.00       69.99
          7 |         251       10.00       79.99
          8 |         249        9.92       89.92
          9 |         253       10.08      100.00
------------+-----------------------------------------
      Total |       2,509      100.00
```

现在，ordbmi不再是一个定距-定比尺度的变量了，而是一个含有10个类别的定序尺度变量。注意，这些分组基本是等分的，各包括接近10%的受访者。现在就可以生成新变量ordbmi和变量gender的列联表了。

第二组常用的-egen-函数是所谓的"行函数"。行函数对数据集中的每个样本（数据集中的每一行）进行操作。通常，行函数中的arguments部分包含一系列的变量。该函数对某个变量的每个样本值执行相应的操作。

例如，在第7章中，我们使用受访者的理想结婚年龄作为他们工作时间的预测变量。受访者报告的是一个年龄范围（如23~25），你可能已经注意到，变量marrymin的取值只是受访者回答的年龄范围中的最小值。在这种情形下，除了使用最小值以外，还可以考虑使用年龄范围的中点（mid-point），即平均值。

如果受访者报告了一个年龄范围，最大值可以由变量marrymax表示，但是如果受访者没有给出范围，那么将变量marrymax设置为 .s（跳过）。命令-gen-可用来生成平均值，表达式为（marrymin + marrymax）/ 2。但是如果有缺失值，这个命令就会出现一些问题。对只回答一个年龄的受访者，你需要利用命令-replace-填写缺失值，因为有缺失值时，Stata无法完成计算。生成均值变量的另外一种快捷的方法是使用带有函数-rowmean-的命令-egen-。函数-rowmean-以及大多数行函数，都会忽略缺失值。因此，当你使用这种方法计算变量marrymin和marrymax的均值时，如果某一样本的marrymax缺失，Stata会自动地只使用变量marrymin计算这一样本的均值。Stata对缺失marrymax的样本，会将marrymin的值除以1，也就是将最小值直接赋给新变量。如果某样本的两个变量值都缺失，那么生成的新变量中该样本值也是缺失的。

在命令窗口中输入 egen idlmarry = rowmean（marrymin marrymax），按Enter键。简单看一下数据就可以清楚地看到这个命令是如何工作的。在命令窗口中输入：browse marrymin marrymax idlmarry，按Enter键，结果如图8-6所示：

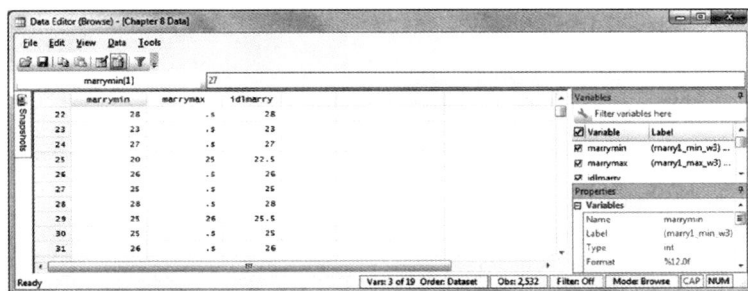

图8-6　函数rowmean的计算结果示例

该命令实现了预期的功能。窗口数据显示，对于前三个样本，变量marrymax都是缺失的，因为受访者只提供了一个理想的结婚年龄。新变量idlmarry中的值和marrymin中的对应值是相同的。窗口中的第4行样本（第25

个样本），年龄范围是20~25，新变量idlmarry相应的值是22.5（（20+25）/2）。

3. mark 和 markout

第7章中讨论了缺失值样本的"成列剔除"问题。成列剔除法是指在进行统计分析时，只针对那些所有变量都有有效响应的样本进行。例如，在第7章中最后的回归分析中，仅使用了全部2 532个样本中的2 455个样本。对分析中涉及的所有变量，77个样本中有一个变量或者多个变量缺失，在分析中这些样本被剔除。

Stata通常对于任何一个命令默认执行成列删除。但是当进行一项研究时，通常建议所有分析的样本是相同的。在第7章的例子中，对于回归分析中所涉及的描述性统计分析，建议只使用回归分析中所使用的2 455个样本，而不是对每个变量使用各自的全部有效样本。

确定回归分析中包括的变量以后，可以对所有命令加上一个-if-条件语句，以说明细节。例如，在第7章的分析中使用了4个变量：workhr，totacts，marrymin，currdata（变量totacts和currdate是在第7章生成的，已经包含在Chapter 8 Data.dta中）。最初对变量workhr使用命令-sum-的分析结果显示，2 527个样本被用于计算集中趋势和度量波动性，有5个样本的值缺失。如果想限定只使用2 455个有效样本执行命令-sum-，可以在命令窗口输入：sum workhr if totacts < . &marrymin < . & currdate < . ，按 Enter 键，结果如下：

```
    Variable |      Obs       Mean    Std. Dev.       Min       Max
-------------+--------------------------------------------------------
    workhrs1 |     2455   20.42851    18.92613         0       100
```

if条件语句告诉Stata只对满足相应条件的样本执行-sum-命令，即针对条件语句中包含的所有变量都小于缺失值的样本。记住，Stata将缺失值视为最大值，因此-if-语句中的＜.指示Stata对有效响应的样本进行分析。

这种将研究中所有分析都限定为同一样本的方法是有效的，但是如果在最终分析中包含大量变量，则可能变得非常麻烦。更大的问题在于，如果在分析中添加或者删去一个变量，每一个-if-语句都必须改写。很显然，这种情形说明了使用do文件的重要性。但是即使你使用do文件，改写所有的-if-语句也是很花费时间的。

Stata提供了一个含有两个命令的程序，该程序可以更简单地识别和使用最终分析的样本。这两个命令的基本结构如下：

mark newvar

markout markvar varlist

第一个命令-mark-，生成了一个变量（newvar），该变量用于识别样本，取值为1表示该样本对于分析中涉及的所有变量都有有效响应。你可以随意给该变量命名，执行完这个命令后，你可以在变量窗口看到生成的新变量。然而，此时数据集中的每个样本都赋值为1。

第二个命令-markout-可以用来指定在最终分析中包括的变量。命令-markout-自动地对-mark-命令生成的新变量重新赋值，如果列出的变量中有任意一个值缺失，该样本就被重新赋值为0。这听起来可能很复杂，但是通过一个示例逐步地演示就很容易理解了。

在命令窗口输入：mark nomiss，按Enter键。这个命令创建了一个新变量nomiss，该变量将用于识别非缺失值样本。

接着，在命令窗口输入：markout nomiss workhrs totacts marrymin currdate，按Enter键。变量nomiss将被重新赋值，通过查看下面该变量的频

数分布（-tab nomiss-），可以看出上述操作实现的功能，频数分布如下。

```
    nomiss |      Freq.     Percent        Cum.
-----------+-----------------------------------
         0 |         77        3.04        3.04
         1 |      2,455       96.96      100.00
-----------+-----------------------------------
     Total |      2,532      100.00
```

现在，变量 nomiss 是一个指示变量，有 2 455 个样本的值为 1，说明对最终回归分析包括的 4 个解释变量，这些样本是有效的。

现在，你可以将之前冗长的 -sum- 命令行改写为：sum workhr if nomiss==1，相应的结果就会显示出来。

最初，生成这一指示变量看起来是浪费时间的。但是，随着研究中包含越来越多的分析，这种方法能节省大量的时间和精力。然而，这个过程最适合用 do 文件进行分析。如果使用 do 文件，则可以编写包含 -if nomiss==1- 的所有命令。如果决定在分析中增加或者删除变量，你可以删除当前的 nomiss 变量，相应地修改 -markout- 命令并重新生成修改后的 nomiss 变量，然后重新快速地对新识别的样本进行分析。注意这个过程只涉及 do 文件中一个命令的修改（修改命令 -markout- 后列出的变量），而不需要像之前那样，修改每个含有 -if- 条件语句的命令，这就是为什么这两个命令如此快捷的原因。

4. alpha，gen（newvar）

最后介绍的快捷命令实际上执行两个有用的函数。第一个是计算分析中常用的一个统计量：Cronbach's alpha；第二个可以根据 Cronbach's alpha 计算时使用的变量集创建一个指数变量。

这是一个说明Stata帮助文件有用之处的很好例子，因此我们现在先不给出该命令的结构。要计算Cronbach's alpha，凭直觉你可能想到"cronbach"。如果你在命令窗口输入：help cronbach，并按Enter键，你会发现你的直觉并不是很准确。但是搜索结果窗口的第一个结果，即-alpha-看起来好像是合适的。现在你可以点击结果窗口显示的"alpha"，或者在命令窗口输入help alpha，并按Enter键来获得与计算Cronbach's alpha有关的帮助文件。

Cronbach's alpha（这里简称为alpha）是一个统计量，用来评估一组变量"结合"得有多好。该系数通常用于确定一组变量是否可以有效地综合为一个指数或者一种度量。其取值在0和1之间，越接近1，表明这些变量越相关，能综合成一个有效指数。

例如，NSYR数据集包括三个问题可以测量自我价值的基本概念："通常你多久有下述的几种感觉？（1）感觉到被关爱和被接受；（2）感觉到孤独和被误解；（3）别人不在意你，而感觉到被忽视。"每个问题有4个回答选项，从"完全没有"到"经常"。三个问题对应的变量名分别为accepted，alienate，invisible。

为了计算这3个变量的alpha值，在命令窗口输入alpha accepted alienate invisible，并按Enter键，结果如下：

```
Test scale = mean(unstandardized items)
Reversed item:  accepted

Average interitem covariance:      2062425
Number of items in the scale:            3
Scale reliability coefficient:      0.6252
```

上表显示了变量之间的平均协方差（average interitem covariance），量表中变量的个数（number of items in the scale）、度量的信度系数（scale reliability coefficient）。最后一个数字是 alpha 值，其值为 0.6252，表明三个变量是适度相关的，而不是强相关，因为其值大于 0.5，但是小于 0.75。

上表结果还表明，变量 accepted 已经被"反转"。Stata 自动更改了变量的方向，以便它们都从低级别度量开始指示。在这个例子中，三个变量都是自我价值的度量，这三个变量均被"反向编码"，使得"经常"对应最低级别的值，而"完全没有"对应最高级别（注：有关快速修复此问题的方法，请参见本章末尾）。变量 accepted 的最大值（即受访者"完全没有"感受到被接受）意味着低自我价值感。然而，对变量 alienate 和 invisible 而言，最大值意味着高自我价值感（即受访者没有感觉被疏远和忽视）。因此，要么对变量 accepted 反向调整，要么对变量 alienated 和 invisible 进行反向调整，使得这些变量的度量方向一致。

当使用 -gen（newvar）-选项时，这种自动进行的反向调整特别有用。-gen（newvar）-选项提示 Stata 生成新变量，该变量表示包含在命令 -alpha-中的所有变量的平均值。当变量的度量方向不一致时，正如现在这个例子，Stata 在计算平均值之前会自动地反向调整必要的变量值。这样能确保生成正确的指数变量（index variable）。明确新的指数变量的方向也很重要。因为变量 accepted 是反向调整的，这时它与变量 alienated 和 invisible 的方向是一致的，因此新生成的变量方向和 alienated，invisible 相同。新的指数的值越高，说明自我价值感越高。

在命令窗口输入：alpha accepted alienate invisibl, gen（worth），按 Enter 键，显示的结果与上面相同，而且在变量窗口出现了一个新的指数变量 worth。如果你对指数变量的方向有疑问，可以把它和原始变量一起进行相关分析（例如使用下面的命令：corr accepted alienated invisibl worth）。根据指数变量和原始变量相关系数的方向（正或负），就能看出指数变量较大的值意味着什么。

这里还有一个关于 Stata 如何在命令–alpha，gen（newvar）–中生成新变量的一个简单说明：对于每个样本，如果它在至少一个变量上有有效的响应，那么生成新变量时这个样本就会被赋值。平均值是基于每个样本有效响应变量的个数来计算的。例如，如果某个样本在变量 alienate 上的值是缺失的，那么该样本对应的变量 worth 的值是将变量 accepted 和 invisible 值相加并除以 2 得到的（而不是除以 3）。在帮助文件中也提供了这方面的说明。在帮助文件中你还可以看到，如果你希望在新生成的变量中，只要有缺失值的样本，都将其新变量的值设置为缺失，那么你可以调用选项–casewise–来实现。

| 8.3 |　扩展 Stata 功能

到目前为止，本书着重于帮助读者提高使用 Stata 进行定量分析的能力。最后一章介绍了如何探索本书前面没有介绍的众多命令和功能。与你开始阅读本书的时候不同，期待你能对使用 Stata 进行分析感到兴奋，因为学完本书后你已对主要的操作非常熟悉，并且有了信心。如果真的是这样，你会期待可以扩展更多的功能，而不仅仅是它已经非常庞大的、开箱即用的功能。

虽然 Stata 并不是一个开源代码软件，但是 Stata 允许开源代码增加并增强它的功能。Stata 用户可以自己编写程序发布给其他用户，并提供程序下载。显然，如何编写这类程序超出了本书的范围。但是，如何找到并安装这些有用的增强功能并没有超出本书的范围。有几种方法可以查找并安装这些程序，本章余下的部分将介绍几种最简单和最常见的方法。

实际上，任何统计软件都不可能将每一种分析技术都包含在它的一系列操作中。鉴于分析策略众多，统计领域也在不断扩展，你可能需要进行Stata基本操作中未包含的其他分析。幸运的是，Stata这种开源功能以及与大量的用户相结合使得你需要的程序基本上都可以找到。

例如，在第7章相关性部分介绍了怎样产生皮尔森相关系数，它是定距–定比变量相关性最常见的一种度量。然而，皮尔森相关系数不能完全准确地测量两个定序变量之间，或者有有限分类的定距–定比变量之间的相关性。例如，你可能对年轻人朋友的数量和"自我感觉被接受程度"之间的关系感兴趣。[①]如果生成变量 numfrien 和 accepted 的频数分布（tab1 accepted numfrien），可以看出，每个变量有5个分类或者更少。变量 accepted 是定序尺度变量，而 numfrien 是定距–定比尺度变量，其最大值是5。为了计算这两个变量的皮尔森相关系数，在命令窗口输入：corr accepted numfrien，然后按 Enter 键。结果表明，这两个变量呈弱负相关关系（-0.1161），表明年轻人的朋友越多，"自我感觉被接受程度"越高。这种解释感觉和相关系数给出的方向不一致，因为变量 accepted 的取值方向是反向的，即值越小表明"自我感觉被接受程度"越高（从频率分布表可知），因此，根据这一编码顺序，负相关表明有更多的朋友，意味着更高的自我认同。

尽管皮尔森相关系数是这种类型变量之间相关性的良好近似，但你之前可能还听说过另外一种相关系数，它被用于度量有限分类的变量之间的相关

---

① 关于这种类型变量的相关系数，已有很多发表的研究成果，关于统计量的细节和有效性这里不多介绍，读者可以查阅其他资料了解关于这些统计量的优缺点和更多细节。

性，被称为多分格相关（polychoric correlation）系数。如前所述，Stata中命令的名称通常是直观的，你可以尝试使用命令polychoric。不过，这种做法会出现错误提示。接下来，根据已经学习过的本章内容，你可以尝试通过–help polychoric–在Stata中进行搜索，结果如图8-7所示。

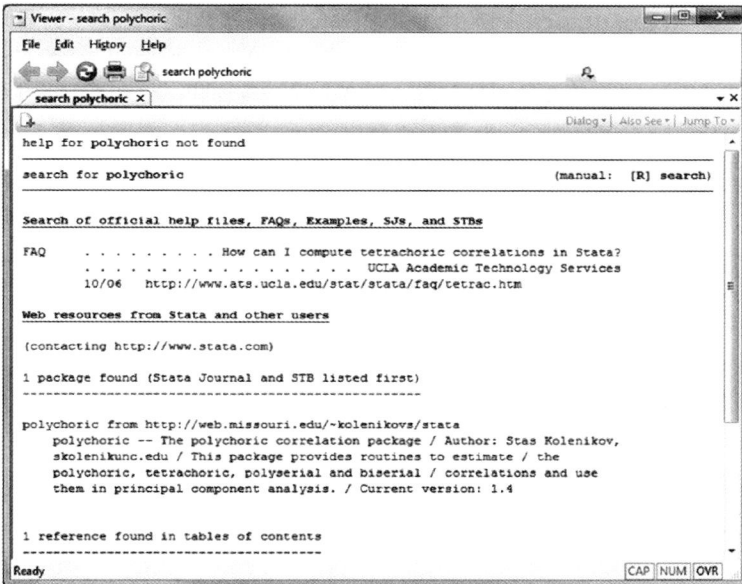

图8-7　polychoric搜索结果窗口

该窗口的上半部分显示Stata中没有一个命令的名称中包含"polychonic"。但是窗口的下半部分，从"Web resources from Stata and other users"开始，表明有一个可用的加载项，它含有"polychoric"。注意，这一部分的子标题显示"1 package found"（找到一个程序包），在Stata中把用户编写的程序称为"package"（程序包），因为这些程序包除了包括程序本身，还有其他文件。这些文件通常包括帮助文件，执行当前程序之前所需要预先安装的程序，甚至有时候还包括数据和示例。要了解有关该程序的更多信息，可以单击"polychoric from …"这一链接，之后会显示如图8-8所示的窗口。

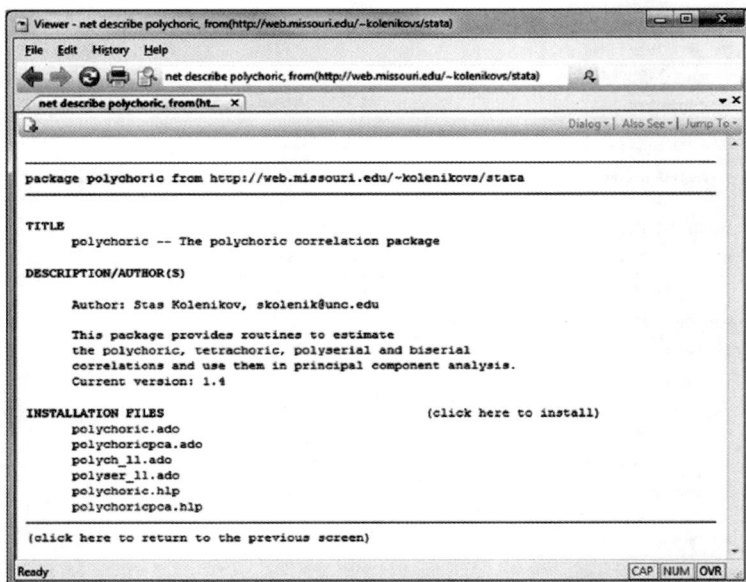

图8-8　用户编写的程序安装示例

图8-8所示的窗口显示命令名称（在Title的下方），以及程序功能的描述、作者和程序包中的文件。这个程序包有6个不同的文件。前4个是程序文件，它们的扩展名都是.ado。注意.ado和.do扩展名是相似的，但是"ado"文件可以直接添加到Stata中，作为程序或者命令来运行。最后2个文件是帮助文件，扩展名是.hlp。点击链接"click here to install"，之后Stata会将该程

序包的所有内容安装在特定的位置。（注意：要完成安装，你的计算机必须联网）①

完成该程序的安装后，最好先查看一下帮助文件，了解命令结构和重要的命令。为此，在命令窗口输入 help polychoric 并按 Enter 键。然后你可以查看这一新安装的程序的帮助文件。在这里，你将看到命令-polychoric-的结构和命令-corr-的结构类似。因此，你可以在命令窗口输入：polychoric accepted numfrien，按 Enter 键，生成新的相关分析结果。可以看出，如果只计算 2 个变量的相关系数，-polychoric-命令和-corr-命令的输出结果会略有不同，但是如果计算 3 个或更多变量的相关系数，两者的输出结果非常接近。Rho 值与相关系数相似，表明 polychoric 相关系数比 Pearson 相关系数更强一些（分别为-0.1587 和-0.1106）。

有时候，你想要添加的内容并不像上文中的例子那样直接。在这种情况下，使用一些网络资源是有帮助的。第一个资源是 Statalist，它是一个讨论区，可以在 Stata 网站（www.stata.com）上找到。Stata 用户可以在 Statalist 上发布和回答有关 Stata 和统计学方面的问题。Stata 用户还可以在 Statalist 上发布他们编写的程序。使用 Stata 网站的搜索窗口进行搜索，你会直接跳转到 Statalist，或者你可以点击 Support，然后点击 Statalist 了解其他的选项。另一个有用的资源是波士顿学院统计软件组件档案（Boston College Statistical Software Components Archive，http://ideas.repec.org/s/boc/bocode.html），这里储存了很多用户编写的程序。该网站的简写为"ssc"，这一存档网站会展示新的程序，并允许使用关键词进行搜索。

---

① 如果你在共享计算机或网络上使用 Stata,这些程序可能无法正确安装。应该与管理员协商,以确定如何以及在哪里安装这些程序。

为了说明添加新程序的方法，再回想一下上面例子中与变量accepted有关的问题。生成频数分布后（-tab accepted-），你可能注意到它是"反向"取值的。也就是说，取值越大，表示"自我感觉被接受程度"越低。这种逆向的取值使得它与其他相关变量的解释有些困难。第5章中的专栏"深入研究：按方向重新赋值"介绍了一种扭转这种反向赋值的方法。该方法非常直观，但有些麻烦，而且对于新赋值的变量没有保留值标签。当然，你可以创建一个新的值标签，并将它附加到新变量中，但是你应该想到肯定有一种简单的方法。

为了搜索一个能反转变量值的用户编写的程序，你可以浏览Stata网站，在搜索框中输入"reverse value order"。第二个搜索结果表明，有一个"ssc"包，也就是来自波士顿学院档案馆的一个程序包，名称为-revrs-，可能会满足你的要求。单击该链接，网页显示的信息与上面的-polychoric-信息页面是类似的。如果要安装这个文件，你可以返回Stata，在命令窗口输入-help revrs-，后续的操作与上面相同。或者像Stata网站顶部信息页所显示的那样，可以在命令窗口输入-ssc install revrs-，然后按Enter键，这个命令会自动地从ssc获取程序并安装。

同样，你首先应该查看帮助文件，全面了解该命令的功能。在帮助文件中，你会了解到命令-revrs accepted-将生成一个新变量来保存原始的accepted变量的反向版本，新变量名为revaccepted。尝试完成该命令，然后在命令窗口输入-tab1 accepted revaccepted-，按Enter键，得到如下结果：

```
-> tabulation of accepted

  (accepted_w3) |
       P:21. In |
  general, do you |
  [INSERT LIST |
    A-D]  [READ |
      RESPONSE |
       OPTIONS |     Freq.      Percent        Cum.
----------------+-----------------------------------
         A lot |     1,874        74.31       74.31
          Some |       490        19.43       93.74
      A little |       124         4.92       98.65
          None |        34         1.35      100.00
----------------+-----------------------------------
         Total |     2,522       100.00


-> tabulation of revaccepted

  (accepted_w |
   3) P:21. In |
  general, do |
  you [INSERT |
   LIST A-D] |
       [READ |
      RESPONSE |
       OPTIONS |     Freq.      Percent        Cum.
------------+-----------------------------------
          None |        34         1.35        1.35
      A little |       124         4.92        6.26
          Some |       490        19.43       25.69
         A lot |     1,874        74.31      100.00
------------+-----------------------------------
         Total |     2,522       100.00
```

　　如你所见，每个分类的频数和百分比保持不变，但在新变量 revaccepted 中，分类的顺序和变量名是匹配的，也就是值越高意味着"自我感觉被接受程度"也越高。

　　利用这些方法搜索，查找和安装用户编写的程序可以大大丰富 Stata 的功能。通常，如果你有"如果有一个实现……功能的命令那就好了"这样的想法，很有可能Stata真的包含了一个你所需要的功能。运用本章所介绍的Stata内置帮助文件能帮助你找到并学习如何使用它。在少数情形下，Stata没有包括你想要的功能，此时极有可能某个用户编写的程序会帮助你实现目标。有了最后这个工具，你使用Stata进行定量分析的能力将是无止境的。

本章命令概览

```
*tab，gen（）
tab denom，gen（dumden）
tab dumden2
```


```
*egen
egen ordbmi = cut（bmi），group（10）
tab ordbmi
egen idlmarry = rowmean（marrymin marrymax）
browse marrymin marrymax idlmarry
```


```
*mark markout
sum workhr if totacts < . & marrymin < . & currdata < .
mark nomiss
markout nomiss workhrs totacts marrymin currdate
```

*alpha

alpha accepted alienate invisible

alpha accepted alienate invisible， gen（worth）

corr accepted alienate invisible worth

*Expanding Stata's Capabilities

tab1 accepted numfrien

corr accepted numfrien

help polychoric

polychoric accepted numfrien

tab accepted

ssc install revrs

revrs accepted

tab1 accepted revaccepted

*A Closer Look: Using Wildcards

tab1 dumden*

tab1 dumden1   dumden6

练习题

利用 Chapter 8 Data.dta 中的数据文件，完成下列练习。（可用 do 文件完成这些练习，并将结果保存在 log 文件中。参见第 3 章对 do 文件和 log 文件的

介绍）

1. 对每一种可能的上帝观创建一个二元变量（godview）。

2. 生成每个二元变量的频数分布，以确保正确创建了二元变量集（尝试使用通配符）。

3. 使用命令窗口查看命令-egen-的帮助文件。

4. 根据-egen-的帮助文件，运行生成的新变量的命令，新变量表示约会人数（datnum）和好友人数（numfrien）的最小值。

5. 显示 workhrs1、datnum、numfrien 这三个变量的集中趋势，只使用对 3 个变量都有有效响应的样本。

6. NSYR 数据集中包含关于两性关系中性别角色的三个变量。三个问题分别为：受访者是否同意女人不结婚也能对生活非常满意（wommar）；一个家庭中，男人是否应该是主要的决策者（mandecid）；有工作的母亲能否和孩子保持稳定和谐的关系（wrkngmom）。使用 Cronbach's alpha 说明这三个变量是否可以合成一个有效测度。

7. 利用 womar，mandecid，wrkngmom 这三个变量创建一个度量传统性别角色的指数型变量。

认识 Stata 12

对于很多人来说，学习一个新的软件可能会令人焦虑，尤其是当程序中涉及统计学的内容时，压力可能会大大增加。如果你在开始成为 Stata 用户的过程中有类似的感觉，不要害怕，你并不孤单。这本书在设计时就考虑到了这一点。本书的主要目标之一是帮助读者减轻，或至少将这种焦虑降到最低，因为我们的目标是使读者成为高效、熟练的 Stata 使用者。电子邮件和互联网刚刚出现的时候我们可能也有过类似的感受，但是现在大多数人都能自如运用。当读完这本书后，你对 Stata 也会有类似的感受，并且更加熟悉它。

在深入了解使用 Stata 的所有细节之前，首先了解它的各个组成部分是很重要的。本附录将介绍 Stata 程序基本的构建模块。涉及的内容在本书的后续章节中都有详细的介绍，本附录是 Stata 程序基本功能的概述，第二部分将解释如何打开、导入和输入数据。

|A.1| 你所看到的[①]

双击 Stata 图标，打开 Stata，你首先看到的窗口如图 A–1 所示。

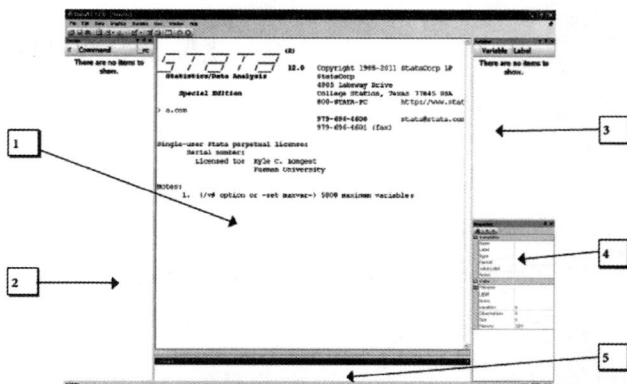

图 A–1　基本的 Stata 视图

在屏幕上有 5 个不同的窗口。[②]

1.结果窗口（Results Window）：结果窗口将显示 Stata 所"做"的所有工作。Stata 所执行的任何操作都会显示在这个窗口中，包括操作的名称及其结果。然而，这些结果并不是自动保存的。如何将这些结果保存在数据

---

①　如果你正在使用 Stata 11（或 Stata 10）请跳过附录 A，阅读附录 B：认识 stata 11。Stata 12 的外观与以前的版本略有不同，如果不与其他版本分开来介绍，可能会使你看到的文本和屏幕上的内容不完全匹配。从第 2 章开始，大部分的操作和命令在不同版本之间都是类似的，文中特别指出了与以前版本不同的一些特点。

②　这种格局意味着 Stata 打开就可以用，如果你正在使用的是共享计算机（或者通过网络），有可能这些窗口已经被其他用户移动、调整大小，甚至删除，这使得你看到的内容与这个截图略有不同。如果某个窗口丢失了，可以点击 Windows 选项卡并单击所需打开的窗口。你还可以移动这些窗口，只需用鼠标单击并将它们拖到相应的位置即可。

中，已在第3章"数据管理"部分中介绍过。

2. 命令回顾窗口（Review Window）：命令回顾窗口包含 Stata 当前会话中执行的所有操作的运行历史记录。不管你输入和执行了什么命令，都将出现在结果和命令回顾窗口中。命令回顾窗口最有用的功能是可以作为曾经执行命令的快捷方式。也就是说，如果你点击命令回顾窗口中的命令，该命令将出现在命令窗口中，你可以从该窗口中查看、更改命令或再次运行相同的命令。

3. 变量窗口（Variables Window）：在 Stata 中打开数据文件时，数据集中包含的变量将在变量窗口中列出。此窗口可用于滚动查看活动数据中包含的所有变量。当你点击变量窗口中列出的变量名时，变量的属性将在属性窗口中显示。如果将光标放在变量上，会出现一个小箭头。单击该箭头，变量名将自动出现在命令窗口中。这个窗口还列出了变量的标签，它提供了关于变量的更详细的信息。关于变量标签更详细的讨论已在第3章"数据管理"一节"使用标签"部分中介绍过。

4. 属性窗口（Properties Window）：属性窗口提供了当前正在使用的数据集的详细信息，以及从变量窗口中选择的任何变量（通过单击该变量）的详细信息。对于数据，属性窗口显示文件名、数据中包含的变量数量和观测样本（如受访者）的数量。对于给定的变量，属性窗口列出了变量名称、类型、格式和值标签，这些描述的详细信息将在本附录后面讨论。在默认情况下，属性窗口是"锁定"的，这意味着不能直接从属性窗口更改任何特性。但是单击位于属性窗口左上角的挂锁图标，就可以解锁属性窗口，并允许通过单击某个属性（例如变量名）来更改变量的属性，这个过程的更多细节将在本附录后面提供。

5. 命令窗口（Command Window）：当使用"语法"接口时，命令窗口就是输入你想要 Stata 执行某个操作的地方。语法或代码是 Stata 命令语言的另一个术语，它们将告诉 Stata 要执行什么程序，在这个窗口中每次输入一个命令。在命令窗口中键入命令后，按 Enter 键，Stata 将执行命令定义的过程。命令窗口的一个有用特性是，你可以通过按 PageUp 键来滚动查看以前执行的命令。当找到你所感兴趣的以前执行过的命令时，可以修改它，也可以直接按 Enter 键再次执行该命令。本书的大部分内容是解释和描述在定量分析中所需的各种命令。

在屏幕的顶部也有几个图标，这些图标的功能和使用将贯穿全书。随着通读全书，你将对这些基本的窗口越来越熟悉。现在你应该已经比较轻松地掌握了每个窗口的基本用途。

|A.2| 开始使用数据文件

在使用 Stata 时，你将使用所谓的数据文件。如果你熟悉典型的数据库程序，那么就应该已经了解了数据文件的基本内容。这些文件包含一组个体的信息（通常是数字的），如调查的受访者、学校样本或美国的每个州。通常数据文件的组织方式是，每个个体的信息都包含在文件的一行中，而每一列代表一个变量（与个体相关的信息），如性别、学生数量、各个州的平方英里数等。

与大多数计算机文件相似，数据文件有许多不同的类型。但是，正如 PDF 文件与 Word 文档非常相似一样，所有数据文件基本上都是从类似结构中派生出来的。不同的派生文件用不同的扩展名来区分，文件扩展名位于文件名之后，用"."分隔开。Stata 主要数据文件的扩展名是 .dta。如何将其他类型的数据文件（例如，Microsoft Excel 文件）移动到 Stata 中，本附录后面"在 Stata 中使用不同类型的数据文件"会涉及。

1.打开和保存数据文件

为了打开一个Stata格式的数据文件（扩展名为.dta的文件），选择左上角的 File 菜单，然后选择 Open。或者直接点击 按钮，然后搜索计算机上的磁盘驱动器和文件夹，以找到已保存的数据文件。本附录使用的数据文件可在网站 www.sagepub.com/longest 中找到，文件名为 Chapter 1 Data.dta。找到数据文件后，双击打开，Stata屏幕将发生变化，如图 A-2 所示。

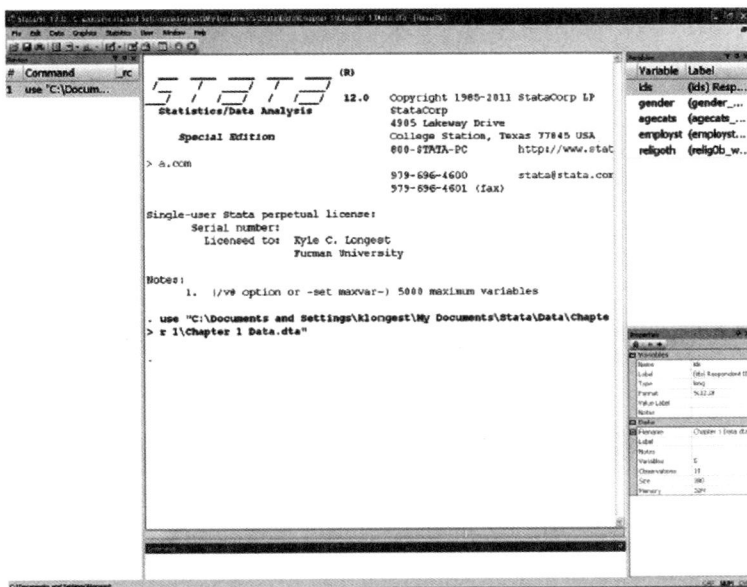

图 A-2　Stata数据文件打开后的视图

你执行的这个操作在结果窗口和命令回顾窗口中都会显示。一旦我们告诉了Stata该做什么，不管是点击菜单还是输入命令，都将会在结果窗口和命令回顾窗口中显示。因为打开数据文件没有任何的运行结果，因此在结果窗口中只显示相应的命令。你可以看到这个数据文件包含5个变量，在变量窗口中会被列出来。关于这个窗口中所显示的每个变量的信息将在后面的部分中讨论，目前最重要的方面是变量名。在这个数据文件中5个变量的名字分别为ids、gender、agecats、employst和religoth。这些变量名也可以给我们一些其所包含的内容的提示信息，如变量gender表示受访者的性别是男性还是女性。

最好总是保存数据文件的副本，并且只用副本进行操作和分析，因为在处理和分析数据时，常常会更改数据文件的某些方面。例如，你可能需要创建一个新变量，或者更改现有变量的某些内容。如果备份一个原始的数据版本，就可以防止丢失任何初始数据信息。但是也不要太担心，大多数的修改都是可以恢复的，使用数据的副本只是多了一种保护。

为了保存一个数据文件的副本，只需点击File菜单中的Save As，输入新的文件名，例如Chapter 1 Data mycopy.dta，然后点击Save即可，你如果想要保存数据文件的新版本，也可以使用这个程序。

深入研究

跨版本的Stata数据文件

正如在前言中提到的，从总体上来说，绝大多数的Stata功能和命令在不同版本中是类似的（例如Stata 13，12，11，10等）。Stata的数据文件也是这样的。所有通过旧版本建立和保存的数据文件新版本都可以使用（具有向前兼容性）。例如，通过Stata 11建立的文件利用Stata 12完全可以打开。另外，大部分的Stata版本也是"向后"兼容的，即保存在新版本中的数据使用老版本也可以打开。Stata 12和Stata 11都具有向后兼容性。所以在Stata 12中保存的数据，使用Stata 11打开完全没问题。

然而，在 Stata 某些升级版本中，Stata 数据文件不再"向后"兼容，即保存在较新版本中的文件不能使用旧版本打开。相对于 Stata 11 之前的版本，Stata 12 恰好是这些升级中的一个。如果你使用 Stata 12，并将保存在 Stata 12 中的数据集发送给使用 Stata 10 的同事，他们将无法打开它。

　　不过不要沮丧，Stata 提供了比较简单的方法来解决这些问题，如果想使用旧版本打开 Stata12 的文件，只需进行如下操作：

　　首先点击 File 菜单，然后选择 Save As，在 Save as Type 的下拉菜单中选择 Stata 9/10 Data（*.dta）选项。这个选项之所以列为 "Stata 9/10" 是因为 Stata 8、Stata 9、Stata 10、Stata 11 都是完全兼容的（向前兼容和向后兼容）。因此，使用这个选项实际上允许在任何版本的 Stata（从 8 到 12）中打开数据。注意你不需要改变文件的扩展名，扩展名仍然是 .dta。给文件命名后点击 Save 即可。当在结果窗口中看到带有 .saveold 的输出结果时，就说明已经保存成功，并且是保存为旧版本可以读的文件。通过这种方式保存的数据文件与 Stata 12 也具有兼容性。

　　Stata 13 相对于 Stata 12 和 Stata 11 也同样缺乏这种兼容性。如果你正在使用 Stata 12，你的同事正在使用 Stata 13，请参考第 1 章的专栏 "深入研究：跨版本的 Stata 数据文件"，学习如何将数据文件保存为 Stata 13 也可以打开的形式。这个过程与我们刚刚描述的非常相似。

2.数据浏览器和编辑器

　　如果是第一次使用数据，首先浏览一下数据是有好处的。即使已经有了使用数据的经验，检查一下你要分析的数据也是有帮助的。如果想查看 Stata 中的数据文件，点击屏幕上方中间的数据浏览器按钮 ⬚，就会弹出一个新的窗口，如图 A-3 所示：

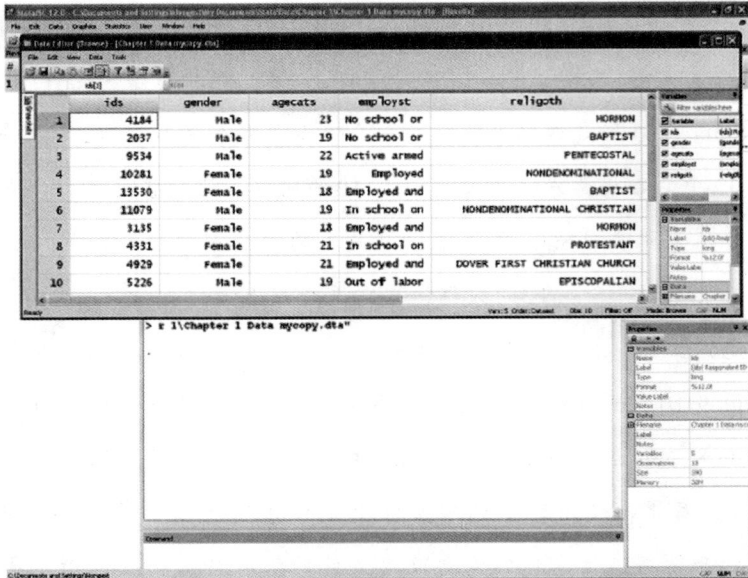

图A-3　数据浏览器窗口

图A-3所示的窗口就是数据编辑（浏览）器窗口，正如在它左上角所显示的。浏览意味着只是查看数据而不改变它们。

在这个窗口中你可以看到变量窗口列出的5个变量。正如之前所提到的，每一行是一个个体的值（NSYR的受访者），每一列是一个不同的变量。每个单元格就是某个个体相应变量的信息。例如，第一行的个体是一位男性受访者，他提到摩门教是他信仰的另一个宗教。如果想关掉数据窗口，只需点击右上角的"×"。

有时你可能希望更改某个变量的某个值，一种方法是使用数据编辑器窗口（更改多个变量值的更有效方法是用第2章提到的replace（if）命令）。点击数据浏览器按钮旁边的数据编辑器按钮，开始编辑数据。你会发现数据编辑器窗口和数据浏览窗口非常相似，主要的区别是在窗口的左上角，在"Data Editor"之后，窗口现在显示为"Edit"。一定要注意区分两个窗口，明确已打开的是哪一个窗口，因为编辑器处于打开状态时数据是可以被改写的。为了防止任何意外更改，一般建议只使用数据浏览器窗口，除非已确定要更改某些值。

可以使用鼠标或者键盘激活想要改变的单元格。例如，你可能已经发现在数据文件中错误地输入了第一个受访者的年龄，这个受访者应该只有22岁，而不是23岁，要进行此更改，只需将agecats这个变量的第一个值改成22然后按Enter键即可。当你关闭编辑窗口后，这个操作就会被记录和显示在命令回顾窗口和结果窗口中。

深入研究

初次使用命令

在数据编辑器窗口改变了第一个受访者的值后，在结果窗口中会显示如下的文本：

replace agecats = 22 in 1

（1 real change made）

不管是通过菜单还是点击的方式执行Stata命令，在结果窗口和命令回顾窗口中会显示相应的命令，这个命令是为了得到相同的结果应该在命令窗口中输入的命令。在上例中，会显示改变变量值的命令-replace-。也就是说，如果你在命令窗口输入这个命令，并按Enter键，会产生同样的结果。有时候使用菜单执行第一次操作很有帮助，但是通过第2章的详细讨论可以获知，学习和使用在命令窗口中执行各种操作的命令将是非常有益的。

本书在其他章节中也介绍了如何使用命令窗口进行操作。但是请注意菜单操作和命令窗口的联系。可以尝试如下的操作：在关闭数据编辑窗口时将结果窗口中显示的命令（第一个"."除外）拷贝并粘贴（或者输入）到命令窗口。例如，把"22"改为"23"应该输入如下的命令：

replace agecats = 23 in 1

按 Enter 键，当你再次打开数据浏览器窗口后，会发现变量agecats的第一个值已经变为23。

3.输入数据

你要分析的许多数据文件可能本来就是Stata格式或者是一个可以很容易转换为Stata格式的文件（更多关于此主题的内容见下文）。然而，有时你也需要手动输入研究数据。例如，邮件调查，则调查结束后需要输入每个受访者对每个问题的回答，以便你可以用Stata分析它们。

打开 Stata后，输入数据的第一步是如上所述打开数据编辑器窗口，然后你只需在每个变量上输入每个个体的值，以这种方式输入数据与向 Excel 文件输入数值非常相似。只是数据编辑器不具备 Excel 文件所具有的等式功能。

开始输入数据后，每个变量自动地被命名为var1、var2、var3等。在通常情况下，变量名最好对变量内容具有较强的描述性。将这些默认的变量名改为更清楚的标识变量内容的变量名的一种方法是：单击要重命名的变量的当前名称（例如，var1），该变量名列在编辑器窗口顶部，之后该变量的信息将显示在属性窗口中（位于数据编辑器窗口内）。然后点击属性窗口中列出的当前变量名，删除当前名称并输入想要的名称。另一种方法是：输入数据完毕后关闭数据编辑窗口，然后在变量窗口点击变量名，变量的信息将在属性窗口显示。为了在属性窗口改变变量名称，你需要点击padlock按钮解锁，然后在变量列表中点击需要重新命名的变量，输入新的名称即可。

完成所有数据的输入后，你可以关闭数据编辑器并按照上面描述的步骤保存Stata格式的数据文件副本。

4.在Stata中使用不同类型的数据文件

一些数据文件可能无法在Stata中使用，因此需要几个步骤来处理这些文件。实际上Stata不可能涵盖所有类型的数据文件，并将每种类型的数据文件转换到Stata中使用。本书介绍了如何处理最常见的数据类型，并且还有其他专门设计用来将数据文件转换成各种格式的计算机软件程序（例如Stat/Transfer），使用这样的软件程序可能是将文件转换为Stata格式的最有效方法。另外，一些统计软件包也提供了将数据保存为不同类型的选项，其中可能就包含Stata格式。

不能被Stata直接使用的最常见的数据文件类型之一是Microsoft Excel文件。通常这些文件用.xls扩展名表示，而由Microsoft Excel生成或可读的其他扩展名（例如.csv）的文件也可以以类似的方式处理。

虽然有几种不同的方法来传输以这种格式保存的数据，但最基本的要求是你能够访问并熟悉Microsoft Excel。首先打开一个Excel数据文件，选择包含数据的工作表，复制工作表（可以点击并选择Copy或者使用复制的快捷键（Crtl+C）），接下来在Stata中打开数据编辑窗口，激活左上方的数据单元，点击并选择Paste即可，也可以使用粘贴的快捷键（Ctrl+V）。一旦粘贴了数据，就会出现一个窗口，询问是要"Treat First Row as Data or Treat First Row as Variable Names"（将第一行直接填充数据，还是将第一行作为变量名处理）。你的选择取决于Excel数据文件第一行包含了变量名还是只有数据，这两个格式分别在图A-4和图A-5中给出来了。

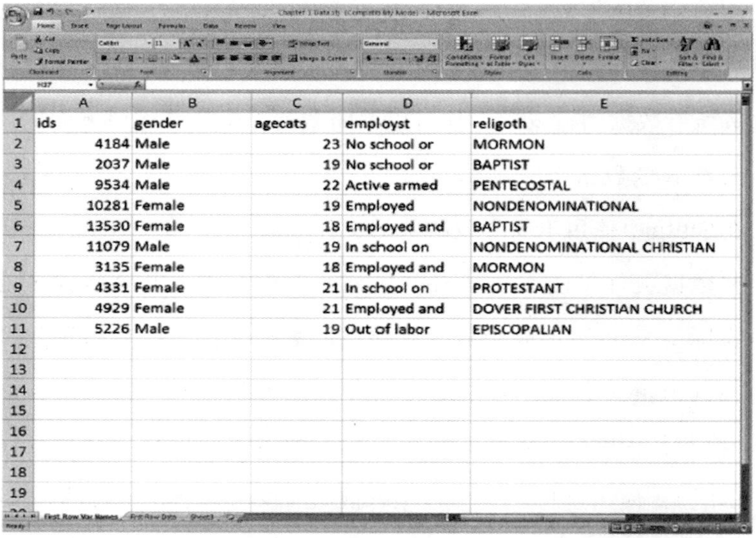

	A	B	C	D	E
1	ids	gender	agecats	employst	religoth
2	4184	Male	23	No school or	MORMON
3	2037	Male	19	No school or	BAPTIST
4	9534	Male	22	Active armed	PENTECOSTAL
5	10281	Female	19	Employed	NONDENOMINATIONAL
6	13530	Female	18	Employed and	BAPTIST
7	11079	Male	19	In school on	NONDENOMINATIONAL CHRISTIAN
8	3135	Female	18	Employed and	MORMON
9	4331	Female	21	In school on	PROTESTANT
10	4929	Female	21	Employed and	DOVER FIRST CHRISTIAN CHURCH
11	5226	Male	19	Out of labor	EPISCOPALIAN

图 A-4　第一行显示为变量名的窗口示例

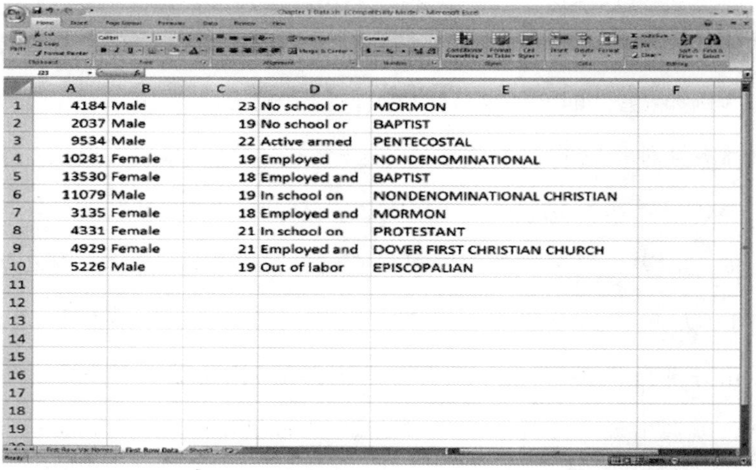

	A	B	C	D	E	F
1	4184	Male	23	No school or	MORMON	
2	2037	Male	19	No school or	BAPTIST	
3	9534	Male	22	Active armed	PENTECOSTAL	
4	10281	Female	19	Employed	NONDENOMINATIONAL	
5	13530	Female	18	Employed and	BAPTIST	
6	11079	Male	19	In school on	NONDENOMINATIONAL CHRISTIAN	
7	3135	Female	18	Employed and	MORMON	
8	4331	Female	21	In school on	PROTESTANT	
9	4929	Female	21	Employed and	DOVER FIRST CHRISTIAN CHURCH	
10	5226	Male	19	Out of labor	EPISCOPALIAN	

图 A-5　第一行显示为数据的窗口示例

选择合适的选项之后，关闭数据编辑器，并按照前面描述的步骤将数据保存为 Stata 数据文件。一旦将数据保存为 Stata 数据文件，你就可以打开并使用这个版本的数据。[①]

Stata 12（但是不包括更早的版本）提供了另一种方法将来自 Excel 文件的数据直接引入 Stata，可能会稍微快一些，而且不需要打开 Excel。打开 Stata 后，点击 File 菜单中的 Import（导入），选择 Excel spreadsheet（*.xls *.xlsx）选项[②]，就会出现如图 A-6 所示的窗口，点击 Browse 按钮找到想要导入 Stata 的 Excel 文件，一旦选定了要导入的文件，你就可以选择将某一个工作表甚至是某些单元格的数据导入 Stata 文件。注意，你仍然需要决定并告诉 Stata Excel 文件中的第一行是显示变量名还是实际数据。如果第一行显示变量名，那么单击 Import first row as variable names，将第一行作为变量名导入（执行这个操作后预览窗口中显示的数据将发生变化），然后单击 OK。如上所述，你可以按照前面描述的步骤将 Stata 中的数据保存为 Stata 数据文件，一旦将数据保存为 Stata 数据文件，你就可以打开并使用这个版本的数据了。

5.数据文件中的变量类型

此时，你应该对数据文件的基本结构比较熟悉了，每一行是一个个体的信息，每一列是一个变量。有了这些认识基本就可以分析数据了，但是数据中包含的变量类型有一个重要的区别需要了解。为了说明这个区别，以 Chapter 1 Data.dta 中的变量 gender 为例。这个变量基于对下面问题的回答：

[①]　这种"复制并粘贴"的方法是将数据从 Microsoft Excel 转换成 Stata 格式的最简单方法，对于新手来说尤其如此。但是这种技巧也有一些缺点，更熟练的用户应该将 Excel 工作表转换为 .csv 文件，然后执行 -insheet- 命令，这个命令的细节内容超出了本书的介绍范围，但是第 8 章的"Stata 帮助文件"一节提供了关于如何使用 Stata 的帮助文件来学习使用这个命令的信息。

[②]　如果你正在使用 Stata 12，还可从这个窗口选择几种不同的数据文件格式，对这些格式的处理过程都非常类似于处理 Excel 文件中讨论的过程，但是某些文件可能包含特定的步骤。

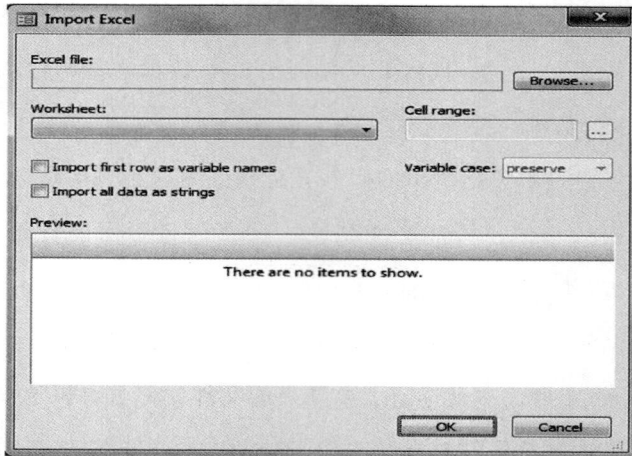

图A-6 从Excel文件导入数据的窗口

你是：

a.男性？

b.女性？

将这个问题的回答输入到Stata数据集中有两种方式，第一种方式是用
"Male" 或者 "Female" 记录下来；第二种方式是可以使用数字来代表男性
和女性，如用0代表男性，用1代表女性。如果按照第一种记录方式，则变
量为字符型变量。字符型变量有时是很有用的，可以将问题的回答用文字记
录在Stata中，例如Chapter 1 Data.dta中的变量religoth。

但是将类似于gender的变量存储为字符型变量的缺点是有些统计分析方法
要求变量必须是数值型的。例如，要计算变量的均值（算术平均值），就要求变
量必须是数值型的。基于这个原因，一般建议如果可能的话最好使用数值型变量。

好在Stata中的很多操作对于字符型变量和数值型变量是类似的。主要
是一些要计算数值的统计分析命令要求必须是数值型变量，例如计算均值和
线性回归。因为数值型变量对于大多数数据分析方法都是适用的，所以本书

讨论的命令主要是可以应用于数值型变量的（很多操作对字符型变量是相同的）。针对于字符型变量的特有操作，包括如何将字符型变量转换成数值型变量已在第3章"使用字符型变量"部分讨论过。

如前所述，你可能经常使用不是自己输入的数据，因此无法选择甚至无法确定变量的输入方式。有几种方法可以确定一个变量的类型，最直接的方法是打开数据浏览窗口，在Stata 10或者更新的版本中相关章节里，字符型变量用红色字体显示，而数值型变量用蓝色或者黑色字体表示。例如可以看到在Chapter 1 Data.dta文件中只有religoth是字符型变量。在Stata中另一种方法是在变量窗口点击要查看的变量，在属性窗口将会看到变量类型说明，如果变量类型以"str"开头，则说明该变量是一个字符型变量。

深入研究

变量类型

你可能已经注意到大多数关于变量类型的信息显示在属性窗口中。例如，gender显示为单字节变量，ids是一个长变量，religoth是一个字符型（str31）变量。

这些说明进一步区分了变量的类型，同时也与分配给变量的存储空间相关。所有字符型变量都有前缀"str"，后面的数字表示这个变量可以使用的最长字符数，变量religoth中可以输入的最长名称是31个字符。这个限制是可以改变的，但是建议设置所需要的最短字符数，否则将浪费存储空间。

与此类似，数值型变量的子类型（subtypes）给出了每个变量可以容纳的字符数。按照从小到大的顺序包括"byte、int、long、float和double"。

一般来说，创建变量时Stata会以最有效的方式保存变量，并且对于大多数用户来说在进行各种操作时无须担心和处理这些具体的差异。

打开数据浏览窗口后可以看到，变量 gender 和 employst 与变量 ids 和 age-cats 不同，这种不同主要是因为变量 gender 和 employst 有值标签，稍后将详细介绍值标签。值标签可以应用于以数值代表结果的变量中，前面提到过变量 gender 用"1"表示"女性"，这个不容易记住（不容易记住 1 代表男性还是女性）。为了便于记忆，可以在值标签中进行说明。而变量 ids 和 agecats 本身就是数值型的结果，不需要用值标签进行说明。你可以在数据浏览窗口点击 Tools（工具栏），选择 Value Labels（值标签），然后点击 Hide All Value Labels（隐藏值标签），来查看变量的实际值。进行上述操作后，之前显示"Male"的样本现在显示为 0，之前显示"Female"的样本现在显示为 1。也可以选中（使用方向键或者鼠标）某个单元（例如"Male"），进行这样的操作后，实际值将在图标下方的窗格中列出。

练习题

1. 打开数据文件"Chapter 1 Exercise Data.dta"。

2. 保存已打开的数据文件的副本，命名为"Chapter 1 Ex mycopy.dta."。

3. 使用数据浏览器确定在数据集中有多少个变量？多少个个体？

4. 哪些变量是字符型变量？

5. 利用数据编辑器将变量 agefstdt 最后一个值从 14 改为 13。

6. 利用数据编辑器，按照如下信息增加一个新的个体：ids 值为 1004，男性，完成 12 年学习，第一次约会在 16 岁，居住在太平洋普查区，不和父母住在一起。

认识 Stata 11

对于很多人来说，学习一个新的软件可能会令人焦虑，尤其是当程序中涉及统计学的内容时，压力可能会大大增加。如果你在开始成为 Stata 用户的过程中有类似的感觉，不要害怕，你并不孤单。这本书在设计时就考虑到了这一点。本书的主要目标之一是帮助减轻压力，或至少将这种焦虑降到最低，因为我们的目标是使读者成为高效和熟练的 Stata 使用者。正如电子邮件和互联网刚刚出现的时候我们可能也有过类似的感受，但是现在大多数人都能自如运用。当读完这本书后，你对 Stata 也会有类似的感受，并且更加熟悉它。

在深入了解使用 Stata 的所有细节之前，首先来了解它的各个组成部分是很重要的。本附录将介绍 Stata 程序基本的构建模块。涉及的内容在本书的各章节中都有详细的介绍，本附录是 Stata 程序基本功能的概述，第二部分将解释如何打开、导入和输入数据。

B.1 你所看到的

双击 Stata 的图标，打开 Stata，首先看到的窗口如图 B-1 所示。

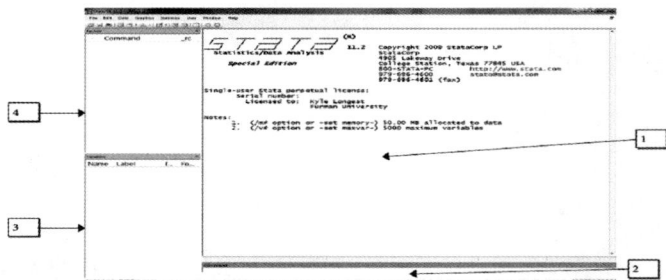

图 B-1 基本的 Stata 视图

在屏幕上有 4 个不同的窗口。[1]

1. **结果窗口（Results Window）**：结果窗口将显示 Stata 所 "做" 的所有工作。Stata 所执行的任何操作都会显示在这个窗口，包括操作的名称及其结果。然而，这些结果并不是自动保存的。如何将这些结果保存在数据中已在第 3 章 "数据管理" 部分中介绍过。

2. **命令窗口（Command Window）**：当使用 "语法" 接口时，命令窗口就是输入你想要 Stata 执行某个操作的地方。语法或代码是 Stata 命令语言的另一个术语，它们将告诉 Stata 要执行什么程序，在这个窗口中每次输入一个命令。在命令窗口中键入命令后，按 Enter 键，Stata 将执行命令定义的过程。命令窗口的一个有用特性是，你可以通过按 PageUp 键来滚动查看以前执行的命令。当找到你所感兴趣的以前执行过的命令时，可以修改它，也可以直接按 Enter 键，再次执行该命令。本书的大部分内容是解释和描述在定

---

① 这种格局意味着 Stata 打开就可以用，如果你正在使用的是共享计算机（或者通过网络），有可能这些窗口已经被其他用户移动、调整大小，甚至删除，这使得你看到的内容与这个截图略有不同。如果某个窗口丢失了，可以单击 Windows 选项卡并单击所需打开的窗口。你还可以通过简单地用鼠标单击这些窗口并将它们移动到所需的位置。

量分析中所需的各种命令。

3.变量窗口（Variables Window）：在Stata中打开数据文件时，数据集中包含的变量将在变量窗口中列出。此窗口可用于滚动查看活动数据中包含的所有变量。当你点击变量窗口中列出的变量名时，变量的属性将在属性窗口中显示。如果将光标放在变量上，会出现一个小箭头。单击该箭头，变量名将自动出现在命令窗口中。这个窗口还列出了变量的标签，它提供了关于变量的更详细的信息。关于变量标签更详细的讨论可以阅读第3章"数据管理"一节中"使用标签"部分。

4.命令回顾窗口（Review Window）：命令回顾窗口包含Stata当前会话中执行的所有操作的运行历史记录。不管你输入和执行了什么命令，都将出现在结果和命令回顾窗口中。命令回顾窗口最有用的功能是可以作为曾经执行命令的快捷方式。也就是说，如果你点击命令回顾窗口中的命令，该命令将出现在命令窗口中，你可以从该窗口中查看、更改命令或再次运行相同的命令。

在屏幕的顶部也有几个图标，这些图标的功能和使用贯穿全书。随着通读全书，你将对这些基本的窗口越来越熟悉。现在你应该已经比较轻松地掌握了每个窗口的基本用途。

B.2 开始使用数据文件

在使用Stata时，你将使用所谓的数据文件。如果你熟悉典型的数据库程序，那么就应该已经了解了数据文件的基本内容。这些文件包含一组个体的信息（通常是数字的），例如调查的受访者、学校样本或美国的每个州。通常数据文件的组织方式是，每个个体的信息都包含在文件的一行中，而每一列代表一个变量（与个体相关的信息），如性别、学生数量、各个州的平方英里数等。

与大多数计算机文件相似，数据文件有许多不同的类型。但是正如 PDF 文件与 Word 文档非常相似一样，所有数据文件都是从类似结构中派生出来的。不同的派生文件用不同的文件扩展名来区分，文件扩展名位于文件名之后，用 "." 分隔开。Stata 主要的数据文件是 .dta。如何将其他类型的数据文件移动到 Stata 中（例如，Microsoft Excel 文件），在本附录 "在 Stata 中使用不同类型的数据文件" 会涉及。

1.打开和保存数据文件

为了打开一个 Stata 格式的数据文件（扩展名为 .dta 的文件），选择左上角的 File 菜单，然后选择 Open，或者直接点击 按钮，然后搜索计算机上的磁盘驱动器和文件夹，以找到已保存的数据文件。本附录使用的数据文件可在网站 www.sagepub.com/longes 中找到，文件名为 Chapter 1 Data.dat。找到数据文件后，双击打开，Stata 屏幕将发生变化，如图 B-2 所示。

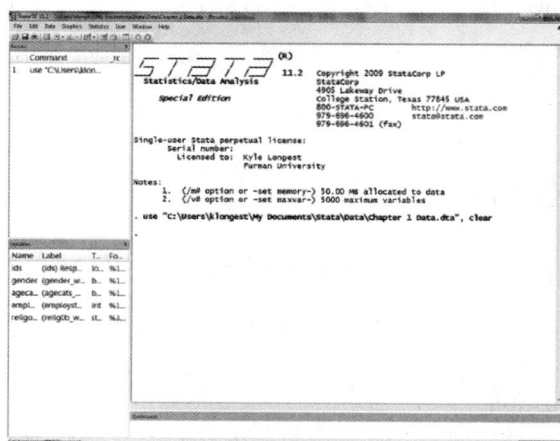

图 B-2　Stata 数据文件打开后的视图

你执行的这个操作在结果窗口和命令回顾窗口中都会显示。一旦我们告诉了Stata该做什么，不管是通过点击菜单还是输入命令，都会在结果窗口和命令回顾窗口中显示。因为打开数据文件没有任何的运行结果，因此在结果窗口中只显示相应的命令。你可以看到这个数据文件包含5个变量，在变量窗口中会被列出来。关于这个窗口中每个变量的所有信息将在后面的部分中讨论，目前最重要的方面是变量名。在这个数据文件中5个变量的名字分别为ids、gender、agecats、employst和religoth。这些变量名也可以给我们一些其所包含的内容的信息，如变量gender表示受访者的性别，是男性还是女性。

最好总是保存数据文件的副本，并且只用复制的版本进行操作和分析，因为在处理和分析数据时，常常会更改数据文件的某些方面。例如，你可能需要创建一个新变量，或者更改现有变量的某些内容。如果备份一个原始的数据版本，就可以防止丢失任何原有的数据信息。但是也不要太担心，大多数的修改都是可以恢复的，使用数据的副本只是多了一种保护。

为了保存一个数据文件的副本，只需点击File菜单中的Save As，输入新的文件名，例如Chapter 1 Data mycopy.dta，然后点击Save即可。你如果想要保存数据文件的新版本，也可以使用这个程序。

深入研究

跨版本的Stata数据文件

正如在前言中提到的，总体上来说，绝大多数的Stata功能和命令在不同版本中是类似的（例如Stata 12，11，10等）。Stata的数据文件也是这样的。所有通过旧版本建立和保存的数据文件新版本都可以使用（具有向前兼容性）。例如，通过Stata 11建立的文件利用Stata 12完全可以打开。另外，大部分的Stata版本也是"向后"兼容的，即保存在新版本中的数据使用老版本也可以打开。Stata 12和Stata 11都具有向后兼容性。所以如果你在和一个使用Stata 12的同事一起工作，使用stata11打开他们传送过来的文件完全没问题。

然而，在Stata某些升级版本中，Stata数据不再"向后"兼容，即保存在较新版本中的文件不能使用旧版本打开。Stata 13恰好是这些升级版本中的一个。如果你的同事正在使用Stata 13，传给你一个在Stata 13中保存的文件，那么在Stata 11中将不能打开该文件。（注意，在Stata 11和Stata 10之间移动文件没问题，因为这两个版本是完全兼容的。）

不过不要沮丧，Stata提供了比较简单的方法来解决这些问题，如果想使用旧版本打开Stata 13的文件，只需增加一个额外的操作（同时注意，如果你正在使用Stata 11，与使用Stata 10之前版本的同事一起工作，你需遵循相同的步骤）：

首先点击File菜单，然后选择Save As，在Save As Type的下拉菜单中选择Stata 12 Data（*.dta）（如果你在使用Stata 11，请选择Stata 9 Data（*.dta））。这个选项之所以列在Stata 12中，是因为以这种方式保存的数据与Stata 11也是兼容的。注意你不需要改变文件的扩展名，扩展名仍然是.dta。给文件命名后点击Save即可。当在结果窗口中看到带有.saveold的输出结果时，就说明已经保存成功，并且是保存为旧版本可以读的文件。通过这种方式保存的数据文件在Stata 13中也可以用。

2.数据的浏览和编辑

如果是第一次使用数据，首先浏览一下数据是有好处的。即使已经有了使用数据的经验，检查一下你要分析的数据也是有帮助的。如果想查看Stata中的数据文件，点击屏幕上方中间的数据浏览器按钮，就会弹出一个新的窗口，如图B-3所示。

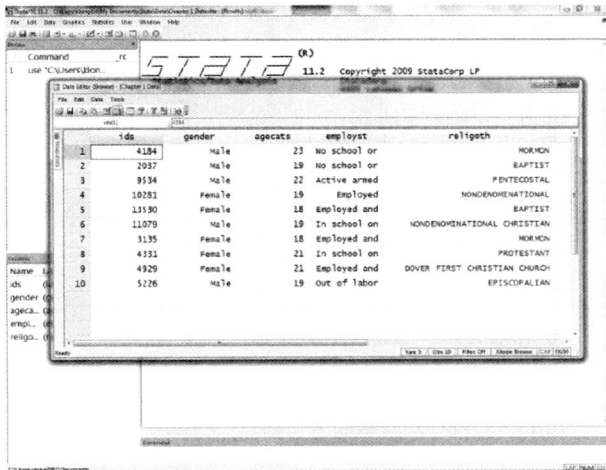

图 B-3　数据浏览器窗口

图 B-3 所示的窗口就是数据编辑（浏览）器窗口，正如在它左上角所显示的。浏览意味着只是查看数据不需要改变它们。

在这个窗口你可以看到变量窗口列出的 5 个变量。正如之前所提到的，每一行是一个个体的值（即 NSYR 的受访者），每一列是一个不同的变量。每个单元格就是某个个体相应变量的信息。例如，第一行的个体是一位男性受访者，他提到摩门教是他的另一个宗教信仰。如果想关掉数据窗口只需点击右上角的"×"。

有时你可能希望更改某个变量的某个值，一种方法是使用数据编辑器窗口（更改多个变量值的更有效方法是用第 2 章提到的 replace（if）命令）。点击数据浏览器按钮旁边的数据编辑器按钮 ▨ 开始编辑数据，你会发现数据编辑器窗口和数据浏览器窗口非常相似，主要的区别是在窗口的左上角，在"Data Editor"之后，窗口现在显示为"Edit"。一定要注意区分两个窗口，明确已打开的是哪一个窗口，因为编辑器处于打开时数据是可以被改写的。

为了防止任何意外更改，一般建议只使用数据浏览器窗口，除非已确定要更改某些值。

可以使用鼠标或者键盘激活想要改变的单元格。例如，你可能已经发现在数据文件中错误地输入了第一个受访者的年龄，这个受访者应该只有22岁，而不是23岁，要进行此更改，只需将agecats这个变量的第一个值改成22然后按Enter键即可。当你关闭编辑窗口后，这个操作就会被记录并显示在命令回顾窗口和结果窗口中。

深入研究

初次使用命令

在数据编辑窗口改变了第一个受访者的值后，在结果窗口中会显示如下的文本：

replace agecats = 22 in 1

（1 real change made）

不管是通过菜单还是点击的方式执行Stata命令，在结果窗口和命令回顾窗口中会显示相应的命令，这个命令是为了得到相同的结果应该在命令的窗口中输入的命令。在上例中，会显示改变变量值的命令-replace-。也就是说，如果你在命令窗口输入这个命令，并按Enter键，会产生同样的结果。有时候使用菜单执行第一次操作很有帮助，但是通过第2章的详细讨论可以获知，学习和使用在命令窗口中执行各种操作的命令将是非常有益的。

本书在其他章节中会讨论如何使用命令窗口进行操作。但是应注意菜单操作和命令窗口之间的联系。可以尝试如下的操作：在关闭数据编辑窗口时将结果窗口中显示的命令（第一个"."除外）复制并粘贴（或者输入）到命令窗口。例如，把"22"改为"23"应该输入如下的命令：

> replace agecats = 23 in 1
>
> 按 Enter 键，当你再次打开数据浏览器窗口后会发现变量 agecats 的第一个值已经变为 23。

3.输入数据

你要分析的许多数据文件可能本来就是 Stata 格式或者是一个可以很容易转换为 Stata 格式的文件（更多关于此主题的内容见下文）。然而，有时你也需要手动输入研究数据。例如，邮件调查，则调查结束后需要输入每个受访者对每个问题的回答，以便你可以用 Stata 分析它们。

打开 Stata 后输入数据的第一步是如上所述打开数据编辑器窗口，然后你只需在每个变量上输入每个个体的值，以这种方式输入数据与向 Excel 文件输入数值非常相似。只是数据编辑器不具备 Excel 文件所具有的等式功能。

开始输入数据后，每个变量自动地被命名为 var1、var2、var3 等。在通常情况下，变量名最好对变量内容具有较强的描述性。将这些默认的变量名更改为更清楚的标识变量内容的变量名的一种方法是：单击要重命名的变量的当前名称（例如，var1），该变量名列在编辑器窗口顶部，之后点击 Variable Properties 输入想要的名称。另一种方法是，输入数据完毕后关闭数据编辑器窗口，然后在变量窗口点击变量名（例如 var2），接下来点击 Rename var2 选项，然后输入新的变量名即可。

完成所有数据的输入后，你可以关闭数据编辑器并按照上面描述的步骤保存 Stata 格式的数据文件副本。

4.在 Stata 中使用不同类型的数据文件

一些数据文件可能无法使用 Stata 格式，因此需要几个步骤来处理这些文件。实际上 Stata 不可能处理所有类型的数据文件，也不可能万能到使用所有类型的数据文件。本书将介绍如何处理最常见的数据类型，并且还有其他专门设计用来将数据文件转换成各种格式的计算机软件程序（例如 Stat/Transfer）。使用这样的软件程序可能是将文件转换为 Stata 格式的最有效方法。另外，一些统计软件包也提供了将数据保存为不同类型的选项，其中可能就包含 Stata 格式。

不能被 Stata 直接使用的最常见的数据文件类型之一是 Microsoft Excel 文件。通常这些文件用 .xls 扩展名表示，而由 Microsoft Excel 生成或可读的其他扩展名（例如 .csv）的文件也可以以类似的方式处理。

虽然有几种不同的方法来传输以这种格式保存的数据，但最基本的要求是你能够访问并熟悉 Microsoft Excel 的使用。首先打开一个 Excel 数据文件，选择包含数据的工作表，复制工作表（可以点击选择 Copy 或者使用复制的快捷键（Ctrl+C）），接下来在 Stata 中打开数据编辑窗口，激活左上方的数据单元，点击并选择 Paste 即可，也可以选择粘贴的快捷键（Ctrl+V）。一旦粘贴了数据，就会出现一个窗口，询问是要"Treat First Row as Data or Treat First Row as Variable Names"。你的选择取决于 Excel 数据文件第一行是显示为变量名还是数据，这两个格式分别在图 B-4 和图 B-5 中给出来了。

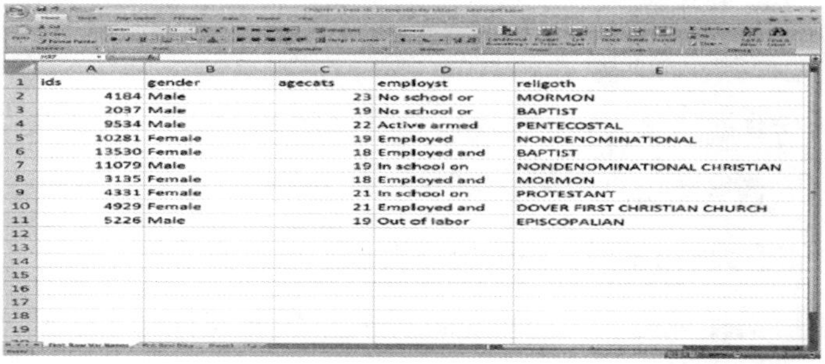

图 B-4　第一行显示为变量名的窗口示例

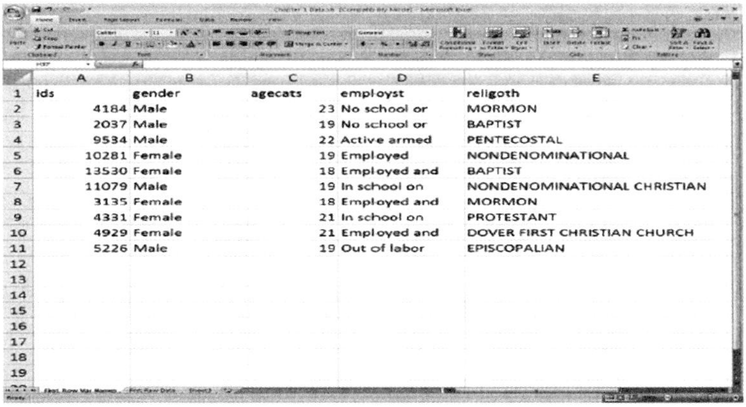

	A	B	C	D	E
1	ids	gender	agecats	employst	religoth
2	4184	Male	23	No school or	MORMON
3	2037	Male	19	No school or	BAPTIST
4	9534	Male	22	Active armed	PENTECOSTAL
5	10281	Female	19	Employed	NONDENOMINATIONAL
6	13530	Female	18	Employed and	BAPTIST
7	11079	Male	19	In school on	NONDENOMINATIONAL CHRISTIAN
8	3135	Female	18	Employed and	MORMON
9	4331	Female	21	In school on	PROTESTANT
10	4929	Female	21	Employed and	DOVER FIRST CHRISTIAN CHURCH
11	5226	Male	19	Out of labor	EPISCOPALIAN

图 B-5　第一行显示为数据的窗口示例

选择合适的选项之后，关闭数据编辑器并按照前面描述的步骤将数据保存为Stata数据文件。一旦将数据保存为Stata数据文件，你就可以打开并使用这个版本的数据。[①]

5.数据文件中的变量类型

此时，你应该对数据文件的基本结构比较熟悉了，每一行是一个个体的信息，每一列是一个变量。有了这些认识基本就可以分析数据了，但是数据中包含的变量类型有一个重要的区别需要了解。为了说明这个区别，以Chapter 1 Data.dta文件中的变量gender为例。这个变量基于对下面问题的回答：

你是：

① 这种"复制并粘贴"的方法是将数据从Microsoft Excel转换成Stata格式的最简单方法，对于新手来说尤其如此。但是这种技巧也有一些缺点，更熟练的用户应该将Excel工作表转换为.csv文件，然后执行-insheet-命令，这个命令的细节内容超出了本书的介绍范围，但是第8章的Stata帮助文件一节提供了关于如何使用Stata的帮助文件来学习使用这个命令的信息。

a.男性?

b.女性?

将这个问题的回答输入到Stata数据集中有两种方式,第一种方式是用"Male"或者"Female"记录下来;第二种方式是可以使用数字来代表男性和女性,如用0代表男性,用1代表女性。如果按照第一种记录方式,则变量为字符型变量。字符型变量有时是很有用的,可以将问题的回答用文字记录在Stata中,例如Chapter 1 Data.dta中的变量religoth。

但是将类似于gender的变量存储为字符型变量的缺点是有些统计分析方法要求变量必须是数值型的。例如,要计算变量的均值(算术平均值),就要求变量必须是数值型的。基于这个原因,一般建议如果可能的话最好使用数值型变量。这些变量相应都有实际的数字。

好在Stata中的很多操作对于字符型变量和数值型变量是类似的。主要是一些计算数值的统计分析命令要求必须是数值型变量,如计算均值和线性回归。因为数值型变量对于大多数数据分析方法都是适用的,所以本书讨论的命令主要是可以应用于数值型变量的(很多操作对字符型变量是等同的)。针对字符型变量的特有操作,包括如何将字符型变量转换成数值型变量已在第3章"数据管理"一节中"使用字符型变量"部分讨论过。

如前所述,你可能经常使用不是自己输入的数据,因此你可能没有选择,甚至无法确定变量的输入方式。有几种方法可以确定一个变量的类型,最直接的方法是打开数据浏览器窗口,在Stata 10或者更新的版本中,字符型变量是以红色字体显示的,而数值型变量是以蓝色或者黑色字体显示的。例如,可以看到在Chapter 1 Data.dta文件中只有religoth是字符型变量。

变量类型

你可能已经注意到，大多数关于变量类型的信息都显示在变量窗口中。例如，gender 显示为单字节变量，ids 是一个长变量，religoth 是一个字符型变量。

这些说明进一步区分了变量的类型，同时也与分配给变量的存储空间相关。所有字符型变量都有前缀"str"，后面的数字表示这个变量可以使用的最长字符数，变量 religoth 中可以输入的最长名称是 31 个字符。这个限制是可以改变的，但是建议设置所需要的最短字符数，否则将浪费存储空间。

与此类似，数值型变量的子类型给出了每个变量可以容纳的字符数量。按照从小到大的顺序包括 byte、int、long、float 和 double。

一般来说，创建变量时 Stata 会以最有效的方式保存变量，并且对于大多数用户来说在进行各种操作时无须担心和处理这些具体的差异。

打开数据浏览窗口后可以看到，变量 gender 和 employst 与变量 ids 和 age-cats 不同，这种不同主要是因为变量 gender 和 employst 有值标签，稍后将详细介绍值标签。值标签可以应用于以数值代表结果的变量中，前面提到过变量 gender 用 1 表示"女性"，这个不容易记住（不容易记住 1 代表男性还是女性）。为了便于记忆，可以在值标签中进行说明。而变量 ids 和 agecats 本身就是数值型的结果，不需要用变量标签进行说明。你可以在数据浏览器窗口点击 Tools，选择 Value Labels，然后点击 Hide All Value Labels，来查看变量的实际值。进行上述操作后，之前是"Male"的样本现在显示为 0，"Female"的样本现在显示为 1。也可以（使用方向键或者鼠标）选中某个单元格（例如"Male"），此时实际值将在图标下方的窗格中列出。

各章练习题参考答案①

第1章练习题参考答案

3.10个样本，6个变量。

4.cendiv是字符型变量；其余的是数值型变量。

6.数据编辑器显示如下：

第2章练习题参考答案

1.

```
tab numfrien

 (numfriend_w3) |
   N:1. Now for |
the next set of |
questions, I'll |
be asking some |
         things |      Freq.       Percent          Cum.
----------------+-----------------------------------------------
              2 |          2          8.00          8.00
              3 |          8         32.00         40.00
              4 |          5         20.00         60.00
              5 |         10         40.00        100.00
----------------+-----------------------------------------------
          Total |         25        100.00
```

2.

```
tab numfrien, sort

 (numfriend_w3) |
   N:1. Now for |
the next set of |
questions, I'll |
be asking some |
         things |      Freq.       Percent          Cum.
----------------+-----------------------------------------------
              5 |         10         40.00         40.00
              3 |          8         32.00         72.00
              4 |          5         20.00         92.00
              2 |          2          8.00        100.00
----------------+-----------------------------------------------
          Total |         25        100.00
```

3.

```
tab numfrien agecats
```

```
 (numfriend_w3) |
    N:1. Now for |
the next set of |
 questions, I'll |
 be asking some |   (agecats_w3) Age variable collapsed into one year categories
        things |     18       19       20       21       22       23 |     Total
----------------+------------------------------------------------------------+----------
             2 |      0        0        1        0        0        1 |         2
             3 |      1        1        2        2        2        0 |         8
             4 |      2        0        2        0        1        0 |         5
             5 |      4        1        1        2        2        0 |        10
----------------+------------------------------------------------------------+----------
         Total |      7        2        6        4        5        1 |        25
```

4.

```
tab numfrien agecats, col
```

```
+-------------------+
| Key               |
|-------------------|
|     frequency     |
| column percentage |
+-------------------+
```

```
 (numfriend_w3) |
    N:1. Now for |
the next set of |
 questions, I'll |
 be asking some |  (agecats_w3) Age variable collapsed into one year categories
        things |     18       19       20       21       22       23 |     Total
----------------+------------------------------------------------------------+-------
             2 |      0        0        1        0        0        1 |         2
               |   0.00     0.00    16.67     0.00     0.00   100.00 |      8.00
----------------+------------------------------------------------------------+-------
             3 |      1        1        2        2        2        0 |         8
               |  14.29    50.00    33.33    50.00    40.00     0.00 |     32.00
----------------+------------------------------------------------------------+-------
             4 |      2        0        2        0        1        0 |         5
               |  28.57     0.00    33.33     0.00    20.00     0.00 |     20.00
----------------+------------------------------------------------------------+-------
             5 |      4        1        1        2        2        0 |        10
               |  57.14    50.00    16.67    50.00    40.00     0.00 |     40.00
----------------+------------------------------------------------------------+-------
         Total |      7        2        6        4        5        1 |        25
               | 100.00   100.00   100.00   100.00   100.00   100.00 |    100.00
```

5.

```
gen totties=numfrien+datnum

tab totties
```

totties	Freq.	Percent	Cum.
3	1	4.00	4.00
4	1	4.00	8.00
6	3	12.00	20.00
7	3	12.00	32.00
8	5	20.00	52.00
11	2	8.00	60.00
12	1	4.00	64.00
13	1	4.00	68.00
14	1	4.00	72.00
15	1	4.00	76.00
16	1	4.00	80.00
19	2	8.00	88.00
23	2	8.00	96.00
25	1	4.00	100.00
Total	25	100.00	

6.

```
gen datnum15 = datnum
replace datnum15 = 15 if datnum==20

tab datnum15
```

datnum15	Freq.	Percent	Cum.
1	1	4.00	4.00
2	4	16.00	20.00
3	4	16.00	36.00
4	1	4.00	40.00
5	3	12.00	52.00
6	2	8.00	60.00
7	1	4.00	64.00
9	1	4.00	68.00
10	2	8.00	76.00
11	1	4.00	80.00
15	5	20.00	100.00
Total	25	100.00	

7.

```
gen olddatr = 0
replace olddatr = 1 if agecats==20 & (datnum>=5 & datnum<=10)

tab olddatr
```

olddatr	Freq.	Percent	Cum.
0	24	96.00	96.00
1	1	4.00	100.00
Total	25	100.00	

8.

```
recode agecats (18/20=0) (21/24=1), gen(age21)

tab age21
```

```
RECODE of |
  agecats |
((agecats_w |
     3) Age |
 variable |
```

9.

```
rename numfrien frndnum
```

10.

```
di 976*543
```

```
529968
```

第3章练习题参考答案

3.

*Chapter 3 Exercises

4.

```
recode datnum (0/2=1) (3/10=2) (11/100=3), gen(datlevsalt)
```

5.

```
lab var datlevsalt "Categories of People Dated"
```

6.

```
lab def datcats 1 "Minimal Dating" 2 "Moderate Dating" 3
"Extensive Dating"
lab val datlevsalt datcats
```

7.

```
tab employst
tab employst, nol

recode employst (999=.s)
```

8.

```
tab employst
```

(employstat_w3) Employment Status	Freq.	Percent	Cum.
Out of labor force	85	3.36	3.36
No school or work but looking	127	5.02	8.39
Employed	700	27.69	36.08
Employed and school	951	37.62	73.69
In school only	598	23.66	97.35
Active armed forces	67	2.65	100.00
Total	2,528	100.00	

```
tab employst, mis
```

(employstat_w3) Employment Status	Freq.	Percent	Cum.
Out of labor force	85	3.36	3.36
No school or work but looking	127	5.02	8.37
Employed	700	27.65	36.02
Employed and school	951	37.56	73.58
In school only	598	23.62	97.20
Active armed forces	67	2.65	99.84
.s	4	0.16	100.00
Total	2,532	100.00	

9.

```
tab religoth
gen str mormonoth = "Mormon" if religoth=="MORMON" | religoth=="LATTER
DAY SAINTS" | religoth=="LATTER DAY SAINTS MORMON"
replace mormonoth = "Not Mormon" if mormon=="" & religoth!= "" tab
mormonoth
```

```
  mormonoth |     Freq.      Percent       Cum.
------------+-----------------------------------
     Mormon |        6         2.27        2.27
 Not Mormon |      258        97.73      100.00
------------+-----------------------------------
      Total |      264       100.00
```

10.

```
encode mormonoth, gen(nmormonoth)
```

第4章练习题参考答案

1.

```
tab faith1
```

```
(faith1_w3) F:1. How |
       important or |
      unimportant is |
   religious faith in |
     shaping how y |     Freq.      Percent       Cum.
---------------------+-----------------------------------
Extremely important |      472        18.68       18.68
               Very |      605        23.94       42.62
           Somewhat |      744        29.44       72.06
           Not very |      370        14.64       86.70
Not important at all |      336        13.30      100.00
---------------------+-----------------------------------
              Total |     2,527      100.00
```

2.

```
tab faith1, sort mis
```

```
(faith1_w3) F:1. How |
      important or |
    unimportant is |
   religious faith in |
    shaping how y |      Freq.      Percent      Cum.
---------------------+---------------------------------
         Somewhat |       744        29.38       29.38
             Very |       605        23.89       53.28
Extremely important |       472        18.64       71.92
         Not very |       370        14.61       86.53
Not important at all |       336        13.27       99.80
                d |         4         0.16       99.96
                r |         1         0.04      100.00
---------------------+---------------------------------
           Total |     2,532       100.00
```

3.

```
tab1 faith1 crelder
```

```
-> tabulation of faith1
```

```
(faith1_w3) F:1. How |
      important or |
```

4.

```
tab faith1, nol
```

```
(faith1_w3) |
    F:1. How |
    important |
          or |
   unimportant |
          is |
    religious |
      faith in |
   shaping how |
          y |      Freq.      Percent      Cum.
------------+---------------------------------
           1 |       472        18.68       18.68
           2 |       605        23.94       42.62
           3 |       744        29.44       72.06
           4 |       370        14.64       86.70
           5 |       336        13.30      100.00
------------+---------------------------------
       Total |     2,527       100.00
```

```
tab crelder if faith1==1 | faith1==2
```

```
(crelder_w3) R:28. |
  How much do you |
personal ly care or |
not about [INSERT |
       LIST A-C] |    Freq.       Percent         Cum.
-------------------+-----------------------------------------
        Very much |      693        64.71         64.71
        Somewhat |      313        29.23         93.93
        A little |       46         4.30         98.23
Do not really care |      19         1.77        100.00
-------------------+-----------------------------------------
           Total |    1,071       100.00
```

5.

```
histogram faith1, percent yscale(range(0 100)) ylabel(#10)
xlabel(, valuelabel)
```

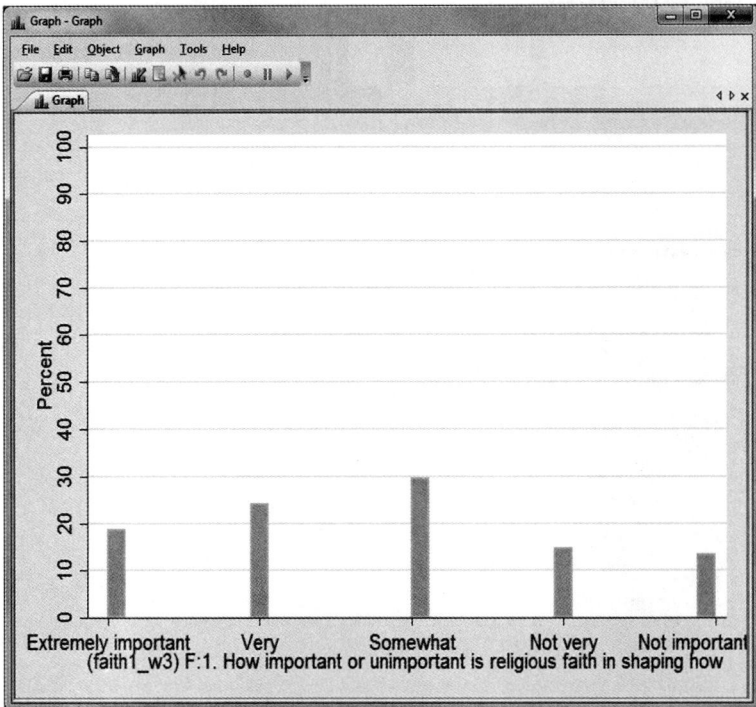

6.

```
sum kidwntmn, det
```

```
        (numkidswntmin_w3) R:18. In total, how many
           children do you intend to have? [RECO
-------------------------------------------------------------
        Percentiles     Smallest
 1%           0              0
 5%           1              0
10%           1              0          Obs             2496
25%           2              0          Sum of Wgt.     2496
50%           2                         Mean        2.489984
                        Largest         Std. Dev.   1.348308
75%           3             12
90%           4             13          Variance    1.817936
95%           4             16          Skewness    2.517685
99%           7             18          Kurtosis    21.29259
```

7.

```
tabstat kidwntmn relretrt, stat(mean p50 sd var) col(stat)
```

```
    variable |      mean     p50   sd           variance
-------------+-----------------------------------------------
    kidwntmn |  2.489984      2 1.348308        1.817936
    relretrt |   7450278      0 2.790436        7.786535
-------------------------------------------------------------
```

8.

```
graph box kidwntmn
```

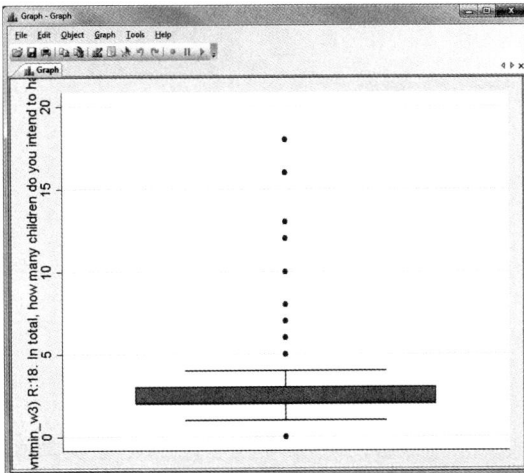

9.

```
hist relretrt, freq
```

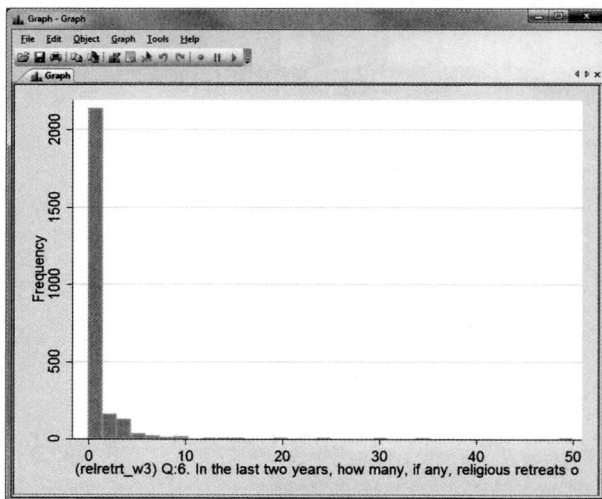

第5章练习题参考答案

1.

```
tab crelder faith1, col
```

```
+-------------------+
| Key               |
|-------------------|
|      frequency    |
| column percentage |
+-------------------+
```

(crelder_w3) R:28. How much do you personally care or not about [INSERT LIST A-C]	(faith1_w3) F:1. How important or unimportant is religious faith in shaping how y					Total
	Extremely	Very	Somewhat	Not very	Not impor	
Very much	337	356	339	163	139	1,334
	72.01	59.04	45.87	44.05	41.49	53.04
Somewhat	110	203	320	160	129	922
	23.50	33.67	43.30	43.24	38.51	36.66

(Continued)

(Continued)

```
        A little |      12      34      57      36      48 |    187
                 |    2.56    5.64    7.71    9.73   14.33 |   7.44
-----------------+----------------------------------------+--------
Do not really care |    9      10      23      11      19 |     72
                 |    1.92    1.66    3.11    2.97    5.67 |   2.86
-----------------+----------------------------------------+--------
           Total |     468     603     739     370     335 |  2,515
                 |  100.00  100.00  100.00  100.00  100.00 | 100.00
```

2.

```
tab crelder faith1, col chi
```

[TABLE OMITTED]

```
        Pearson chi2(12) = 149.7612    Pr = 0.000
```

3.

```
tab crelder faith1, col chi gamma taub
```

[TABLE OMITTED]

```
        gamma = 0.2835   ASE = 0.024
        Kendall's tau-b = 0.1924   ASE = 0.017
```

4.

4a.

```
tab attend
tab attend, nol
recode attend (0/1=0) (2/6=1), gen(freqatt)
```

4b.

```
bysort freqatt: tab crelder faith1, col chi gamma taub
```

```
------------------------------------------------------------------
-> freqatt = 0

+------------------+
| Key              |
|------------------|
|      frequency   |
| column percentage |
+------------------+

(crelder_w3) R:28. |
  How much do you  |
personally care or |    (faith1_w3) F:1. How important or unimportant is
```

```
      not about [INSERT |          religious faith in shaping how y
           LIST A-C] | Extremely     Very  Somewhat  Not very  Not impor |    Total
-------------------+-----------------------------------------------------+--------
        Very much |         64      117       220       150       136 |      687
                  |      73.56    59.69     47.11     45.05     41.46 |    48.69
-------------------+-----------------------------------------------------+--------
         Somewhat |         16       60       195       140       125 |      536
                  |      18.39    30.61     41.76     42.04     38.11 |    37.99
-------------------+-----------------------------------------------------+--------
         A little |          3       17        37        34        48 |      139
                  |       3.45     8.67      7.92     10.21     14.63 |     9.85
-------------------+-----------------------------------------------------+--------
Do not really care |          4        2        15         9        19 |       49
                  |       4.60     1.02      3.21      2.70      5.79 |     3.47
-------------------+-----------------------------------------------------+--------
            Total |         87      196       467       333       328 |    1,411
                  |     100.00   100.00    100.00    100.00    100.00 |   100.00
```

```
            Pearson chi2(12) =   58.1602    Pr = 0.000
                       gamma =    0.1986   ASE = 0.034
            Kendall's tau-b =    0.1349   ASE = 0.023
```

-> freqatt = 1

```
+-------------------+
| Key               |
|-------------------|
|     frequency     |
| column percentage |
+-------------------+
```

```
(crelder_w3) R:28. |
   How much do you |
personally care or |    (faith1_w3) F:1. How important or unimportant is
   not about [INSERT |              religious faith in shaping how y
           LIST A-C] | Extremely     Very  Somewhat  Not very  Not impor |    Total
-------------------+-----------------------------------------------------+--------
        Very much |        273      238       118        13         3 |      645
                  |      71.65    58.62     43.54     35.14     42.86 |    58.53
-------------------+-----------------------------------------------------+--------
         Somewhat |         94      143       125        20         4 |      386
                  |      24.67    35.22     46.13     54.05     57.14 |    35.03
-------------------+-----------------------------------------------------+--------
         A little |          9       17        20         2         0 |       48
                  |       2.36     4.19      7.38      5.41      0.00 |     4.36
-------------------+-----------------------------------------------------+--------
Do not really care |          5        8         8         2         0 |       23
                  |       1.31     1.97      2.95      5.41      0.00 |     2.09
-------------------+-----------------------------------------------------+--------
            Total |        381      406       271        37         7 |    1,102
                  |     100.00   100.00    100.00    100.00    100.00 |   100.00
```

```
            Pearson chi2(12) =   65.1490    Pr = 0.000
                       gamma =    0.3461   ASE = 0.041
            Kendall's tau-b =    0.2142   ASE = 0.026
```

第6章练习题参考答案

1.

```
ci longstr
```

Variable	Obs	Mean	Std. Err.	[95% Conf.	Interval]
longstr	2211	748	12	724	771

2.

```
ci longstr, level(99)
```

Variable	Obs	Mean	Std. Err.	[99% Conf.	Interval]
longstr	2211	748	12	717	778

3.

```
ttest longstr==365
```

One-sample t test

Variable	Obs	Mean	Std. Err.	Std. Dev.	[95% Conf.	Interval]
longstr	2211	747.6278	11.87787	558.5124	724.3348	770.9207

```
    mean = mean(longstr)                                    t =  32.2135
Ho: mean = 365                             degrees of freedom =      2210

  Ha: mean < 365              Ha: mean != 365              Ha: mean > 365
Pr(T < t) = 1.0000      Pr(|T| > |t|) = 0.0000      Pr(T > t) = 0.0000
```

4.

```
ttest longstr, by(cu_cohab)
```

Two-sample t test with equal variances

Group	Obs	Mean	Std. Err.	Std. Dev.	[95% Conf.	Interval]
No	1595	630.6307	12.35235	493.3212	606.4022	654.8593
Yes	616	1050.567	24.26674	602.2847	1002.911	1098.222
combined	2211	747.6278	11.87787	558.5124	724.3348	770.9207
diff		-419.9358	24.94891		-468.8616	-371.0101

```
    diff = mean(No) - mean(Yes)                             t = -16.8318
Ho: diff = 0                               degrees of freedom =      2209

  Ha: diff < 0                Ha: diff != 0                Ha: diff > 0
Pr(T < t) = 0.0000      Pr(|T| > |t|) = 0.0000      Pr(T > t) = 1.0000
```

5.

```
    prtest cu_cohab == .3
One-sample test of proportion cu_cohab: Number of obs = 2532
---------------------------------------------------------------
 Variable |     Mean    Std. Err.         [95% Conf. Interval]
----------+----------------------------------------------------
 cu_cohab |  .2725118    .0088486          .2551689   .2898548
---------------------------------------------------------------
      p = proportion(cu_cohab)                      z = -3.0183
Ho: p = 0.3
    Ha: p < 0.3               Ha: p != 0.3               Ha: p > 0.3
 Pr(Z < z) = 0.0013     Pr(|Z| > |z|) = 0.0025     Pr(Z > z) = 0.9987
```

6.

```
    tab i_religi
    [TABLE OMITTED]
    tab i_religi, nol
    [TABLE OMITTED]
    gen cathdum=0
    replace cathdum=1 if i_religi==5
    prtest cu_cohab, by(cathdum)

Two-sample test of proportions 0: Number of obs = 2089
1: Number of obs = 443
---------------------------------------------------------------------------
Variable |     Mean    Std. Err.      z  P>|z| [95% Conf. Interval]
---------+-----------------------------------------------------------------
       0 |  .2862614    .0098897                    .266878   .3056448
       1 |  .2076749    .0192727                   .1699012   .2454487
---------+-----------------------------------------------------------------
    diff |  .0785864     .021662                   .0361297   .1210431
         |under Ho:     .0232898             3.37            0.001
---------------------------------------------------------------------------
    diff = prop(0) - prop(1)                            z = 3.3743
Ho: diff = 0
    Ha: diff < 0               Ha: diff != 0               Ha: diff > 0
 Pr(Z < z) = 0.9996     Pr(|Z| < |z|) = 0.0007     Pr(Z > z) = 0.0004
```

7.

```
    graph bar (mean) longstr, over(cu_cohab, relabel(1 "No Cohabitation"
2 "Cohabitated")) ytitle(Average Longest Relationship (in Days))
```

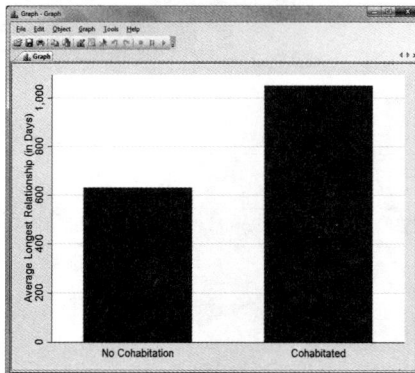

8.

```
anova longstr employst
```

```
              Number of obs =      2211    R-squared      =  0.0223
              Root MSE      =  552.887    Adj R-squared  =  0.0200

   Source |  Partial SS   df       MS               F    Prob > F
----------+----------------------------------------------------------
    Model |  15344694.4    5  3068938.88          10.04    0.0000
          |
 employst |  15344694.4    5  3068938.88          10.04    0.0000
          |
 Residual |   674034008 2205  305684.357
----------+----------------------------------------------------------
    Total |   689378703 2210  311936.065
```

第7章练习题参考答案

1.

```
scatter kidwntmn relretrt
```

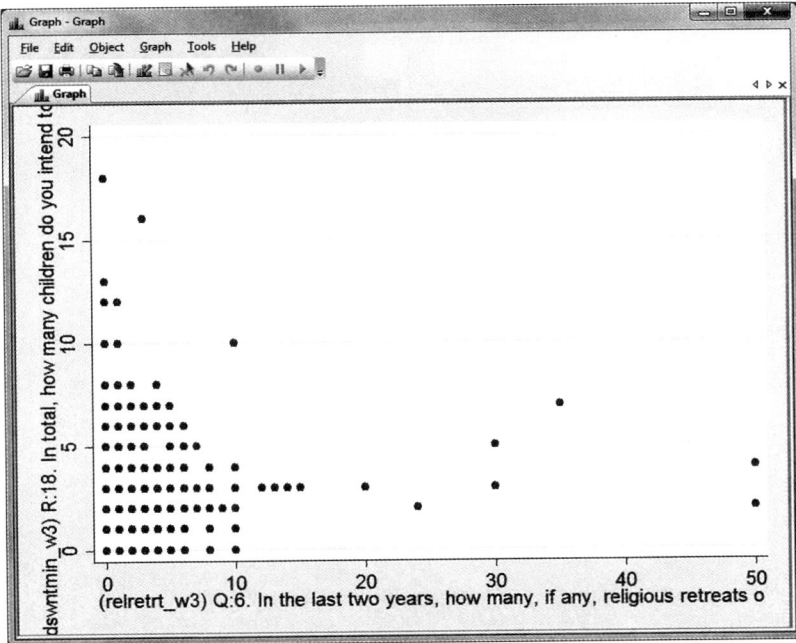

2.

```
scatter kidwntmn relretrt if relretrt<20
```

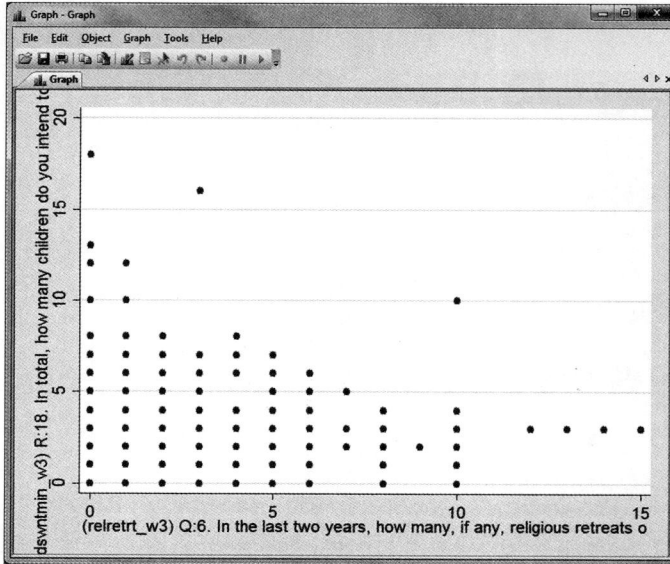

3.

```
corr kidwntmn relretrt
```
(obs=2488)

```
              | kidwntmn relretrt
--------------+------------------
     kidwntmn |  1.0000
     relretrt |  0.0865    1.0000
```

4.

```
pwcorr kidwntmn relretrt marrymin, obs
              | kidwntmn relretrt marrymin
--------------+--------------------------
     kidwntmn |  1.0000
              |    2496
              |
     relretrt |  0.0865    1.0000
              |    2488      2514
              |
     marrymin | -0.1394   -0.0799    1.0000
              |    2454      2463      2471
```

5.

reg kidwntmn relretrt

Source	SS	df	MS
Model	33.901597	1	33.901597
Residual	4491.93763	2486	1.80689366
Total	4525.83923	2487	1.81979864

Number of obs = 2488
F(1, 2486) = 18.76
Prob > F = 0.0000
R-squared = 0.0075
Adj R-squared = 0.0071
Root MSE = 1.3442

kidwntmn	Coef.	Std. Err.	t	P>|t|	[95% Conf. Interval]	
relretrt	.0416766	.0096216	4.33	0.000	.0228094	.0605439
_cons	2.460821	0278913	88.23	0.000	2.406129	2.515514

6.

reg kidwntmn relretrt marrymin

Source	SS	df	MS
Model	108.495437	2	54.2477184
Residual	4070.76908	2443	1.66629925
Total	4179.26451	2445	1.70931064

Number of obs = 2446
F(2, 2443) = 32.56
Prob > F = 0.0000
R-squared = 0.0260
Adj R-squared = 0.0252
Root MSE = 1.2909

kidwntmn	Coef.	Std. Err.	t	P>|t|	[95% Conf. Interval]	
relretrt	0378432	0092972	4.07	0.000	.0196119	.0560745
marrymin	-.0534883	.0080751	-6.62	0.000	-.069323	-.0376536
_cons	3.828593	2086508	18.35	0.000	3.419442	4.237744

7.

reg kidwntmn relretrt marrymin gender, beta

Source	SS	df	MS
Model	111.092147	3	37.0307157
Residual	4068.17237	2442	1.66591825
Total	4179.26451	2445	1.70931064

Number of obs = 2446
F(3, 2442) = 22.23
Prob > F = 0.0000
R-squared = 0.0266
Adj R-squared = 0.0254
Root MSE = 1.2907

kidwntmn	Coef.	Std. Err.	t	P>|t|	Beta
relretrt	0380128	0092972	4.09	0.000	.0818961
marrymin	-.0524502	.0081169	-6.46	0.000	-.130103
gender	0655347	0524912	1.25	0.212	.0250589
_cons	3.768288	.2141455	17.60	0.000	

第8章练习题参考答案

1.

```
tab godview, gen(dgod)

(godview_w3) [IF BELIEVES IN GOD OR IS |
  UNSURE/DK OR REF] I:5. Which of the |
                             follow |    Freq.    Percent       Cum.
-------------------------------------+-----------------------------------
God is a personal being involved in the |   1,569      67.43      67.43
God created the world, but is not invol |     246      10.57      78.00
God is not personal, but something like |     477      20.50      98.50
                   None of these views |      35       1.50     100.00
-------------------------------------+-----------------------------------
                             Total |    2,327     100.00
```

2.

```
tab1 dgod*

-> tabulation of dgod1

godview==Go |
     d is a |
    personal |
      being |
involved in |
  the lives |
  of people |
      today |    Freq.    Percent       Cum.
------------+-----------------------------------
         0 |     758      32.57      32.57
         1 |   1,569      67.43     100.00
------------+-----------------------------------
     Total |   2,327     100.00

-> tabulation of dgod2

godview==Go |
  d created |
 the world, |
 but is not |
involved in |
  the world |
       now |    Freq.    Percent       Cum.
------------+-----------------------------------
         0 |   2,081      89.43      89.43
         1 |     246      10.57     100.00
------------+-----------------------------------
     Total |   2,327     100.00
```

3.

```
help egen
```

4.

```
egen minties = rowmin(datnum numfrien)

tab minties
```

minties	Freq.	Percent	Cum.
0	11	0.44	0.44
1	192	7.60	8.04
2	385	15.25	23.29
3	711	28.16	51.45
4	528	20.91	72.36
5	695	27.52	99.88
6	1	0.04	99.92
20	1	0.04	99.96
25	1	0.04	100.00
Total	2,525	100.00	

5.

```
mark nomiss
markout nomiss workhrs1 datnum numfrien

sum workhrs1 datnum numfrien if nomiss==1
```

Variable	Obs	Mean	Std. Dev.	Min	Max
workhrs1	2326	21.00903	19.09184	0	100
datnum	2326	6.908426	8.719068	0	100
numfrien	2326	4.11135	1.066833	0	5

6.

```
alpha wommar mandecid wrkngmom
```

```
Test scale = mean(unstandardized items)
Reversed item:  mandecid

Average interitem covariance:     .2171798
Number of items in the scale:            3
Scale reliability coefficient:      0.4492
```

7.

```
alpha wommar mandecid wrkngmom, gen(tradgend)
```

[TABLE OMITTED]

```
sum tradgend
```

Variable	Obs	Mean	Std. Dev.	Min	Max
tradgend	2521	.1243554	.6991233	-1	3